Student Activities Manual

BRAZILIAN PORTUGUESE
PONTO DE ENCONTRO

PORTUGUESE AS A WORLD LANGUAGE

Student Activities Manual

BRAZILIAN PORTUGUESE
PONTO DE ENCONTRO

PORTUGUESE AS A WORLD LANGUAGE

Anna M. Klobucka
University of Massachusetts Dartmouth

Clémence M. C. Jouët-Pastré
Harvard University

Patrícia Isabel Sobral
Brown University

Maria Luci De Biaji Moreira
College of Charleston

Amélia P. Hutchinson
University of Georgia

PEARSON
Prentice
Hall

woRLd
Languages

Upper Saddle River, NJ 07458

Senior Acquisitions Editor: Rachel McCoy
Editorial Assistant: Alexei Soma
Director of Marketing: Kristine Suárez
Senior Marketing Manager: Denise Miller
Senior Managing Editor: Mary Rottino
Associate Managing Editor: Janice Stangel
Project Manager: Manuel Echevarria
Project Manager: Jill Traut, ICC Macmillan Inc.
Prepress and Manufacturing Buyer: Cathleen Petersen
Manufacturing Manager: Brian Mackey
Cover Art Director: Jayne Conte
Manager, Cover Visual Research and Permissions: Karen Sanatar
Marketing Coordinator: William J. Bliss

Publisher: Phil Miller
This book was set in 10/12 Palatino by the ICC Macmillan Inc., and was printed and
bound by Bind-Rite Graphics/Robbinsville.

© 2008 by Pearson Education
Upper Saddle River, NJ 07458

Printed in the United States of America
10   9   8   7   6   5   4   3   2

ISBN 0-13-189408-0
      978-0-13-189408-2

Pearson Education LTD., *London*
Pearson Education Australia PTY, Limited, *Sydney*
Pearson Education Singapore, Pte. Ltd
Pearson Education North Asia Ltd., *Hong Kong*
Pearson Education Canada, Ltd., *Toronto*
Pearson Educación de México, S.A. de C.V.
Pearson Education-Japan, *Tokyo*
Pearson Education Malaysia, Pte. Ltd
Pearson Education, *Upper Saddle River*, New Jersey

Contents

Lição preliminar ◆ Primeiros passos

PRÁTICA

Apresentações

P-1 Apresentações. How would you reply to the following statements or questions? Circle the appropriate response in each case.

1. Eu me chamo Amélia Bastos. E você?
   a) Como você se chama?
   b) Muito prazer.
   c) Eu me chamo Laura Figueiredo.

2. Muito prazer.
   a) Como é seu nome?
   b) Igualmente.
   c) Rui Carvalho.

3. Como é seu nome?
   a) Maria José Cordeiro.
   b) Igualmente.
   c) O prazer é meu.

4. O senhor é o Ivo Pontes?
   a) Muito prazer.
   b) Não. Meu nome é José Vieira.
   c) Desculpe.

P-2 Mais apresentações. In everyday life, people may use the following expressions when meeting or introducing other people. Write what you would answer.

1. Muito prazer. _O PRAZER É TODO MEU_

2. Raquel, este é meu amigo João. _OLA JOÃO, CHAMO-ME RAQUEL. MUINTO PRAZER_

3. Como você se chama? _MEU NOME É RAÚL INOA. MUINTO PRAZER_

4. Seu nome é Ana Maria? _NÃO, MEU NOME É RAÚL INOA_

5. Meu nome é Armanda Ramos. _COMO VAI ARMANDA RAMOS, TUDO BEM?_

Saudações, despedidas, expressões de cortesia

P-3 Saudações. You see people at different times. Write what you would say to greet them, depending on the time.

MODELO: 11:00 a.m. *Bom dia.*

1. 9:00 a.m. _BOM DIA_

2. 3:00 p.m. _BOA TARDE_

3. 10:30 a.m. _BOM DIA_

4. 12:30 p.m. _BOA TARDE_

5. 10:00 p.m. _BOA NOITE_

6. 6:00 p.m. (there's still daylight) _BOA TARDE_

P-4 Como vai? Circle the best choice to complete each question.

1. Bom dia, Sr. Martins. Como...
   a) vai você?
   b) vai o senhor?

2. Oi, Cristina! Como...
   a) vai a senhora?
   b) vai você?

3. Boa tarde, Dona Teresa. Como...
   a) vai a senhora?
   b) vai você?

4. Boa noite, Roberto. Como...
   a) vai o senhor?
   b) vai você?

P-5 Oi! You are meeting a close friend. Combine the scrambled phrases below, writing expressions (A) and their corresponding responses (B) in the chart to show the conversation that takes place. (There are more items than you will need.)

~~Oi! Como vai?~~   ~~Mal, muito mal.~~   Obrigado/a.

~~Sinto muito.~~   ~~Muito bem, e você?~~   Bom dia.

Até amanhã.   ~~Bem, obrigado/a.~~   Tchau.

~~Oi! Tudo bem?~~   Até logo.   Oi!

A	B
Oi! como vai?	Bem, obrigado/a
Oi! Tudo bem?	muito bem, e você?
Mal, muito mal	Sinto muito

P-6 Situações. What Portuguese expression would you use in the following situations? Write the letter of the appropriate expression next to each situation.

a. Desculpe   b. De nada   c. Por favor

_a_ 1. You spilled a cup of coffee on your friend.

_c_ 2. You want your friend to let you copy her class notes.

_b_ 3. Your mother thanks you for helping her.

_c_ 4. You want your father to lend you money.

_a_ 5. You greeted a stranger, thinking he was someone you knew.

P-7 Mais situações. Write the Portuguese expressions you would use in the following contexts.

1. Someone opens the door for you. _OBRIGADO_

2. Your classmate thanks you for helping her with her homework. _DE NADA_

3. You want to get someone's attention. _DESCULPE_

4. Your friend received a D on an exam. _SINTO / LAMENTO MUITO_

5. You sneezed while talking to your professor. _DESCULPE_

6. You ask a friend for a favor. _POR FAVOR_

Nome: Raúl Inoa   **Data:**

Identificação e descrição de pessoas

P-8 Cognatos. Write the opposite of each cognate in Portuguese.

1. otimista PESSIMISTA

2. parcial

3. idealista

4. moderno/a

5. extrovertido/a

6. nervoso/a

P-9 Não, não. You have a very opinionated friend who volunteers his opinions about you and the friends you both have in common. Disagree with him.

MODELO: Você é irresponsável.

Não, (eu) não sou irresponsável. Sou (muito) responsável.

1. Você é impaciente NÃO, EU NÃO SOU IMPACIENTE, EU SOU MUITO PACIENTE

2. Jorge é materialista. NÃO, JORGE NÃO É MATERIALISTA, ELE É

3. Regina é incompetente. NÃO, REGINA NÃO E INCOMPETENTE, ELA É COMPETENTE

4. Você é pessimista. NÃO, EU NÃO SOU PESSIMISTA, EU SOU OPTIMISTA

5. Sílvia é tímida. NÃO, SÍLVIA NÃO E TÍMIDA, ELA É CRIATIVA

P-10 Descrições. Write a description of each person using as many of the following cognates as possible. Use the correct form of the verb **ser**.

materialista	extrovertido	inteligente	eficiente	generoso	sério
sentimental	dinâmico	elegante	otimista	competente	impaciente
pessimista	religioso	romântico	moderno	idealista	calmo

1. Meu melhor amigo/Minha melhor amiga

2. Eu

3. O presidente dos Estados Unidos

4. Meu ator preferido/Minha atriz preferida

5. O meu professor/A minha professora

6. Meu companheiro/Minha companheira de quarto

P-11 Vamos escrever! Give the names of two of your friends (one male and one female), and then write a brief description of each of them. What are they like? What are they not like? Describe them in as much detail as you can.

Meu amigo se chama _____

_____

_____

_____

Minha amiga se chama _____

_____

_____

_____

O que há na sala de aula?

P-12 Pessoas e coisas. Indicate which two classroom objects you associate with each person, place, or thing (you may choose an object more than once).

apagador	caderno	mesa	livro	relógio	~~giz~~
televisão	caneta	mochila	gravador	lápis	cadeira

1. O/A professor/a: _____

2. O/A aluno/a: _____

3. A sala de aula: _____

4. O quadro: GIZ , APAGADOR _____

5. O caderno: LÁPIS, CANETA _____

Onde é que está?

P-13 O diretor. You are directing a play and you want the actors to be in certain places on the stage. You have made a drawing to guide them. Write down the location of each actor or actress as shown on the drawing.

MODELO: Alice _____ da porta.

Alice está em frente da porta.

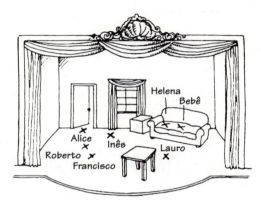

1. Roberto ESTÁ ATRÁS DE _____ de Francisco.

2. Inês ESTÁ EM FRENTE _____ da janela.

3. O bebê ESTÁ AO LAO _____ de Helena.

4. Lauro ESTÁ ENTRE _____ a mesa e o sofá.

5. Roberto ESTÁ EM FRENTE _____ de Alice.

6. A mesa ESTÁ ENTRE _____ Francisco e Lauro.

P-14 Na sala de aula. Give the locations of the following objects and person in your Portuguese class using the phrases below.

em frente do/da   ao lado do/da   debaixo do/da
em cima do/da   atrás do/da   entre

MODELO: O quadro   *O quadro está ao lado da porta.*

1. O/A professor/a _____.

2. O DVD O DVD ESTA _____.

3. A janela A JANELA _____.

4. A minha mochila _____.

5. O relógio _____.

Os números 0-99

P-15 Na livraria. The bookstore manager is ordering supplies for the semester. Complete the list by writing out the numbers in parentheses.

1. (65) canetas _SESSENT e CINCO_____.

2. (90) cadernos _NOVENTA C_____

3. (74) disquetes _SETENTA C QUATRO_____.

4. (16) dicionários _DEZESSEIS_____.

5. (28) calculadoras _VINTE E OITO_____.

P-16 Albergue da Juventude do Rio de Janeiro. Read the following information on the Youth Hostel in Rio and give the information requested below. Note that the prices are given in **reais,** the Brazilian currency. Spell out the numbers.

Albergue da Juventude do Rio de Janeiro

R. Vinícius de Moraes, 174
Ipanema
Rio de Janeiro - RJ
Tel: + 55 (21) 3813-2726
Fax: + 55 (21) 3813-3320

Capacidade

- 20 quartos duplos com banheiro
- 20 quartos simples com banheiro

Tabela de Preços

(Todas as taxas estão incluídas.)

Baixa Temporada

- Q. Duplo: R$40,00
- Q. Simples: R$35,00

Alta Temporada

- Q. Duplo: R$60,00
- Q. Simples: R$55,00

Baixa temporada: março a junho, setembro a dezembro
Alta temporada: janeiro, févereiro e julho

1. Número de telefone: _+55 (21) 3813-2726_____

2. Número total de quartos: _CUARENTA_____

3. Número de quartos simples: _VINTE_____

4. Taxa extra a pagar: _TODAS AS TAXAS ESTÃO INCLUÍDAS_____

5. Custo total para cada pessoa em um quarto duplo:

   a. na baixa temporada _CUARENTA REAIS_____

   b. na alta temporada _SESSENTA REAIS_____

P-17 Perguntas pessoais. Answer the following questions.

1. Qual é seu endereço? _MEU endereço é_
2. Qual é o número de seu telefone? _O NUMERO DE MEU TELEFONE É_
3. Qual é o endereço de seu dormitório? _O ENDEREÇO DE MEU DORMITORIO É_
4. Qual é o endereço de seu melhor amigo/de sua melhor amiga? _O ENDEREÇO DE MINHA_
   MELHOR AMIGA É
5. Qual é o número de telefone de seu melhor amigo/de sua melhor amiga? _O NUMERO DE_
   TELEFONE DE MEU MELHOR AMIGIO É

Os meses do ano e os dias da semana

P-18 Dias da semana. Match each statement on the left with the appropriate day of the week.

1. The first day of the weekend.   _2_ segunda-feira
2. The first day of the week on Brazilian calendars.   _3_ domingo
3. The last day of the week on Brazilian calendars.   _4_ quinta-feira
4. Thanksgiving is celebrated on this day.   _5_ sexta-feira
5. When the 13th falls on this day, some consider it bad luck. _1_ sábado

P-19 Perguntas. Answer the following questions.

1. Que dia da semana é hoje? _HOJE É TERÇA FEIRA_
2. Que dia é amanhã? _AMANHÃ É QUARTA FEIRA_
3. Em que dias há aula de Português? _AS AULAS DE PORTUGUES SÃO OS DOMINGOS_
4. Que dia é hoje? _HOJE É VINTE E QUATRO DE JUNHO_
5. Quantos dias há em abril? _ABRIL TEM VINTE E NOVE ANOS_

P-20 Os meses. In which months do these holidays take place in the United States? Match each holiday with a month.

1. O Dia do Trabalho   _5_ julho
2. O Dia de Ano Novo   _1_ setembro
3. O Dia de São Patrício   _2_ dezembro
4. O Dia de Ação de Graças   _6_ fevereiro
5. O Dia da Independência   _7_ janeiro
6. O Dia de Natal   _3_ março
7. O Dia dos Presidentes   _4_ novembro

P-21 Datas dos exames e das tarefas. There is a new student in the class and she is asking you for the dates to turn in her class work, as well as the dates of the exams. Write out the dates as in the model.

MODELO: 12/10:   *O exame parcial é no dia 12 de outubro.*

1. 29/8: O teste de vocabulário *O teste de vocabulário é no dia 29 de agosto*

2. 18/9: A composição na aula *A composição na aula é no dia 18 de Septembro*

3. 23/10: A apresentação sobre o Brasil *A apresentação sobre o Brasil é no dia 10 de*

4. 15/11: O teste oral *O teste oral e no dia 15 de NOVEMBRO*

5. 6/12: O exame final *O exame final e no dia 6 de Dezembro*

OUTUBRO

As horas

P-22 Que horas são? Your coworker is eager to go home and is constantly checking (and telling everyone) what time it is. Draw in the hands on the clocks' faces corresponding to each of the times she tells.

MODELO: São onze e meia.

1.   2.   3.   4.   5.

1. São nove e meia.
2. São quinze para as onze.
3. É uma e vinte.
4. São dez para as quatro.
5. São cinco em ponto!

Nome: _____ **Data:** _____

P-23 As horas. Write out the indicated times in Portuguese.

MODELO: 3:10 p.m.   *São três e dez da tarde.*

1. 7:30 a.m. *São as sete e meia da amanhã*
2. 2:50 p.m. *São dez para as tres da tarde*
3. 5:25 a.m. *São as cinco e vinte e cinco da amanhã*
4. 9:15 p.m. *São as nove e um quarto da tarde*
5. 1:20 p.m. *É uma e vinte da tarde*
6. 12:00 a.m. *É meia noite*

P-24 Um convite. You have received this invitation to your Brazilian friend Silvana's wedding. Answer the questions below with information from the invitation.

> Mariano Adão Figueiredo   Adalberto Pereira Simões
> Lucinda Borges Figueiredo   Regina Medeiros Simões
> Convidam para a cerimônia religiosa
> do casamento dos seus filhos
>
> Silvana Borges Figueiredo e Roberto Medeiros Simões
>
> a realizar-se às 15:00 horas no sábado,
> dia 7 de maio de 2008 na Igreja Nossa Senhora
> de Fátima, Rua Miguel das Cruzes, 234, Recife

1. Em que dia da semana é o casamento? *SABADO*
2. Qual é o dia do casamento? *7 de Maio*
3. A que horas é a cerimônia? *15:00 (3:00 pm)*
4. Onde é a cerimônia? *Na Igreja Nossa Senhora de Fátima*
5. Qual é o endereço da igreja? *Rua Miguel das Cruzes, 234, Recife*

P-25 Inscrição. You are a foreign student planning to take some classes at the **Universidade Federal da Bahia** in Brazil. Fill out the following application form for enrollment in classes.

Cursos de Língua Portuguesa e Cultura Brasileira

Nome completo _Raul Alejandro Luca Perez_

Data de nascimento _Dia 4 de Janeiro do año 1988_

Sexo: Feminino _____   Masculino _X_

Número de passaporte _____

Endereço _____

Cidade _____

País _A Republica Dominicana_

Telefone _____

E-mail _rai5619@rit.edu_

Marque os cursos com um X:

Cursos de língua portuguesa

4 semanas: julho _____   janeiro _____   fevereiro _____

14 semanas: agosto–novembro _____   março–junho _____

Estudos Brasileiros

Sociedade Brasileira Contemporânea (agosto–novembro)   _____

História de Arte Brasileira (março–junho)   _____

Literatura e Cultura Afro-Brasileira (agosto–novembro)   _____

Literatura Brasileira (março–junho)   _____

Literaturas e Culturas Africanas (agosto–novembro)   _____

História do Brasil (março–junho)   _____

Data: _____   Assinatura: _____

LABORATÓRIO

Apresentações

P-26 Apresentações. First, listen to the introductions and put an X in the appropriate column to indicate if the speakers are addressing each other formally or informally. Then, listen to the conversation again and mark which expressions in the chart you hear in each conversation.

	FORMAL	INFORMAL
1.	_____	_____
2.	_____	_____
3.	_____	_____

CONVERSA	1	2	3
Muito prazer.			
Eu me chamo Jorge Castro.			
Igualmente.			
Como a senhora se chama?			
O prazer é meu.			

P-27 Muito prazer. You are meeting two classmates for the first time; respond to each appropriately in the pauses provided. Pause the recording when you hear a beep to answer at your own pace.

1. _____

_____

2. _____

_____

Saudações, despedidas, expressões de cortesia

P-28 Saudações. Listen as several people greet each other. First repeat each greeting, and then indicate, with a check mark in the chart, the approximate time it took place.

	1	2	3	4	5
6:00 a.m. – 11:00 a.m.					
1:00 p.m. – 6:00 p.m.					
8:00 p.m. – 2:00 a.m.					

P-29 Você ou o/a senhor/a? Listen to the conversations and then put an X in the appropriate column to indicate whether the speakers are addressing each other formally (by **o senhor** or **a senhora**) or informally (by **você**).

CONVERSA	1	2	3
você			
o/a senhor/a			

P-30 Bem ou mal? Listen to two short conversations and then put an X in the appropriate column to indicate how each speaker is feeling.

CONVERSA 1	BEM	MAL
Dona Matilde		
Seu Vasco		
CONVERSA 2		
Sônia		
Rui		

P-31 Cortesia. You will hear several expressions in Portuguese. Look at the drawings and write the numbers corresponding to the appropriate statement.

a. _____

b. _____

c. _____

d. _____

P-32 Mais expressões. You are planning a trip to Brazil and you want to learn expressions for saying goodbye as well as some polite expressions. Before listening to the recording, read the situations below to familiarize yourself with them. Then, listen and repeat each expression, and write it next to the appropriate situation. Pause the recording at the beep to work at your own pace.

1. You say goodbye to someone you will see tomorrow. _____

2. You are saying goodbye to a young friend; you don't know when you'll meet again.

   _____

3. You want to ask for a favor. _____

4. You respond to someone who has just thanked you. _____

5. You say goodbye to someone you will meet later today. _____

Identificação e descrição de pessoas

P-33 Sim ou não? Listen to Laura and Tomás, two good friends who are talking in the campus lounge, and to the statements that follow their conversation. Indicate whether each statement is true or false by marking **Sim** or **Não**. Do not worry if you don't understand every word.

	SIM	NÃO
1.	_____	_____
2.	_____	_____
3.	_____	_____
4.	_____	_____

P-34 Como são? Professor Marques is describing some students. Listen and fill in each blank with the correct word. Pause the recording at the beep to write at your own pace.

1. João Gomes é dinâmico e _____.

2. Raquel Sousa é _____ e _____.

3. Zé Soares é _____ e sentimental.

4. Manuel Pina é _____ e _____.

5. Susana Freire é _____ e _____.

P-35 Ditado. Listen carefully to a brief comparison of two friends. The first time, just listen. The second time, write the missing words in the blanks. Pause the recording at the beep to write at your own pace.

_____ Gina Morais. Sou _____ e _____.

Minha _____ é diferente. Ela é introvertida e _____.

P-36 O mundo lusófono. The speaker will spell out the names of several important cities in the Portuguese-speaking world. Write them in the spaces provided.

1. _____ _____ _____ _____ _____ _____

2. _____ _____ _____ _____ _____ _____ _____ _____

3. _____ _____ _____ _____ _____

4. _____ _____ _____ _____ _____

5. _____ _____ _____ _____ _____

6. _____ _____ _____ _____

Pronúncia

Sílabas tônicas e acentos

Stress and stressed syllables are very important in Brazilian Portuguese, because they can change quite radically the sound that is attributed to the vowels, especially to **e** and **o**. In most languages, when we pronounce a word, we do it in little segments, unless it is so short that it has only one segment, as in the English word *think*. Each segment we pronounce is a syllable. The word *banana*, on the other hand, has three syllables, *ba-na-na*, just like in Portuguese.

When you pronounce the word *banana* in English, the second syllable is stronger or louder than the other two. That is the stressed syllable. The same applies to the word **banana** when pronounced in Portuguese. In fact, most English words have the stress on the penultimate syllable, the one before last. The same is true in Portuguese.

According to their position in the word, vowels can be stressed or unstressed. In Portuguese, stressed vowels are usually in the penultimate syllable. If the stressed syllable is either the antepenultimate (two before last) or the last, then the stress is often indicated by means of an accent over the vowel.

There are combinations of letters/sounds that always form a stressed syllable at the end of the word, such as the combination of a vowel and the letter **l**, **r** or **z**. Listen to the words below and repeat them after the speaker.

pap**el**   Bras**il**   praz**er**   Portug**al**   rap**az**   fel**iz**

Now compare the sound of the words you just heard with the following:

ol**á**   am**á**vel   f**á**cil   vo**cê**   portug**uês**   dif**í**cil

In each word in this second group, one of the two general rules stated above does not hold: **olá**, **você**, and **português** are not stressed on the penultimate syllable; **amável**, **fácil**, and **difícil** are not stressed on the last syllable, even though they end in a vowel followed by the letter **l**. Therefore, the written accent tells the reader how to pronounce these words.

Keep this explanation in mind when you study the next section on vowels, **vogais.** It will help you to know intuitively how to pronounce each of the examples.

As vogais

Listen carefully to the explanation of how vowels are pronounced in Brazilian Portuguese. Repeat each of the words after the speaker when asked to do so.

Portuguese has five oral vowels and five nasal vowels. The sound of oral vowels represented in writing by the letters **e** and **o** varies depending on whether they are open, closed, or unstressed. Note that an acute accent (**acento agudo**) over a vowel means that it is open (as in **lógico**) and the circumflex accent (**acento circunflexo**) means that it is closed (as in **você**). Note also that unstressed vowels are often in the last syllable.

The vowels represented by letters **a**, **i**, and **u** are always pronounced the same, which is also true of nasal vowels. In this section, you will concentrate on the practice of oral vowels.

a

The Brazilian Portuguese **a** is pronounced as the English *a* in *father* whether it is stressed or unstressed. Listen carefully and then repeat. Imitate the Portuguese pronunciation as closely as possible.

stressed **a**: carteira está obrigado tarde lado

unstressed **a**: senhora ótima licença séria tímida

e

The pronunciation of the Brazilian Portuguese **e** depends on whether it is open, closed, or unstressed. Note also that the conjunction **e** (*and*) and any unstressed **e** at the end of a word are pronounced like **i**. **Repita as seguintes palavras.** (*Repeat the following words.*)

open **e**: sério Manuela é atlético colega

closed **e**: prazer professor você senhor generoso

unstressed **e**: nome hoje nove e telefone

i

The pronunciation of the Brazilian Portuguese **i** is similar to the pronunciation of the English *i* in *machine*, but shorter. **Repita as seguintes palavras.**

lixo amiga Rita livro idealista

o

The pronunciation of the Portuguese **o** depends on whether it is open, closed, or unstressed. The unstressed **o** is pronounced as **u**. **Repita as seguintes palavras.**

open **o**: relógio ótimo logo horas resposta

closed **o**: colega como todo senhor dona

unstressed **o**: Paulo muito por calmo menos

u

The pronunciation of the Brazilian Portuguese **u** is similar to the pronunciation of the English *u* in *tuna*, but shorter. **Repita as seguintes palavras.**

popular desculpe Duarte Luísa tu uma

O que há na sala de aula?

P-37 Identificação. It's the first day of class and you are trying to identify objects and persons around you. Listen to the recording, look for the object or person in the picture, and write the number corresponding to each one in the space provided. Pause the recording at the beep to work at your own pace.

MODELO: *0. um quadro*

Onde é que está?

P-38 O que é isto? Listen to the questions for each of the pictures in your workbook. Answer by identifying the object. Pause the recording at the beep to answer at your own pace.

MODELO:

O que é isto?
É um apagador.

1.   2.   3.   4.   5.   6.

P-39 O que está…? Your instructor is asking you to locate persons and objects in the room. Look at the drawing and answer each question. Pause the recording at the beep to answer at your own pace.

MODELO: O que está ao lado do quadro?

A porta.

P-40 Onde está? Look at the drawing again. Your instructor is asking you to locate persons and objects in the room. Answer each question as specifically as possible. Your answer may vary from the one provided as long as you give the correct location. Pause the recording at the beep to answer at your own pace.

MODELO: Onde está o quadro?

Está atrás da professora.

(*Está ao lado da porta* would also be correct.)

Pronúncia

As vogais nasais

The nasal vowels are sounds that correspond to the five oral vowels, but with some added nasal resonance. A vowel is nasal if a **til** (tilde or ~) is written above it or if it is followed by **–m** or **–n** within the same syllable. The common word **muito** has a unique pronunciation because the **i** is pronounced as a nasal vowel. **Repita as seguintes palavras e expressões.**

não	Armando	amanhã	importante	ambicioso	televisão	João
bem	muito bem	também	lamento	licença	entre	sim
impulsivo	muito	introvertido	bom	muito bom		

um engenheiro muito bom

Os números 0-99

P-41 Os números. Repeat the numbers after the speaker.

P-42 Bingo. Your Portuguese Club is playing Bingo. On the card below, circle each number you hear.

B	I	N	G	O
5	16	31	48	62
8	18	38	50	65
10	21		55	68
13	22	42	56	70
15	30	45	60	75

P-43 Problemas de matemática. You are helping your little cousin practice addition. Listen to each math problem, write the problem and the correct answer, and then repeat the problem, according to the model. Pause the recording at the beep to work at your own pace.

MODELO: You see: _____ + _____ =

You hear: dois mais dois

You write: $2 + 2 = 4$

You say: *Dois mais dois são quatro.*

1. _____ + _____ = _____
2. _____ + _____ = _____
3. _____ + _____ = _____
4. _____ + _____ = _____

5. _____ + _____ = _____
6. _____ + _____ = _____
7. _____ + _____ = _____
8. _____ + _____ = _____

P-44 Urgente. You are a telephone information operator in Brazil and receive the following requests for phone numbers. Answer each call by giving the correct number. Pause the recording at the beep to answer at your own pace.

MODELO: Por favor, o número do Corpo de Bombeiros. (*fire department*)

Corpo de Bombeiros   21 342 22 23

dois-um, três-quatro-dois, vinte e dois, vinte e três

1. Aeroporto de Campinas   19 841 35 11
2. Hospital Miguel Couto   21 780 53 33
3. Embratel   21 355 44 20
4. Delegacia de Polícia de Pinheiros   11 765 42 42

Os meses do ano e os dias da semana

P-45 Um diálogo. João Gomes and Raquel Silveira are studying to be teachers of Portuguese. They are rehearsing a dialogue they designed to practice the vocabulary in this section with their students. Raquel plays the role of a little girl who asks a lot of questions and João is her father. Listen to the following conversation and then complete the information in the chart. Don't worry if you don't understand every word.

PERGUNTAS	RESPOSTAS
Quantos dias tem numa semana?	
_____ num dia?	Tem vinte e quatro.
Quantos dias tem num mês?	

P-46 Que dia da semana? Look at the calendar. You will hear questions asking on what days of the week certain dates fall. Answer each question by naming the appropriate day. Pause the recording at the beep to answer at your own pace.

MODELO: Que dia da semana é o dia 17?
   É sexta-feira.

MAIO						
2ª.	3ª.	4ª.	5ª.	6ª.	SÁB.	DOM.
		1	2	3	4	5
6	7	8	9	10	11	12
13	14	15	16	17	18	19
20	21	22	23	24	25	26
27	28	29	30	31		

As horas

P-47 Que horas são? You will hear a time for each of the clocks drawn below. If the time you hear corresponds to the time shown on the clock, write **sim**. If it doesn't correspond, write **não**. Pause the recording at the beep to answer at your own pace.

1. _____ 2. _____ 3. _____ 4. _____ 5. _____

P-48 O horário dos ônibus. You will hear a bus station employee announcing the arrival time of buses from several cities in Brazil. Draw in the hands on the clock faces corresponding to each arrival time. Don't worry if you don't understand everything you hear. Pause the recording at the beep to work at your own pace.

MODELO: O ônibus de Sorocaba chega às onze e meia.

1.   2.   3.   4.   5.

P-49 A que horas é a aula? Look at the class schedule below and answer each question by saying at what time each class meets. Pause the recording at the beep to answer at your own pace.

MODELO: A que horas é a aula de Biologia?
Às oito.

AULA	HORAS
Biologia	8:00
Matemática	9:30
Português	11:15
Economia	1:45
Sociologia	3:20
Fotografia	4:50

Expressões úteis na sala de aula

P-50 Na aula. You will hear several useful expressions that are frequently said in class. In the space provided, write the number corresponding to the expression illustrated by each drawing.

_____

_____

_____

_____

Pronúncia

Os sons do "d" e do "t"

The Brazilian Portuguese **d** followed by a consonant or by an **a, e, o,** or **u** sound is pronounced almost like an English *d* but with the tip of the tongue touching the back of the front teeth. **Repita as seguintes palavras.**

obriga**da**   qua**d**ro   en**d**ereço   computa**d**or   ca**d**eira   **du**as

The Brazilian Portuguese **d** followed by an **i** sound is typically pronounced as the English *j* in words such as *judge* and *jeans*. Keep in mind that this explanation refers to sounds, not to letters, and that the letter **e** can also represent an **i** sound. **Repita as seguintes palavras**.

dia   tar**de**   **di**nâmico   on**de**   tra**di**cional   ví**de**o

The Brazilian Portuguese **t** followed by a consonant or by an **a, e, o,** or **u** sound is pronounced almost like an English **t** but with the tip of the tongue touching the back of the front teeth. **Repita as seguintes palavras.**

apresen**t**ações   **t**elevisão   mui**t**o   **tu**do   a**t**é   ex**t**rovertido

The Brazilian Portuguese **t** followed by an **i** sound is typically pronounced as the English *ch* in words such as *cheese* and *cheer*. Keep in mind that this explanation refers to sounds, not to letters, and that the letter **e** can also represent an **i** sound. **Repita as seguintes palavras**.

noi**te**   vin**te**   no**tí**cias   fu**te**bol   **ín**tima   sen**ti**mental

VÍDEO

P-51 Apresentações. In the opening section of this video, you will be introduced to thirteen Brazilians who live in Rio de Janeiro and whom you will see time and again throughout the program. Watch and listen to the speakers as they introduce themselves; then match their names with the information you have heard.

1. Mariana		a.	21 anos
2. Carlos		b.	gaúcha
3. Dona Raimunda		c.	PUC
4. Chupeta		d.	Niterói
5. Mônica		e.	17 anos
6. Daniel		f.	Ceará
7. Adriana		g.	51 anos
8. Rogério		h.	Copacabana
9. Juliana		i.	26 anos
10. Dona Sônia		j.	Olaria
11. Sandra		k.	ator
12. Caio		l.	apelido
13. Manuela		m.	UFRJ

P-52 Descrições. Now choose three of the speakers you have just watched. Listen again to their introductions and write down the following information about them. Depending on your instructor's guidelines, you should use either English or Portuguese in the first section. If writing in Portuguese, spell out the numbers. In the second section, try to give answers in Portuguese using some of the cognates you have learned in **Lição preliminar** to describe the speakers and justify your choice.

1. Names, ages, professions or occupations, and any other distinguishing information you were able to understand, such as place of birth, where they live, etc.

   a) _____

   _____

   b) _____

   _____

   c) _____

   _____

2. Why did you choose these three people? What was it about them that interested you? State two reasons for each person.

   a) _____

   _____

   b) _____

   _____

   c) _____

   _____

Lição 1 ◆ A universidade

PRÁTICA

À PRIMEIRA VISTA

Os estudantes e os cursos

1-1 Os cursos de Paula, Cindy, Roberto e Mário. Circle the courses the following students are probably taking, according to their field of study.

1. Paula Santos estuda Administração de Empresas (*business administration*).

Filosofia	Química	Álgebra	Psicologia	Cálculo
Economia	Geografia	História	Trigonometria	Literatura

2. Cindy Hall estuda Língua e Cultura Brasileira na Universidade de São Paulo.

Álgebra	História	Economia	Psicologia	Espanhol
Biologia	Literatura	Geometria	Lingüística	Sociologia

3. Roberto de Oliveira estuda Ciências Sociais.

Informática	Física	Antropologia	Biologia
Contabilidade	Sociologia	Psicologia	Geometria

4. Mário Portas estuda Medicina.

Português	Genética	Cálculo	Microbiologia
Anatomia	Jornalismo	Física	Geologia

5. Now, in Portuguese, write down the courses you are taking this semester.

   _____ _____ _____

   _____ _____ _____

1-2 Como são as aulas? Describe the following courses, using one of these adjectives:

excelente, popular, fácil, difícil, interessante, chato/a

MODELO: Contabilidade *A aula de Contabilidade é difícil.*

1. Biologia _____
2. Literatura _____
3. Informática _____
4. Cálculo _____
5. Português _____
6. História _____

1-3 Na universidade precisamos de... Indicate which item best completes each statement by circling the corresponding letter.

1. Há um toca-CDs na minha aula de...
   a) Matemática
   b) Português
   c) Economia

2. Compro um livro na...
   a) biblioteca
   b) aula
   c) livraria

3. André consulta... na aula de Geografia.
   a) mapas
   b) dicionários
   c) calculadoras

4. Jenny e Carlos escutam CDs em português...
   a) no laboratório de línguas
   b) no ginásio
   c) no restaurante da faculdade

5. Nas aulas de Informática há...
   a) gravadores
   b) computadores
   c) telefones

6. Compro uma calculadora para a aula de...
   a) História da Arte
   b) Álgebra
   c) Português

1-4 Atividades. Where would these activities take place? Match the activity with the appropriate place. There could be more than one activity per place.

1. _____ conversar com os amigos

2. _____ escutar CDs

3. _____ comprar cadernos

4. _____ tomar café

5. _____ trabalhar

6. _____ praticar português

7. _____ telefonar aos clientes

8. _____ comprar livros e dicionários

a. no laboratório de línguas
b. no restaurante da faculdade
c. no escritório
d. na livraria

1-5 O primeiro dia de aulas. Today is Cristina's first day of school. Fill in the blanks with the appropriate words in the list.

Português	universidade
comprar	caderno
dinâmico	Matemática
falam	escuta

Hoje é o primeiro dia de aulas da Cristina. Ela chega à (1) _____ às oito e meia porque a aula de

(2) _____ é às nove. O professor é simpático e (3) _____. Na aula, os alunos estudam um

mapa do Brasil e (4) _____ em português. Às onze e meia a Cristina tem aula de (5) _____.

Para esta aula ela precisa (6) _____ uma calculadora e um (7) _____ na livraria. Depois ela

vai ao laboratório de línguas e (8) _____ CDs com exercícios de pronúncia em português.

ESTRUTURAS

Síntese gramatical

1. Subject pronouns

SINGULAR		PLURAL	
eu	*I*	nós	*we*
você	*you*	vocês	*you (plural of você)*
o senhor	*you (formal/male)*	os senhores	*you (formal/male or mixed)*
a senhora	*you (formal/female)*	as senhoras	*you (formal/female)*
ele	*he*	eles	*they (male or mixed)*
ela	*she*	elas	*they (female)*

2. Present tense of regular -*ar* verbs

falar (to speak)

SINGULAR		PLURAL	
eu	**falo**	nós	**falamos**
você, ele/ela	**fala**	vocês, eles/elas	**falam**
o/a senhor/a		os/as senhores/as	

3. Definite and indefinite articles

	SINGULAR			PLURAL		
	MASC.	FEM.		MASC.	FEM.	
DEFINITE ARTICLES	o	a	*the*	os	as	*the*
INDEFINITE ARTICLES	um	uma	*a/an*	uns	umas	*some*

4. Contractions of *a*, *de*, and *em* with articles

	o	a	os	as	um	uma	uns	umas
a	ao	à	aos	às	a um	a uma	a uns	a umas
de	do	da	dos	das	dum, de um	duma, de uma	duns, de uns	dumas, de umas
em	no	na	nos	nas	num, em um	numa, em uma	nuns, em uns	numas, em umas

5. Present tense of the verb *estar* (to be)

eu	**estou**	*I*	*am*
você	**está**	*you*	*are*
ele/ela	**está**	*he/she*	*is*
nós	**estamos**	*we*	*are*
vocês	**estão**	*you*	*are*
eles/elas	**estão**	*they*	*are*

6. **Question words**

como	*how/what*	**qual (*pl.* quais)**	*which/what*
onde	*where*	**quem**	*who*
que/o que	*what*	**quanto/a**	*how much*
quando	*when*	**quantos/as**	*how many*
por que	*why*		

Subject pronouns

1-6 Pronomes pessoais. Fill in the Portuguese pronouns to indicate who is doing what, according to the words in parentheses. In the cases where there are no parentheses, the verb endings will help you decide which pronoun you should use. If there is more than one possibility, give them all.

MODELO: trabalha de manhã (Rita)

Ela trabalha de manhã.

1. _____ tiramos boas notas. (meu amigo e eu)

2. _____ estuda História da Arte. (André)

3. _____ trabalham com computadores. (você e a professora)

4. _____ dançam nos fins de semana. (os estudantes)

5. _____ chega à universidade de manhã.

6. _____ ando de bicicleta todos os dias.

1-7 Quem? Complete each conversation with the correct subject pronouns.

MODELO: *Eu* estudo português.

1. **MARIA:** Rita, _____ fala muito bem português.

   RITA: Obrigada. _____ praticamos muito nas aulas e _____ gosto da cultura brasileira.

2. **MÁRIO:** André e Cristina estudam Antropologia?

   PAULA: Não, _____ estudam História da Arte.

   MÁRIO: E o que _____ estuda, Paula?

   PAULA: _____ estudo Economia.

3. **MIGUEL:** Susana e Cláudia trabalham com o Dr. Rodrigues. E com quem _____ trabalha?

   DR. PIRES: _____ trabalho com a Rita e a Dona Irene Fonseca.

Present tense of regular *-ar* verbs

1-8 Atividades dos estudantes. Underline the correct word to complete each statement.

1. Mariana (conversa/conversamos/conversam) com os amigos no café.

2. Carlos (estuda/estudamos/estudo) muito todos os dias.

3. Os estudantes (chegas/chego/chegam) à universidade de manhã.

4. Você (trabalha/trabalham/trabalhamos) num restaurante elegante.

5. Eu (andamos/ando/andam) de bicicleta nos fins de semana.

1-9 As minhas atividades. What do these people do on a regular basis? Write sentences using the correct form of the verb.

MODELO: eu/escutar/diálogos em português/no laboratório de línguas

Eu escuto diálogos em português no laboratório de línguas.

1. nós/conversar/com os amigos nos fins de semana

   _____

2. ele/trabalhar/no restaurante à noite

   _____

3. eu/chegar/à faculdade às 2:00 da tarde

   _____

4. eles/jantar/em casa todas as noites

   _____

5. você/estudar/na biblioteca

   _____

6. vocês/comprar/livros na livraria

   _____

1-10 Perguntas pessoais. Answer these questions about yourself and your classmates, using complete sentences.

1. Onde você estuda este semestre/trimestre?

   _____

2. Você trabalha este semestre/trimestre? Onde?

   _____

3. Que língua vocês falam na aula de Português?

   _____

4. Onde é que vocês dançam nos fins de semana?

   _____

5. A que horas vocês almoçam nos dias da semana?

   _____

Articles and nouns: gender and number

1-11 Artigos. Write the appropriate article for each word.

o, a, os, as

1. _____ cadeira

2. _____ livros

3. _____ computador

4. _____ universidades

5. _____ mês

6. _____ cadernos

7. _____ dia

8. _____ televisão

9. _____ mapa

10. _____ mesas

1-12 Que artigo? Complete each conversation with correct articles.

1. **um, uma**

   MARIA JOSÉ: O que você precisa comprar, Sandra?

   SANDRA: _____ caderno e _____ livro. E você?

   MARIA JOSÉ: _____ calculadora e _____ mochila.

2. **o, a**

   JAIME: Onde está _____ meu dicionário?

   ALBERTO: Não sei. Também não sei onde está _____ minha caneta.

   JAIME: Não sei onde está _____ caneta, mas _____ lápis está aqui.

3. **o, a, os, as**

   SÍLVIA: Quanto custam _____ mapas da América do Sul e da Europa?

   EMPREGADO: _____ mapa da América do Sul custa vinte reais e _____ mapa da Europa quinze reais.

   SÍLVIA: E quanto custam _____ cadeiras e _____ mesa?

   EMPREGADO: _____ mesa custa cento e sessenta reais, _____ cadeira com braços (*arms*) noventa e _____ cadeira sem braços quarenta e oito reais.

   SÍLVIA: É muito caro!

4. **um, uma, uns, umas**

   PROFESSORA: O que há na sala de aula?

   NUNO: _____ mesas, _____ cadeiras, _____ quadro, _____ relógio...

   PROFESSORA: E o que há na mesa?

   NUNO: _____ cadernos, _____ livro e_____ gravador.

1-13 O plural. What are these people doing? Change the sentences below by incorporating the new subjects and making the *italicized* words plural. Do not forget to use the appropriate form of the verb.

MODELO: Alexandre estuda com *um amigo*. Os colegas do Alexandre...

Os colegas do Alexandre estudam com uns amigos.

1. Você procura *o mapa* do Brasil. Vocês...

   _____

2. Joana dança com *um colega* da universidade. Nós também...

   _____

3. Eu compro *uma mochila*. Você e a Clarice...

   _____

4. Alice estuda muito para *a aula*. Os amigos da Alice...

   _____

5. Ricardo adora *a discoteca*. Os colegas do Ricardo...

   _____

Contractions of *a*, *de*, and *em* with articles

1-14 A que horas? Complete the following statements about your daily schedule.

MODELO: Caminho para a universidade *às nove horas.*

1. Chego à universidade _____.

2. A aula de Português é _____.

3. Almoço _____.

4. Estudo no laboratório _____.

5. Chego em casa _____.

6. Janto _____.

1-15 As atividades e os lugares. Match these people's activities with the places in which you think they are most likely to occur. In all cases you will have more than one possibility.

Os lugares: **biblioteca, café, casa, discoteca, escritório, ginásio, laboratório, livraria, praia, restaurante, universidade**

MODELO: Rita trabalha *no escritório.*

1. Sérgio estuda _____.

2. Joana e Carlos almoçam _____.

3. Eu e a Susana dançamos _____.

4. O professor descansa _____.

5. Eu trabalho _____.

6. Mariana janta _____.

7. Os estudantes conversam _____.

1-16 Gosta ou não gosta? Primeiro passo. State these people's likes and dislikes as indicated in the model.

NOME	GOSTA	NÃO GOSTA
Bruno	restaurante universitário	mesas no restaurante
Carla	aula de História	sala de aula
Chico	sextas-feiras	domingos
Raquel	restaurante São Jorge	café Belém
Suzete	praia	ginásio
Miguel	a Adélia	as amigas da Adélia

MODELO: Sérgio *gosta da aula de Biologia, mas não gosta das cadeiras da sala de aula.*

1. Bruno _____.

2. Carla _____.

3. Chico _____.

4. Raquel _____.

5. Suzete _____.

6. Miguel _____.

Segundo passo. Now write four sentences stating some of your own likes and dislikes.

1. Gosto _____ .

2. Gosto _____ .

3. Não gosto _____ .

4. Não gosto _____ .

1-17 Diálogos. Complete each conversation with appropriate contractions of **a, de,** or **em** with definite articles (**o, a, os, as**).

1. **JOSÉ:** Você precisa _____ dicionário para a aula de Português?

   MÁRIO: Preciso, onde está?

   JOSÉ: Está _____ mesa.

2. **SÍLVIA:** A que horas você chega _____ laboratório _____ segundas-feiras?

   JOÃO: Chego _____ meio-dia. E você?

   SÍLVIA: Eu chego _____ uma. Trabalho _____ escritório até quinze para a uma.

3. **RITA:** Onde é que você pratica ioga?

   JUDITE: Pratico _____ ginásio. Você também?

   RITA: Não, não gosto _____ ginásio. Pratico _____ escola de ioga que fica _____ Rua Marques Silva.

Present tense of the verb *estar*

1-18 Informações. A new student is requesting information. Combine the following questions and answers in order to make up a conversation.

Bem, obrigado/a.

Os livros de Português estão na livraria?

Oi, como vai?

Onde está o professor Mendes?

Está no escritório.

Estão, sim. Os dicionários também.

O/A NOVO/A ESTUDANTE

VOCÊ

_____   _____

_____   _____

_____   _____

1-19 Onde estão? You are explaining to your classmates where they can find these people and at what time. Choose places from the list and write sentences using the verb **estar**. Write out the time.

a biblioteca   o café   o ginásio   o laboratório

o escritório   casa   a discoteca   a praia

MODELO: nós/2:40 p.m.

Nós estamos no laboratório às vinte para as três da tarde.

1. eu/8:00 a.m. _____

2. vocês/1:30 p.m. _____

3. ela/10:10 a.m. _____

4. eu e ele/9:15 p.m. _____

5. você/3:45 p.m. _____

1-20 Um menino curioso. Your five-year-old neighbor loves to ask questions. Answer his questions.

1. Onde você está às nove da manhã?

_____

2. Onde está o dicionário do meu pai?

_____

3. Como está seu professor de Português?

_____

4. Onde está o presidente dos Estados Unidos agora mesmo (*right now*)?

_____

5. Como está o presidente?

_____

6. E você, como está?

_____

Question words

1-21 Associações. An international student is answering some questions. Match each question in the left column with the correct response in the right column by writing the number of the question in the space provided.

A	**B**
1. Como você se chama?	_____ Português e inglês.
2. De onde você é?	_____ Rua do Mercado, 140, Recife.
3. Que língua você fala?	_____ Na biblioteca.
4. Onde você trabalha?	_____ Rita Freitas.
5. Qual é o seu endereço permanente?	_____ Cinco.
6. Qual é o número do seu telefone?	_____ É 21-336-7890.
7. Por que você está nos Estados Unidos?	_____ Do Brasil.
8. Quantas aulas você tem?	_____ Para estudar.

1-22 Como? Qual? Quando? Quanto(s)/a(s)? Por que? Que? Quem? Complete the dialogues with the most appropriate question words.

1. _____ é a capital do Brasil? É Brasília.

2. _____ é o concerto? É no sábado.

3. _____ custa o livro de Física? Custa 45 reais.

4. _____ é o Rodrigo Santoro? É muito bonito.

5. _____ estudantes há na aula de Português? Há 22.

6. _____ é o/a presidente dos Estados Unidos atualmente? É...

7. _____ você não anda na praia hoje? Porque tenho um exame amanhã.

8. _____ matérias você estuda este semestre? Eu estudo três: Português, Literatura Comparada e História do Brasil.

1-23 Qual é a pergunta? Ask the questions that would produce these answers.

MODELO: O curso é interessante.

Como é o curso?

1. O professor está ao lado da mesa.

   _____

2. Um elefante é um animal muito grande.

   _____

3. Há 15 pessoas no café.

   _____

4. Os alunos estão na recepção.

   _____

5. O Seu Alexandre é o pai da Ângela.

   _____

1-24 Entrevista. You have the opportunity to interview your favorite celebrity. Who is he or she? Write at least five questions you would like to ask him/her.

NOME DO/A ENTREVISTADO/A: _____

1. _____

2. _____

3. _____

4. _____

5. _____

Mais um passo: Some regular *-er* and *-ir* verbs

1-25 Que fazem? What do these people do? Fill in the blanks with the correct form of the verb in parentheses.

1. O dono (*owner*) da Domino's Pizza não _____ (comer) pizza.

2. Eu _____ (escrever) muito para o curso de Literatura.

3. Você _____ (assistir) muitos jogos de futebol?

4. Onde ela _____ (aprender) chinês?

5. Eu _____ (comer) cereal todos os dias.

6. Eles não _____ (resistir) a chocolate.

1-26 Entrevista. Answer the following questions using complete sentences.

1. Seus amigos comem no restaurante da universidade?

   _____

2. Onde você aprende a trabalhar com computadores?

   _____

3. Onde mora o/a reitor/a (*president*) da sua universidade?

   _____

4. Você estuda Filosofia?

   _____

5. O que você assiste na televisão aos domingos?

   _____

6. Onde trabalham os professores de Química?

   _____

ENCONTROS

Para ler

1-27 Primeiro olhar. Look at the shopping list Dona Carmem Neto has written. It contains school supplies that her children (**filhos**) need, as well as some items she has to buy for other people. Read the list, then look at the chart; fill in her children's names, and mark with an X the supplies they need.

Urgente!	
– Perfume para a Mamãe	– Um toca-CDs para Márcia
– Mochilas para Márcia e André	– Papel para Márcia e Luís
– Um cartão de aniversário para o Dr. Rebelo	– Vitaminas para o bebê
– 7 cadernos de composição para Luís	– 5 canetas para André
	– Um dicionário para Nellie (amiga de André)

NOME	CADERNOS	TOCA-CDS	MOCHILAS	COMPUTADOR	PAPEL	CANETAS	DICIONÁRIO

1-28 O que sabemos sobre a família Neto? Answer the following questions.

1. Quantos filhos Dona Carmem tem, provavelmente?

   _____

2. Todos os filhos de Dona Carmem estudam?

   _____

3. Como se chamam os filhos de Dona Carmem?

   _____

4. Qual é a relação entre Dona Carmem e Nellie?

   _____

1-29 Estudar no Rio. You have decided to apply for admission to a summer program in Rio de Janeiro. Complete the following form.

Coordenação Central de Cooperação Internacional da PUC-Rio

Formulário de Inscrição

Ano acadêmico de 200 _____ a 200 _____

Esta inscrição é para o curso de:

_____ graduação

_____ pós-graduação

Nome completo do aluno: _____

Estado civil: _____ 1. Solteiro; 2. Casado; 3. Viúvo; 4. Separado judicialmente; 5. Divorciado; 6. Outro

Endereço permanente: _____

    Rua e número   CEP   Cidade   Estado   País

Telefone: _____

Venho, por meio desta, solicitar minha inscrição na PUC-Rio no ano de _____. Caso aceitem minha inscrição, comprometo-me a obedecer às regras acadêmicas e financeiras da universidade a fim de receber meu Histórico Escolar no final do ano acadêmico.

Data _____   Assinatura _____

Número do Passaporte _____

Para escrever

1-30 Acentos. A friend of yours is attempting to market a magazine (**revista**) to the Brazilian population in the Boston, Massachusetts, area. To explore his potential market, he has prepared the following questionnaire, and has asked you to proofread it for any missing accent marks. Add any missing accent marks that you find and then write out the word(s) correctly in the right column.

1. Qual e o seu nome completo? _____

2. Quantos anos voce tem? _____

3. Quais sao os nomes de seus pais? _____

4. Onde voce mora? _____

5. Quantas pessoas tem na sua familia? _____

6. Quantos estudam ingles? _____

7. Quando voce compra revistas: todas as semanas, as vezes, nunca? _____

8. Que lingua voces falam em casa? _____

1-31 Preparação: Vida universitária. You are going to a college away from home. Your parents have written you a letter, asking many questions about your new life. Answer with as much detail as possible.

1. Que matérias você estuda? A que horas? Quais dias?

   _____

   _____

2. Como são os cursos? E os professores?

   _____

   _____

3. Você estuda muito? Onde você estuda, na biblioteca, no laboratório de línguas ou no seu quarto?

   _____

   _____

4. Onde você trabalha? A que horas? Que dias? Seu trabalho é interessante?

   _____

   _____

5. O que você precisa comprar para suas classes? Você precisa de dinheiro (*money*)?

   _____

   _____

1-32 Uma carta. Write your mother a brief letter about your college life, using information from the previous exercise. Also, tell her what your friends are like and what you do on weekends. Provide any other information you think would be interesting to her.

15/10/ _____

Querida mamãe:

_____

_____

_____

_____

_____

_____

_____

_____

Saudades,

_____

HORIZONTES

1-33 São Paulo e Rio de Janeiro. Circle the answer that correctly completes each of the following statements, according to the information given in the **Horizontes** section on pages 62-63 of your textbook.

1. São Paulo e Rio de Janeiro estão situadas na...
   a) região Nordeste.   b) região Centro-Oeste.   c) região Sudeste.

2. As duas maiores cidades do Brasil são...
   a) Belo Horizonte e Brasília.   b) Rio de Janeiro e São Paulo.   c) São Paulo e Brasília.

3. São Paulo é...
   a) uma das quinze maiores cidades do mundo.   b) a maior cidade do mundo.   c) uma das dez maiores cidades do mundo.

4. Em São Paulo há muitas pessoas de origem...
   a) alemã e norueguesa.   b) italiana e japonesa.   c) russa e vietnamita.

5. São Paulo gera mais de...
   a) 30% do PIB.   b) 15% do PIB.   c) 45% do PIB.

6. Um dos elementos mais importantes do Rio de Janeiro é...
   a) a comida.   b) a praia.   c) a política.

7. Um dos maiores eventos anuais do Rio é...
   a) a feira do livro.   b) Rock in Rio.   c) a passagem do ano.

LABORATÓRIO

À PRIMEIRA VISTA

1-34 Meu amigo João. You will hear a young man talk about a friend. Complete the statements by marking the appropriate answer according to the information you hear. You may go over the statements before listening to the recording.

1. João trabalha...
   a) de manhã.   b) à tarde.   c) à noite.

2. Ele trabalha...
   a) no laboratório.   b) no escritório.   c) na universidade.

3. Seu curso preferido é o de...
   a) Antropologia.   b) História.   c) Economia.

4. O professor de História é...
   a) chato.   b) muito bom.   c) sério.

1-35 Duas conversas. You will hear two brief conversations. Then, indicate whether the statements in your book are true (**verdadeiro**) or false (**falso**) by putting an **X** in the appropriate column. Don't worry if there are some words you don't understand.

Conversa 1

	VERDADEIRO	FALSO
1. Cristina é uma estudante americana.	_____	_____
2. Cristina estuda História da Arte.	_____	_____
3. Ela fala português muito bem.	_____	_____
4. Ela tira notas baixas.	_____	_____

Conversa 2

	VERDADEIRO	FALSO
1. Felipe está bem.	_____	_____
2. Felipe estuda Matemática.	_____	_____
3. O curso é muito difícil.	_____	_____
4. Felipe tira notas muito boas.	_____	_____

Pronúncia

Os ditongos orais

Diphtongs are sounds that begin with one vowel and gradually change to another vowel within the same syllable, like *oi* in the English word *boil*. Brazilian Portuguese has many diphthongs, which are combinations of a vowel and an **i** or **u** sound. Some common diphthongs are listed below.

ai

The Brazilian Portuguese diphthong **ai** is pronounced like the English *y* in *my*. **Repita as seguintes palavras.**

   p**ai**   m**ai**s   b**ai**xa   v**ai**   feder**ai**s   region**ai**s

au

The Brazilian Portuguese diphthong **au** is pronounced like the English *ow* in *cow*. **Repita as seguintes palavras.**

   aula   P**au**la   tch**au**   m**au**   Cl**áu**dio   **au**tomático

ua

The Brazilian Portuguese diphthong **ua** is pronounced like the English *ua* in *quack*. **Repita as seguintes palavras.**

   q**ua**tro   ág**ua**   líng**ua**s   q**ua**rta-feira   aq**ua**rela   q**ua**se

eu

The Brazilian Portuguese diphthong **eu** has no English equivalent. **Repita as seguintes palavras.**

   eu   m**eu**   s**eu**   ad**eu**s   t**eu**   **Eu**clides

oi

The Brazilian Portuguese diphthong **oi** is pronounced like the English *oi* in *boil*. **Repita as seguintes palavras.**

dois   **oi**to   n**oi**te   dep**ois**   **oi**   **oi**tenta

iu

The Brazilian Portuguese diphthong **iu** has no English equivalent. **Repita as seguintes palavras.**

traduz**iu**   assist**iu**   discut**iu**   part**iu**   v**iu**   abr**iu**

1-36 Mário, Carolina e Jim. You have just met these students in the cafeteria. As they tell you about themselves, complete the chart with the information you hear.

NOME	AULA	COMO É A AULA?	A QUE HORAS ELE/ELA CHEGA?	ONDE ELE/ELA ESTUDA?
0. Mário	Química	fácil	às nove	na biblioteca
1.				
2.				

1-37 As atividades de Paula. You will hear a description of Paula's studies and activities during the week. As you listen, complete the chart with the information you hear. Don't worry if you don't understand every word.

HORÁRIO	LUGARES	ATIVIDADES
de manhã		
à tarde		
à noite		
nos fins de semana		

1-38 Perguntas pessoais. You will hear four questions. Pause the recording when you hear a beep after each question, and answer at your own pace.

ESTRUTURAS

Subject pronouns

1-39 Informal ou formal? You will hear four persons to whom you have to speak. Put an X in the appropriate column to indicate which subject pronoun you would use when addressing each person or persons.

	VOCÊ	O/A SENHOR/A	VOCÊS	OS SENHORES
1.	_____	_____	_____	_____
2.	_____	_____	_____	_____
3.	_____	_____	_____	_____
4.	_____	_____	_____	_____

1-40 Pronomes pessoais. Your instructor is talking to the class. Mark the subject pronouns she is using.

PRONOMES	1	2	3	4	5	6
eu						
você						
nós						
vocês						
ele						
ela						
eles						
elas						

Pronúncia

O "m" e o "n" nasalantes

When **m** and **n** appear at the end of a word, or after a vowel and before a consonant, they are not pronounced. Instead, they indicate that the preceding vowel is nasal (i.e., they nasalize it). **Repita as seguintes palavras.**

igual**m**ente   bo**m**   também   estud**antes**   conte**m**porânea   interess**ante**

Present tense of regular -*ar* verbs

1-41 A que horas é que eles/elas chegam? The chart below shows the times when various students arrive at the Faculdade de Medicina. Pause the recording after each beep and say that they arrive at the time shown.

MODELO: You see: Linda 8:00 a.m.

You say: *Linda chega às oito da manhã.*

	A.M.	
1.	eu	10:00
2.	Paulo	9:00
3.	João e Alice	11:00
	P.M.	
4.	Pedro e eu	2:30
5.	você	3:00

1-42 Não, não... Give a negative answer to each question. Pause the recording at the beep to answer at your own pace.

MODELO: Vocês andam de bicicleta?

Não, não andamos não.

Articles and nouns: gender and number

1-43 O plural. Listen to these phrases. Then repeat each one, giving the plural form of the noun you hear. Pause the recording at the beep to answer at your own pace.

MODELO: Compro o livro

Compro os livros.

Present tense of the verb estar

1-44 Na sala de aula. Listen to the description of where different objects and people are in the classroom and match them with their locations according to the information you hear.

1. _____ o relógio   a. ao lado da janela
2. _____ a televisão   b. entre Mariana e Pedro
3. _____ os cadernos   c. em cima da mesa
4. _____ eu   d. em frente do quadro
5. _____ João e Sérgio   e. atrás do professor
6. _____ Mariana e eu   f. ao lado da porta

1-45 Onde? A que horas? You are telling the basketball coach where to find you and your friends. Using the chart below, say where each of you can be found at each indicated time. Pause the recording at the beep to answer at your own pace.

MODELO: You see: João e Maria   laboratório   3:00

You say: *João e Maria estão no laboratório às três.*

1. Tomás	ginásio	8:00	4. eles	restaurante	1:00
2. Rosa	biblioteca	10:30	5. Ana e eu	aula de Física	2:15
3. nós	faculdade	11:00	6. eu	minha casa	7:00

Question words

1-46 Entrevista. You are being interviewed by your school newspaper. Pause the recording when you hear a beep after each question and answer at your own pace.

1-47 Dados sobre Carlos. Complete the chart below with questions and answers based on the description you hear. You may listen to the description as many times as you wish.

PERGUNTAS	RESPOSTAS
Como o rapaz se chama?	
	Estuda Informática.
	Na Universidade Federal do Paraná.
Onde ele trabalha?	
	Trabalha às terças e quintas à tarde.
A que horas ele chega ao trabalho?	
	Ele é sincero, paciente e perfeccionista.

Mais um passo: Some regular -er and -ir verbs

1-48 As atividades de um estudante. You will hear a student talk about himself and his activities. Listen carefully and put an X in the appropriate column to indicate if the following activities are mentioned or not.

	SIM	NÃO
1. Toma notas nas aulas.	_____	_____
2. Assiste televisão à noite.	_____	_____
3. Come no restaurante da universidade.	_____	_____
4. Caminha na praia.	_____	_____
5. Escreve no computador.	_____	_____
6. Dança na discoteca.	_____	_____
7. Aprende muito nas aulas.	_____	_____

1-49 A vida de estudante. You will hear three brief selections followed by some related statements. Put an X in the appropriate column to indicate whether each of the statements is true or false. You may listen to the description as many times as you wish. Don't worry if there are some words you don't understand.

	VERDADEIRO	FALSO		VERDADEIRO	FALSO
1. a.	_____	_____	3. a.	_____	_____
b.	_____	_____	b.	_____	_____
c.	_____	_____	c.	_____	_____
			d.	_____	_____
	VERDADEIRO	FALSO	e.	_____	_____
2. a.	_____	_____	f.	_____	_____
b.	_____	_____			
c.	_____	_____			
d.	_____	_____			
e.	_____	_____			

Pronúncia

Os ditongos nasais

Brazilian Portuguese has five nasal diphthongs, which are combinations of a nasal vowel and an **i** or **u** sound.

There are two spelling versions of the same diphthong: **-ão**, which is stressed, and **-am**, which is unstressed. **Repita as seguintes palavras.**

não   são   ach**am**   gost**am**   fal**am**   alem**ão**

The diphthong **-em** can be stressed or unstressed. **Repita as seguintes palavras.**

també**m**   be**m**   que**m**   se**m**pre   te**m**   e**m**

The diphthong -õe is always stressed and in the final word position. **Repita as seguintes palavras.**

pens**õe**s   liç**õe**s   situaç**õe**s   milh**õe**s   tradiç**õe**s   opini**õe**s

The diphthong -ãe is also always stressed and in the final word position. **Repita as seguintes palavras.**

m**ãe**   alem**ãe**s   p**ãe**s   Guimar**ãe**s   capit**ãe**s

The diphthong -ui occurs only in the word **muito. Repita esta palavra.**

muito

VÍDEO

Vocabulário útil

o doutorado	*PhD*	**o mestrado**	*MA*
o ensino	*education*	**o município**	*municipality, urban community*
a graduação	*undergraduate studies*	**o vestibular**	*university entrance exam*

1-50 Os estudos. What and where do the following people study, or what did they study? Match the names with study-related terms and names of universities in the right column. Some matches will be multiple.

1. _____ Adriana

2. _____ Caio

3. _____ Daniel

4. _____ Manuela

5. _____ Rogério

6. _____ Mônica

a. 3a. (terceira) série do ensino médio
b. Psicologia
c. PUC do Rio de Janeiro
d. o vestibular
e. um doutorado
f. Universidade Federal Fluminense
g. artes dramáticas
h. um mestrado
i. Jornalismo
j. Português e Espanhol
k. Estudos da Linguagem

1-51 Os horários. Primeiro passo. Listen to the speakers talking about their schedules (**horários**) and complete the descriptions given below.

1. Caio tem aulas de Interpretação três vezes por _____ , Expressão _____ e Vocal _____ vezes, e a parte teórica _____ vezes por semana.

2. Durante a graduação, Adriana tinha (*had*) aulas _____ e trabalhava como _____ durante o dia.

3. No passado, Manuela costumava (*used to*) ter aulas das _____ às _____ , mas agora tem aulas nas _____ .

Segundo passo. Now compare your own current schedule to those of Caio, Adriana, and Manuela. What are the similarities and differences you are able to identify?

	SEMELHANÇAS	DIFERENÇAS
1. eu e Caio		
2. eu e Adriana		
3. eu e Manuela		

1-52 As paixões. The following people talk about the areas of study they are passionate about. Identify what those areas are. And what is your passion?

1. Adriana: _____

2. Mônica: _____

3. Rogério: _____

4. Minha paixão: _____

1-53 Um processo difícil. Daniel and Carlos both talk about entering the university. Both of them note also what a difficult process it is. Complete the descriptions below with the information they give. Then say whether it is easy or difficult to enter the university in the United States or your country of origin and try to give at least one reason why (and more if you can).

1. Daniel vai tentar _____ para _____. Ele acha

   _____ escolher o que quer fazer _____

   quando ainda _____.

2. Carlos é da Baixada Fluminense no município de Nova Iguaçu, onde _____ as

   pessoas poderem _____. Ele fez parte

   de um _____.

3. No meu país, é _____ ingressar na universidade porque _____

   _____

   _____.

1-54 A educação no Brasil. What is the picture of education in Brazil, as described by Rogério and Mônica? Watch the video as many times as you need to understand the gist of their ideas. Then transcribe or summarize as much as you can of what they have to say about the following aspects.

O sistema educacional brasileiro (Rogério): _____

_____

Diferenças entre o ensino público e privado (Mônica): _____

_____

Diferenças regionais (Mônica): _____

_____

Lição 2 ◆ Entre amigos

PRÁTICA

À PRIMEIRA VISTA

2-1 Associação. The words in the left column are the opposites of those in the right column. Match them accordingly.

1. baixa
2. simpático
3. fraca
4. alegre
5. realista
6. casada

_____ antipático

_____ triste

_____ idealista

_____ alta

_____ forte

_____ solteira

2-2 Palavras cruzadas. Solve the following clues to find out more about this person.

1. Não é baixo.
2. Não é casado.
3. Não é velho.
4. Não é gordo.
5. É simpático.
6. Não tem dinheiro (*money*).

```
          ¹A
      ²    L
   ³      E
      ⁴    G
      ⁵    R
  ⁶       E
```

2-3 Opostos. You disagree with the descriptions of the characters in a book review of a novel you just read. Correct each description as in the model.

MODELO: João não é mau, é **bom**.

1. Olga não é calada, é _____.

2. Carlos não é preguiçoso, é _____.

3. Maria Luísa não é feia, é _____.

4. Raimundo não é pobre, é _____.

5. Sebastião não tem cabelo comprido, tem cabelo _____.

2-4 Nacionalidades. Your friend would like to confirm where some well-known figures are from. Answer the questions, following the model.

MODELO: O Pelé é do Brasil?

É sim, ele é brasileiro.

1. A Cesária Évora é de Cabo Verde? _____

2. O Saramago é de Portugal? _____

3. A Gisele Bündchen é do Brasil? _____

4. O Pepetela é de Angola? _____

5. A Maria Mutola é de Moçambique? _____

ESTRUTURAS

Síntese gramatical

1. **Adjectives**

	MASCULINO	FEMININO
SINGULAR	menino alto	menina alta
PLURAL	meninos altos	meninas altas
SINGULAR	amigo interessante	amiga interessante
	aluno popular	aluna popular
PLURAL	amigos interessantes	amigas interessantes
	alunos populares	alunas populares
SINGULAR	aluno espanhol	aluna espanhola
	aluno trabalhador	aluna trabalhadora
PLURAL	alunos espanhóis	alunas espanholas
	alunos trabalhadores	alunas trabalhadoras

2. **Present tense of the verb *ser***

eu	sou	nós	somos
você		vocês	
o senhor/a senhora	é	os senhores/as senhoras	são
ele/ela		eles/elas	

3. ***Ser* and *estar* with adjectives**

   ser + adjective ⟶ norm; what someone or something is like

   estar + adjective ⟶ comments on something; change from the norm; condition

4. **Possessive adjectives**

MASCULINE	FEMININE	
meu(s)	**minha(s)**	*my*
seu(s)	**sua(s)**	*your, his, her, their*
nosso(s)	**nossa(s)**	*our*

Adjectives

2-5 Opiniões. Practice gender and number agreement by underlining all the adjectives that could describe these people.

1. A mãe de meu amigo é (faladora/gordo/ricas/bonita).

2. O pai de meu amigo é (materialista/feia/velho/loiro).

3. As alunas de meu curso preferido são (simpáticos/populares/inteligentes/atléticas).

4. Os professores de minha universidade são (fracas/agradáveis/prontas/trabalhadores).

5. Robin Williams é (extrovertido/engraçado/calada/simpático).

2-6 De onde são? Write the nationality, origin, or identity of these people and places.

1. Caetano Veloso é um cantor _____.

2. Brad Pitt é um ator _____.

3. São Paulo é uma cidade _____.

4. Angola e Moçambique são dois países _____.

5. Paula Rego é uma pintora _____.

2-7 De que cor são as bandeiras? First, read the following list of countries and the colors of their flags. Then use this information to describe the flags of the countries, using adjectives of nationalities and the appropriate colors.

PAÍSES	CORES DA BANDEIRA
Angola	vermelho, preto, amarelo
Cabo Verde	azul, branco, vermelho, amarelo
Guiné-Bissau	vermelho, amarelo, verde, preto
Moçambique	verde, branco, preto, amarelo, vermelho
Portugal	verde, vermelho, azul, amarelo, branco

MODELO: Brasil   verde, azul, amarelo, branco

A bandeira brasileira é verde, azul, amarela e branca.

1. Portugal _____

2. Angola _____

3. Moçambique _____

4. Cabo Verde _____

5. Guiné-Bissau _____

2-8 Descrições. Your pen pal from Brazil is interested in finding out more information about the following people. He has asked you for specific information. Describe the people from the perspective indicated.

MODELO: O Governador de seu estado – em relação à política

O Governador de meu estado é inteligente e leal.

1. as moças norte-americanas – em relação ao trabalho _____

_____

2. seus amigos – em relação aos estudos _____

_____

3. Madonna – em relação à música _____

_____

4. Arnold Schwarzenegger – em relação à aparência física _____

_____

5. você – em relação a seus amigos/suas amigas _____

_____

Present tense and some uses of the verb ser

2-9 De quem é? The technician in charge of the language lab notices that some of your classmates left their belongings behind. Follow the model to answer his abbreviated questions.

MODELO: De quem é o livro?

O livro é de Marta.

1. De quem é o caderno? (José)

_____

2. E as canetas? (Afonso)

_____

3. E a calculadora? (Lourdes)

_____

4. E o dicionário? (Rita)

_____

5. E as mochilas? (Ernesto e Ana)

_____

2-10 De quem? You are the chief security guard on the university campus. A robbery has been committed on the university premises, and the police have requested that you provide them with information about the following people and their belongings to try to solve the case. Complete your report using the words below.

de   da   do   das   dos

1. A coleção de CDs no escritório 20 é _____ Dona Carolina.

2. O mapa do Brasil é _____ professor de Geografia.

3. As mochilas são _____ sete estudantes moçambicanos que há na universidade.

4. Os gravadores são _____ diretor do laboratório _____ línguas.

5. Os monitores de televisão são _____ professoras _____ Português.

2-11 Perguntas gerais. Your Portuguese class is about to begin and you are talking to a new international student. Answer her questions.

1. De onde você é?

   _____

2. A que horas é o teste de gramática?

   _____

3. Onde é a biblioteca?

   _____

4. De quem é essa mochila azul?

   _____

Ser and estar with adjectives

2-12 Conversa telefônica. Your little friend Zé's mother is in Brazil on a business trip. She is talking on the phone with Zé. What is she saying? Complete their dialog by writing her side of the conversation.

    ZÉ: Oi, mamãe!

MAMÃE: (1) _____

    ZÉ: Tudo bem. E você?

MAMÃE: (2) _____

    ZÉ: Onde você está?

MAMÃE: (3) _____

    ZÉ: Qual é o nome do hotel?

MAMÃE: (4) _____

    ZÉ: Como é?

MAMÃE: (5) _____

    ZÉ: É em frente à praia?

MAMÃE: (6) _____

    ZÉ: Quando você volta?

MAMÃE: (7) _____

    ZÉ: São quatro e meia da tarde.

MAMÃE: (8) _____

    ZÉ: O papai está no supermercado.

2-13 Ser ou estar? Fill in the blanks with the correct form of **ser** or **estar**.

1. Xanana Gusmão _____ de Timor-Leste.

2. Hoje Carlos e Cristina _____ na aula.

3. Quem _____ essa menina?

4. Hoje João e eu _____ muito contentes.

5. Luísa e Amanda _____ altas e morenas.

6. Lucas _____ brasileiro, mas agora _____ em Boston com a família.

7. Hoje Felipe _____ triste.

8. A festa _____ na universidade.

2-14 Uma festa. Cecília Matos is giving a birthday party for her friend Adélia. Complete the following paragraphs by using the correct form of **ser** or **estar**.

Hoje (1) _____ sexta-feira. (2) _____ oito da noite e há uma festa de aniversário para Adélia. Cecília

Matos, sua amiga, (3) _____ muito ocupada porque (4) _____ o aniversário de Adélia e a festa

(5) _____ em sua casa. Adélia (6) _____ brasileira. Ela (7) _____ faladora, simpática e muito

engraçada.

Na festa há muita música e todos dançam. Cecília e Adélia (8) _____ no terraço. Elas conversam com

amigas e ouvem música. Adélia (9) _____ muito contente com a festa e todos dizem que a festa

(10) _____ muito divertida.

2-15 Como se diz? Use the correct form of **ser** or **estar** after determining if the situation describes a norm or a change from the norm.

SITUAÇÃO	DESCRIÇÃO
1. Marta is always in a good mood. She is a happy person.	Marta _____ uma pessoa feliz.
2. Today Marta received a D on her test and she is not herself. Marta is sad.	Marta _____ triste.
3. Anita just got an A on her biology exam. She is happy.	Anita _____ contente.
4. Felipe is always a good boy and today is no exception.	Felipe _____ um ótimo menino.
5. Pippins are good apples. One can recognize them because they are green.	As maçãs Pippins _____ verdes.
6. Everyone agrees about the taste of sugar. It is sweet.	O açúcar _____ doce.
7. João is used to the warm waters of **carioca** beaches. Today, when he jumped into the water in Santa Monica Bay in California, he shouted:	A água daqui _____ fria!

Possessive adjectives

2-16 Uma conversa. Complete the conversation using possessive adjectives.

BIA: Hoje de tarde você vai com a gente para a praia, não é mesmo?

PAULO: Não vou não. Preciso estudar para (1) _____ exame de História.

BIA: Nossa, Paulo! O (2) _____ exame é na segunda de manhã e hoje é sábado. Além disso,

(3) _____ notas são excelentes. Vem com a gente para a praia e amanhã você estuda.

PAULO: Não sei não... Os exames do professor Matoso são sempre muito difíceis.

BIA: Mas é muito melhor passar a tarde na praia e (4) _____ amiga preferida também vai estar lá.

PAULO: A Maura vai?

BIA: Vai sim. Todos os (5) _____ amigos do curso vão também.

PAULO: Então não vou estudar hoje de tarde. Vamos à praia!

2-17 Coisas preferidas. What are your friends' favorite items in each category? Use **dele** or **dela** in your answers.

MODELO: Maria – livro

O livro preferido dela é <u>A hora da estrela</u>.

1. Pedro – programa de televisão

_____

2. Tomás – ator

_____

3. Jussara – restaurante

_____

4. João – músicas

_____

5. Janaína – cantor

_____

2-18 Planos para o mês de julho. These are the plans of some young people for the month of July. Complete the paragraphs using the appropriate possessives.

A. Marcos e Maurício moram em Los Angeles com a família (1) _____. Os pais (2) _____ são do Brasil e eles falam português em casa. A avó (3) _____ não mora em Los Angeles, mora em Goiânia; a casa (4) _____ é muito grande e bonita. Marcos quer passar o mês de julho no Brasil e fala ao telefone com a avó (5) _____. Ela está muito contente com os planos do neto.

B. Meu amigo Júlio e eu vamos visitar a Califórnia. (1) _____ amiga Ana Martins estuda em Los Angeles e vamos ficar no apartamento (2) _____. Queremos ir de carro, mas (3) _____ carro é muito velho. (4) _____ amigos dizem que o carro é velho, mas está em boas condições.

Mais um passo

2-19 Estou com fome! Fill in the blanks with the appropriate expression. Do not forget to conjugate the verb.

estar com fome / sede / sono / medo / calor / frio / sorte / pressa

MODELO: Quando Maria _____ vai dormir às 8 da noite.

Quando Maria está com sono vai dormir às 8 da noite.

1. Hoje a temperatura está baixa: −10°! Nós _____ .

2. Minha aula começa às 10 horas e já são 9:55. Eu _____ .

3. Paulo não come desde ontem. Ele _____ .

4. As pessoas _____ , porque a temperatura está muito alta: 40°C.

5. Há um escorpião perto das crianças. Elas _____ .

Para ler

2-20 Estudar no Brasil. In a letter to a friend, you mentioned that you had read about a program for foreigners in Brazil. Share the following information with her and answer her questions based on the ad.

Carlos Silveira

CURSOS

PINTURA • CULTURA • DANÇA

Aulas de dança: samba, forró, frevo
Capoeira
Excursões: Rio de Janeiro, cidades históricas
de Minas e Salvador

Avenida Sampaio de Oliveira, 1276
São Paulo—SP   Tel: (11) 864-3656 Fax: (11) 495-1929

---

1. Qual é o nome da escola?
   _____

2. Em que cidade é a escola?
   _____

3. Qual é o endereço?
   _____

4. Qual é o número do telefone?
   _____

5. Que cursos oferecem?
   _____

Para escrever

2-21 Procurando um par. To meet Mr./Ms. Right, you have contacted a dating service through the Internet. To help you find a suitable partner, the dating service company needs some personal information from you, as well as a profile of the potential partner you have in mind. Write sentences in the chart below to provide them with the information requested.

	VOCÊ	PAR
Nacionalidade		
Idade (*age*)		
Descrição física		
Personalidade		
Gostos: música, atividades durante o tempo livre, etc.		
Vida acadêmica: universidade, estudos, etc.		

2-22 Um anúncio. Besides exploring the dating services on the Internet, you have decided to put an ad in the local newspaper. Use the information in 2-21 to write the ad; provide as much information as possible about yourself and the person of your dreams.

Sou uma moça/um rapaz...

_____

_____

_____

_____

Meu par perfeito...

_____

_____

_____

_____

HORIZONTES

2-23 O Sul e o Sudeste do Brasil. Indicate if the following statements are true (**verdadeiro**) or false (**falso**) by writing **V** or **F** in the spaces provided, according to the information given in the **Horizontes** reading on pages 100-101.

1. _____ A imigração para o Brasil foi muito intensa no século XVII.

2. _____ Quase a metade da população brasileira vive na região Sudeste.

3. _____ O Brasil é o terceiro maior país do mundo.

4. _____ O Sul é a maior região brasileira.

5. _____ O Sudeste é a região mais industrializada do Brasil.

6. _____ O menor parque industrial da América Latina fica no Sudeste do Brasil.

7. _____ A atividade agrícola é praticamente inexistente no Sudeste.

8. _____ O sistema de colonização do Sul foi diferente do praticado no resto do país.

9. _____ O Brasil é dividido em cinco regiões distintas.

10. _____ O Brasil é o segundo maior país da América do Sul.

LABORATÓRIO

A PRIMEIRA VISTA

2-24 Quatro pessoas. You will hear a number followed by the description of a person. Write the appropriate number in the space provided below each person's picture. Don't worry if there are some words you don't understand.

____   ____   ____   ____

2-25 Verdadeiro ou falso? You will hear a conversation between friends. Listen carefully, and then indicate whether the statements below are true or false by checking **verdadeiro** or **falso**. You may read the statements before listening to the conversation.

	VERDADEIRO	FALSO
1. A amiga de Rafael se chama Antônia.	_____	_____
2. Ela é dos Estados Unidos.	_____	_____
3. Ela estuda na universidade neste semestre.	_____	_____
4. Ela tem dezoito anos.	_____	_____
5. Ela quer ser professora de Economia.	_____	_____

Nome: _____   Data: _____

Inserção do som "i"

In spoken Brazilian Portuguese, clusters of consonants are broken up by inserting an **i** sound.
Repita as seguintes palavras.

p[i]sicologia   ét[i]nica   sub[i]tropical   ad[i]vogado   ab[i]soluto   ob[i]jeto

2-26 Como são estas pessoas? You will hear descriptions of six persons. Write the appropriate number next to the name of each person. Don't worry if there are some words you don't understand.

#	PESSOA	PAÍS	DESCRIÇÃO
	Filipe Barbosa	Moçambique	alto, simpático, agradável
	Helena Cardoso	Angola	inteligente, ativa, faladora
	André Farias	Timor-Leste	gordo, mais velho, inteligente
	Eduardo Prado	Cabo Verde	moreno, trabalhador, solteiro
	Sandra Silva	Portugal	alta, tem 20 anos, agradável
	Iracema Pereira	Brasil	jovem, bonita, casada

2-27 Autodescrição. You will hear a young man and a young woman describe themselves. Fill in the chart as you hear the information.

	NOME	NACIONALIDADE	IDADE	DESCRIÇÃO	LUGAR(ES)
Rapaz					
Moça					

Pronúncia

Os sons do "l"

At the beginning of words or syllables, the Brazilian Portuguese **l** is pronounced like the English *l*.
Repita as seguintes palavras.

alegre   falar   chocolate   loiro   cabelo   angolano

At the end of words or syllables, the Brazilian Portuguese **l** is pronounced like the English *w* in *cow*.
Repita as seguintes palavras.

abril   alto   falta   agradável   calmo   solteiro

O som do "lh"

The Brazilian Portuguese **lh** has no English equivalent. **Repita as seguintes palavras.**

olhos   velho   melhor   julho   trabalha   vermelho

ESTRUTURAS

Adjectives

2-28 Uma comédia. Listen to the description of a play and the people involved in it. Circle the form of the adjective corresponding to the description.

1. excelente/excelentes
2. simpática/simpático/simpáticos/simpáticas
3. bonito/bonita/bonitos/bonitas

4. jovem/jovens
5. nervosa/nervoso/nervosos/nervosas
6. contente/contentes

2-29 Descrições. You will hear a description of six students. Fill in the chart below as you hear the information. Pause the recording at the beep to write at your own pace.

NOME(S)	ASPECTO FÍSICO	PERSONALIDADE
Marcela		
Ernesto		
Amélia e Marta		
Armando e João		

Pronúncia

Os sons do "r"

Most Brazilians pronounce the **r** sound at the beginning and at the end of words or syllables like the English *h* in *hot*. **Repita as seguintes palavras.**

    Rio   cor   vermelho   ouvir   ir   Renata

The Brazilian double **rr** is also pronounced like the English *h* in *hot*. **Repita as seguintes palavras.**

    arrogante   churrascaria   território   carro   aborrecido   errado

Between two vowels and after a consonant other than **l**, **n**, or **s**, the Brazilian Portuguese **r** is pronounced like the American English *t* in *water*.

    séria   Brasil   primeira   praia   magra   moreno

Present tense and some uses of the verb *ser*

2-30 Hora e lugar. What's going on in Curitiba? Write down the time and place of each event. Pause the recording at the beep to write at your own pace.

MODELO: You see: a festa
              You hear: A festa é à uma no parque.
              You write: *à uma*   *no parque*

	A HORA	O LUGAR
1. o concerto	_____	_____
2. a conferência sobre a imigração alemã	_____	_____
3. o baile	_____	_____
4. o banquete	_____	_____
5. o concurso de danças locais	_____	_____

Ser and *estar* with adjectives

2-31 Informação. Listen as Professor João da Silva asks the class for information about some students. Then write the number of each question below the verb form you would use to answer it.

É	ESTÁ	SOMOS	ESTAMOS	ESTÃO	SÃO

Possessive adjectives

2-32 Qual é o adjetivo? Listen to the speaker's statements about his friends and then write the possessive adjective or adjectives you hear. Pause the recording at the beep to write at your own pace.

MODELO: You hear: Meus amigos Carlos e Fernando são de Moçambique.

You write: *meus*

1. _____
2. _____
3. _____
4. _____
5. _____
6. _____

2-33 De quem é? Answer a friend's questions about people's possessions in the negative, using possessive adjectives. Pause the recording at the beep to answer at your own pace.

MODELO: You hear: É o carro do Álvaro?

You say: *Não, não é o carro dele.*

Mais um passo: Some idiomatic expressions with *estar*

2-34 Os gostos variam. Listen to an interview with a famous Brazilian actress. Then indicate whether the statements below are true or false by checking **Sim** or **Não**.

	SIM	NÃO
1. Quando ela está com fome, come muita salada.	_____	_____
2. Quando está com sono, lê (*reads*) um bom livro.	_____	_____
3. Quando está com frio, toma um banho gelado.	_____	_____
4. Quando está com pressa, corre muito.	_____	_____
5. Quando está com sede, bebe muita água.	_____	_____

ENCONTROS

2-35 Um estudante de intercâmbio. You will hear two friends talking about Marcos Silveira, an exchange student. As you listen, try to find out his nationality, age, and what kind of person he is. Then mark the correct answers.

1. Marcos é...
   a. brasileiro   b. cabo-verdiano   c. angolano

2. Ele tem...
   a. 18 anos   b. 22 anos   c. 25 anos

3. Ele é um moço...
   a. forte, mas preguiçoso   b. agradável e inteligente   c. calado e trabalhador

2-36 Quem? O quê? Onde? You will hear three short conversations. For each one, write down the names of the persons, what they are doing or are going to do, and where they are. Play the recording again, if necessary, to check what you have written.

PESSOAS	ATIVIDADE	LUGAR
Amália, Euclides	*escutar os CDs*	*laboratório*
1.		
2.		
3.		

Pronúncia

Os sons do "m", do "n" e do "nh"

Before vowels, the Brazilian Portuguese **m** is pronounced like the English *m* in *my*. **Repita as seguintes palavras.**

meu   **m**oreno   infor**m**ática   **M**arta   ver**m**elho   **m**agra

Before vowels, the Brazilian Portuguese **n** is pronounced like the English *n* in *no*. **Repita as seguintes palavras.**

nome   **n**a   **n**egro   **N**obel   **n**o   **n**ovo

The Brazilian Portuguese **nh** is pronounced similarly to the Italian *gn* in *lasagna*. **Repita as seguintes palavras.**

te**nh**o   enge**nh**aria   casta**nh**os   mi**nh**a   compa**nh**eiro   espa**nh**ol

VÍDEO

Vocabulário útil

o/a advogado/a	*lawyer*	**o folclore**	*folklore*
agregar	*to bring together, to gather*	**a lepra**	*leprosy; one's negative characteristics*
o/a bibliotecário/a	*librarian*		
o/a carioca	*native of Rio de Janeiro*	**o malandro**	*rogue, rascal*
caseiro/a	*homebody*	**o/a metalúrgico/a**	*metal worker*
o decoro	*propriety, decency*	**o/a palhaço/a**	*clown*
entender	*to understand*	**reclamar**	*to complain*
a escola	*school*	**reconhecer**	*to recognize*

Nome: _____ **Data:** _____

2-37 Meu amigo brasileiro/Minha amiga brasileira. Listen to the various individuals describe their friends. If you had to choose one of the individuals interviewed to be your friend, which one would it be? Give at least two reasons for your choice.

Meu amigo/Minha amiga seria (*would be*) _____, porque_____

_____

_____

_____.

2-38 A amizade. Primeiro passo. The detailed accounts given by the interviewees make it clear that friendship plays an important role in Brazilian society, yet each individual describes his or her friendships in a different way. Complete the statements below to paint a full picture of the scope and diversity of their attachments.

1. Rogério tem amigos de _____ anos de idade e _____ anos de idade.

2. Dona Raimunda é/não é amiga de todo mundo? (Circle the correct answer.)

3. Juliana gosta de _____ pessoas.

4. Carlos tem/não tem uma facilidade muito grande para fazer amigos. (Circle the correct answer.)

5. A mãe do Chupeta reclama que quando eles andam no shopping a cada _____ minutos alguém pára o Chupeta para falar com ele.

6. A maioria dos amigos da Mariana são da _____.

7. Daniel tem amigos da _____ e do _____.

8. Mônica teve (*had*) dificuldade de arranjar amigos no princípio porque ela acha o carioca mais

_____.

Segundo passo. Are you similar to or different from the people in the video with regard to your friendships? Take advantage of the vocabulary and structures in the statements above to describe yourself. Give as much information as you can.

Sou parecido com _____

_____

_____.

Sou diferente de _____

_____

_____.

2-39 O que fazem os amigos? What are the professions or occupations of the following people's friends?

1. Rogério _____

2. Juliana _____

3. Mariana _____

4. Você _____

2-40 As personalidades

A. Match the words the following people use to describe themselves with their names. Some matches will be multiple.

1. _____ Rogério
2. _____ Juliana
3. _____ Chupeta
4. _____ Mariana
5. _____ Daniel
6. _____ Mônica

a. perfeccionista
b. caseiro/a
c. crítico/a
d. decoro
e. extrovertido/a
f. tímido/a
g. responsável
h. reservado/a
i. alegre
j. palhaço/a

B. What would be three adjectives that describe you best?

Eu sou _____.

2-41 Conhecer-se a si mesmo. Rogério uses a famous quote from the Brazilian writer Nelson Rodrigues: "O ser humano só vai se entender no dia que reconhecer as suas lepras." Then he talks about how difficult it is to describe oneself. First of all, try to understand what the above quote is saying; can you paraphrase it (in English or in Portuguese)?

_____

_____

Now consider whether it is difficult or easy for you to talk about yourself. Why do you think that is?

Para mim, é _____ (fácil/difícil) falar sobre mim mesmo/a, porque _____

_____

_____

_____

_____.

Lição 3 ◆ Horas de lazer

PRÁTICA

À PRIMEIRA VISTA

3-1 Agenda da semana. Look at your neighbors' schedules for the week. Write about their activities following the model.

MODELO: segunda/Catarina
Na segunda, Catarina caminha na praia.

1. terça/Clara _____

2. quarta/Catarina e Clara _____

3. quinta/Clara _____

4. sexta/João _____

5. sábado/Catarina _____

6. domingo/João e Clara _____

DIA DA SEMANA	JOÃO	CLARA	CATARINA
segunda	não trabalhar		caminhar na praia
terça		tomar sol	
quarta	falar com o diretor	nadar no mar	nadar no mar
quinta		tocar violão	ler revistas
sexta	comemorar o aniversário		estudar inglês
sábado	ler o jornal		alugar um filme
domingo	assistir televisão	assistir televisão com o João	jantar fora

3-2 Suas atividades. A new friend is interested in your weekend activities. Answer his or her questions.

1. O que você faz na praia?

   _____

2. Quando você vai ao cinema?

   _____

3. Que tipo de música você escuta?

   _____

4. Você costuma ler o jornal de manhã ou à tarde?

   _____

5. O que os seus amigos fazem nas festas?

   _____

3-3 As comidas. Match the foods and beverages in the right column with the appropriate meal in the left column.

1. café da manhã
2. almoço
3. jantar

_____ peixe

_____ torradas

_____ suco de laranja

_____ batatas fritas

_____ ovos fritos e presunto

_____ sopa de verduras

_____ arroz com frango

_____ hambúrguer

3-4 Palavras cruzadas: lugares e atividades. Complete the crossword puzzle based on the following questions.

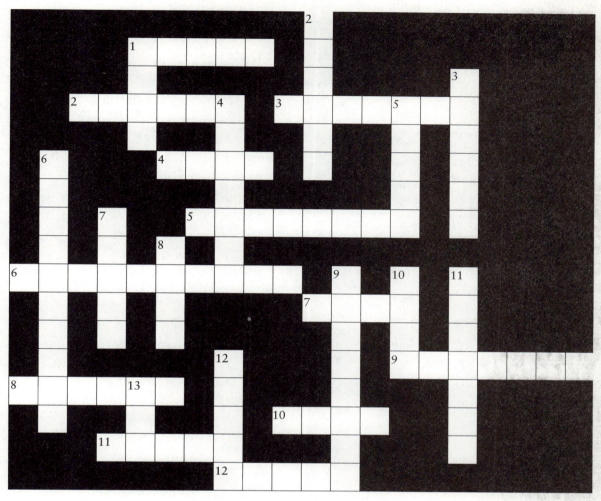

Horizontais

1. A moça _____ muito bem.

2. Verônica _____ um dicionário na livraria.

3. Os jovens assistem filmes nos _____.

4. Você mora em uma _____ muito bonita.

5. Toda a família vai _____ televisão depois do jantar.

6. Marta e Mariana estudam na _____.

7. Roberto _____ no mar.

8. Vamos assistir *Cidade de Deus* no _____ Roxy.

9. Pedro e eu _____ todas as janelas da casa.

10. Eu _____ hambúrguer com batata frita.

11. Os jovens tomam sol na _____.

12. Ana e Laura não são pobres, são _____.

Verticais

1. Lucas _____ muita salada.

2. Nós ouvimos _____ brasileira na casa da Maia.

3. Você _____ Português no laboratório de línguas.

4. Ricardo _____ um filme com Amanda.

5. Minha família vai _____ na Califórnia.

6. Silvina tem dois computadores no _____.

7. Eles vão assistir um novo _____ brasileiro.

8. Você _____ muito café.

9. Luísa e eu _____ muito nas festas.

10. Sara _____ português e espanhol na universidade.

11. Você _____ os exercícios no caderno.

12. Pedro gosta de _____ futebol todos os dias.

13. Mário nada no _____.

3-5 Em um restaurante. Dona Mariana is a regular customer at the *Comida Caseira* restaurant. Today she is very hungry. Answer the waiter's questions for her.

GARÇOM: Boa tarde, dona Mariana. A senhora vai querer ver o cardápio?

DONA MARIANA: _____

GARÇOM: O que a senhora vai comer hoje?

DONA MARIANA: _____

GARÇOM: E para beber, suco ou água?

DONA MARIANA: _____

GARÇOM: Que sopa a senhora vai tomar?

DONA MARIANA: _____

GARÇOM: A senhora vai querer sobremesa?

DONA MARIANA: _____

3-6 Uma excursão divertida. You and some classmates are organizing a picnic for the weekend. Write sentences telling what each of you will contribute, using the items and verbs from the list.

hambúrgueres	sorvetes	tocar	alugar	salada	pão
frango assado	cerveja	violão	frutas	comprar	água
preparar	refrigerantes	procurar	música	bicicletas	conversar

1. _____ vai _____

2. _____ e _____ vão _____

3. _____ vai _____

4. Eu vou _____

5. _____ e eu vamos _____

6. Todos nós vamos _____

ESTRUTURAS

Síntese gramatical

1. **Present tense of regular -er and -ir verbs**

    comer (*to eat*)

    | eu | **como** | nós | **comemos** |
    | voce, o/a sr./a., ele/ela | **come** | voces, os/as srs./as., eles/elas | **comem** |

    discutir (*to discuss*)

    | eu | **discuto** | nós | **discutimos** |
    | voce, o/a sr./a., ele/ela | **discute** | voces, os/as srs./as., eles/elas | **discutem** |

2. **Present tense of ir**

    ir (*to go*)

    | eu | **vou** | nós | **vamos** |
    | voce, o/a sr./a., ele/ela | **vai** | voces, os/as srs./as., eles/elas | **vão** |

3. **Expressing future action**

    Eu **vou nadar** mais tarde.　　　*I'm going to swim later.*
    Voce **viaja** ao Brasil este verão?　*Are you going to travel to Brasil this summer?*

4. **Present tense of ter**

    ter (*to have*)

    | eu | **tenho** | nós | **temos** |
    | voce, o/a sr./a., ele/ela | **tem** | voces, os/as srs./as., eles/elas | **têm** |

Present tense of regular -er and -ir verbs

3-7 Os fins de semana. On weekends in Brazil, friends go out for dinner at a restaurant after seeing a movie. Fill in the blanks with the correct form of the verb **comer** and **discutir**.

MODELO: João come muita feijoada e discute os filmes em detalhes.

1. Vocês _____ muita salada e não _____ os filmes em detalhes.
2. Voce sempre _____ peixe e _____ os filmes com Laura.
3. Mariana _____ frango e _____ os filmes com Pedro.
4. Ana e eu _____ muito e _____ até tarde.
5. Os estudantes _____ pouco e _____ muito.

3-8 O que os estudantes fazem? Answer the following questions about your campus and your activities.

1. Em geral, a que horas os estudantes chegam ao restaurante para o almoço?

   _____

2. O que os estudantes comem no restaurante?

   _____

3. O que bebem?

   _____

4. O que fazem na biblioteca? E voce, o que faz?

   _____

5. O que fazem nos fins de semana?

   _____

3-9 O que você faz? Here's a page from your weekly calendar. Write at least one activity for each day, using some of these verbs.

MODELO: domingo

Assisto televisão à noite.

comer	estudar	conversar	escrever	dançar	assistir
tocar	beber	nadar	trabalhar	descansar	correr
falar	praticar	andar	escutar	alugar	comemorar

segunda	sexta
terça	sábado
quarta	domingo
quinta	notas:

3-10 Conselhos úteis. Your classmates trust your judgment and often tell you about their worries, wishes, etc. Tell them what they should do.

MODELO: Trabalho muito e estou cansado.

Você precisa descansar e comer bem.

1. Gostamos de comer e estamos um pouco gordos.

   _____

2. Estudo, mas não tiro boas notas.

   _____

3. Gosto de ir ao cinema e quero assistir um bom filme neste fim de semana.

   _____

4. Em nosso curso, desejamos comemorar o aniversário da professora.

   _____

5. Gosto de restaurantes de comida rápida, mas estou com o colesterol um pouco alto.

   _____

Present tense of *ir*

3-11 Aonde vão? Where are these people going? Write sentences using the verb **ir**.

MODELO: Pedro/café

Pedro vai ao café.

1. José e eu/discoteca _____

2. os estudantes/cinema _____

3. Marina/casa da Paula _____

4. você/ginásio _____

5. eu/universidade _____

3-12 Os planos. You are interviewing your friend and his family. Write their answers to your questions, using the information in parentheses.

MODELO: Com quem você vai à discoteca hoje? (os amigos da Carla)

Vou com os amigos da Carla.

1. Com quem você vai ao cinema no domingo? (Ricardo)

   _____

2. Como você vai? De carro ou de bicicleta? (bicicleta)

   _____

3. Para onde você vai depois de amanhã? (Cuiabá)

   _____

4. Quem vai ao cinema à tarde? (meus amigos)

   _____

5. Para onde você vai hoje à noite? (uma churrascaria)

   _____

Expressing future action

3-13 Associações. Match what the following people are going to do with the appropriate places.

1. Na lanchonete, Dona Joana   _____ vou ler um livro.

2. No cinema, você   _____ vai tomar um suco.

3. Em minha casa, eu   _____ vai assistir um filme.

4. Na biblioteca, eles   _____ vão fazer a tarefa.

5. No concerto, Ana e eu   _____ vamos ouvir música clássica.

3-14 O que eles/elas vão fazer? Write what these people are going to do based on where they are.

MODELO: Antônio e eu estamos no cinema.

Nós vamos assistir um filme de Walter Salles.

1. Ana está na livraria.

   _____.

2. Os alunos estão na aula de Português.

   _____.

3. Os rapazes estão em uma festa.

   _____.

4. Pedro e eu estamos em um café.

   _____.

5. Eu estou em minha casa.

   _____.

3-15 O que fazemos? You want to find out what you and your friends are doing in the near future. Match the following answers with the appropriate questions.

1. A que horas jantamos hoje?   _____ Vou, sim. Com Maria.

2. Você vai ao cinema no fim de semana?   _____ Às sete e meia.

3. Você me telefona mais tarde?   _____ Para a Europa.

4. Para onde você vai no próximo mês?   _____ Telefono, sim.

5. Vocês almoçam conosco no domingo?   _____ Infelizmente não podemos.

3-16 O fim de semana. You have special plans for this weekend. Write what you plan to do each day at different times. Use the verbs in the list or any other verb you know.

trabalhar	correr	comer	escutar	comemorar
escrever	dançar	ir	aprender	assistir

MODELO: Às oito e meia da manhã corro no parque.

sábado (8:30 a.m., 5:30 p.m., 10:00 p.m.)

_____

_____

_____

domingo (11:30 a.m., 2:00 p.m., 9:00 p.m.)

_____

_____

_____

Present tense of *ter*

3-17 Fazendo um bolo. Mark items **V (verdadeiro)** or **F (falso)** for the steps that should be taken to make a cake.

	V	F
1. É preciso ter muitos ovos.	_____	_____
2. Um/a colega tem que ajudar.	_____	_____
3. É preciso ter um bom forno (*oven*).	_____	_____
4. Tenho que comprar vários quilos de farinha (*flour*).	_____	_____
5. Não precisamos ter manteiga.	_____	_____

3-18 Fazendo compras. You and a friend are writing down your grocery list. Complete the dialogue with the correct forms of **ter**.

VOCÊ: O que nós (1) _____ na geladeira (*fridge*)?

COLEGA: Nós não (2) _____ muita coisa: só alface e tomate!

VOCÊ: Então, eu (3) _____ que passar no supermercado para fazer compras.

COLEGA: Agradeço, porque eu não posso ir. Infelizmente, eu e João (4) _____ que ficar no trabalho até mais tarde.

VOCÊ: Tudo bem. Eu sei que vocês (5) _____ que terminar um projeto importante.

COLEGA: Acho que você (6) _____ que comprar pão, leite, peixe, ovos e manteiga.

VOCÊ: Concordo. Vou também comprar uma boa sobremesa.

Numbers above 100

3-19 Qual é o número? Circle the Arabic numeral that matches the written number on the left.

1. duzentos e trinta		320	230	220
2. quatrocentos e sessenta e cinco		645	575	465
3. oitocentos e quarenta e nove		849	989	449
4. setecentos e doze		612	702	712
5. novecentos e setenta e quatro		564	974	774
6. seiscentos e cinqüenta e cinco		655	715	665

3-20 Dados sobre o Ceará. You are doing some research on the state of Ceará for your geography class. Based on the information given, complete the chart with the correct numbers.

O Ceará localiza-se na região Nordeste do Brasil. Ao leste do estado, encontram-se os estados do Rio Grande do Norte e da Paraíba, ao oeste, o estado do Piauí e ao sul, o de Pernambuco. Ao norte, o Ceará é banhado pelo Oceano Atlântico numa extensão de 573 km de costa. O maior rio do estado é o Jaguaribe que corre numa extensão de 610 quilômetros. As temperaturas médias oscilam entre 24° e 30° C. Em razão da maior parte do estado ser semi-árida, 88% de sua área é dominada por uma vegetação conhecida como caatinga, cuja característica marcante são pequenos arbustos retorcidos.

CEARÁ				
REGIÃO DO BRASIL	**ESTADOS ADJACENTES**	**EXTENSÃO DA COSTA**	**EXTENSÃO DO MAIOR RIO**	**TEMPERATURAS MÉDIAS**

Mais um passo: Some uses of *por* and *para*

3-21 Qual? If you were to translate these sentences into Portuguese, which word would you choose for each one, **por, pelo,** or **para**?

_____ 1. The computer is **for** us.

_____ 2. Do you want to walk **through the** campus?

_____ 3. We danced **for** four hours.

_____ 4. They are leaving **for** the airport.

_____ 5. The calculator is **for** the calculus class.

3-22 Por ou para? Complete the sentences with **para, por,** or appropriate contractions of **por** with articles (**pelo, pela, pelos, pelas**).

1. Os livros são _____ João.

2. Eu gosto de andar _____ ruas de Ipanema.

3. Amanhã vou _____ Boston.

4. Escrevo uma carta _____ nossa professora.

5. Hoje vou à praia _____ última vez nestas férias.

6. Esta aspirina é _____ dor de cabeça (*headache*).

7. Vamos passar _____ restaurante antes da aula de Português.

ENCONTROS

Para ler

3-23 O Moreno. You found this ad in a Brazilian magazine. Read it and answer the questions.

O Moreno

Fresco, incomparável, estimulante!

Amigo fiel das manhãs frias e quentes. Com *O Moreno*,
a vida tem mais sabor! Com ou sem açúcar, é sempre
delicioso até a última gota. Dá energia e enche seus dias
de felicidade. Faça dele seu amigo inseparável nos bons
e nos maus momentos.

Quem bebe o café O MORENO é feliz!

1. O que é *O Moreno*?

_____

2. Como é *O Moreno*?

_____

3. Quais das características de *O Moreno* são parecidas com as características de um amigo?

_____

4. Como é a pessoa que bebe *O Moreno*?

_____

5. Qual é seu café preferido?

_____

6. Quando você toma café?

_____

3-24 Primeiro passo: preparação. You are spending summer vacation with a friend in Rio de Janeiro. Write the first draft of a postcard you want to send to a classmate in your Portuguese class. Tell him or her a) the name of the hotel where you are staying, b) its location with respect to the beach, and c) your plans for the next two days. Use **Querido/a** (*Dear*) + name followed by a comma (e.g., **Querida Juliana,**) to address your friend and **Abraços** (literally, *hugs*) followed by a comma and your name in closing.

3-25 Segundo passo: revisão. Now that the first draft of your postcard is finished, review it by asking yourself the following questions.

a. Did you provide your friend with the basic information about your vacation?

b. Are you using the most appropriate words to describe your thoughts?

c. Are you using the formal or the informal pronouns to address your classmate?

d. Do the verb endings agree with the persons or things to which they refer?

e. Are you using the verb **ir** + infinitive to express plans?

f. Are the words spelled correctly? Are the accent marks in the right place?

3-26 Um cartão postal: versão final. Write the final version of the postcard.

```
┌──────────────────────────────┬────────────────────────┐
│                              │                   ┌────┐ │
│                              │                   │    │ │
│                              │                   │    │ │
│                              │                   └────┘ │
│                              │                        │
│                              │                        │
│                              │                        │
│                              │                        │
│                              │                        │
│                              │                        │
└──────────────────────────────┴────────────────────────┘
```

HORIZONTES

3-27 O Nordeste do Brasil. Indicate if the following statements are true (**verdadeiro**) or false (**falso**) by writing **V** or **F** in the spaces provided, according to the information given in the **Horizontes** section on pages 140-141 of your textbook.

1. _____ A região Nordeste é composta por nove estados.

2. _____ O Nordeste ocupa quase todo o território brasileiro.

3. _____ A Bahia mantém muitas tradições afro-brasileiras.

4. _____ O estado de Pernambuco ainda hoje é o maior produtor de açúcar do mundo.

5. _____ O forró é um ritmo típico de Pernambuco.

6. _____ A maior festa de Pernambuco é o carnaval.

7. _____ O Tambor de Crioula é uma festa típica do Maranhão.

8. _____ O Tambor de Crioula é uma festa dedicada a São Benedito, um santo negro e filho de escravos.

9. _____ No sertão (isto é, no interior) do Nordeste brasileiro, os períodos de seca afetam especialmente os estados do Piauí, Ceará e Pernambuco.

10. _____ O artesanato no Nordeste é inexpressivo.

LABORATÓRIO

À PRIMEIRA VISTA

3-28 Diversões. Listen to two young people describing their leisure activities. Then, indicate whether the following statements are true or false by marking **V (verdadeiro)** or **F (falso)**. Do not worry if you do not understand every word.

DESCRIÇÃO 1	V	F
1. Roberto vai muito ao cinema.	_____	_____
2. Os amigos de Roberto escutam música em casa.	_____	_____
3. Roberto conversa com amigos em um café.	_____	_____
4. Roberto nunca lê jornal.	_____	_____
5. Ele gosta muito de romances policiais (*detective novels*).	_____	_____

DESCRIÇÃO 2	V	F
1. Helena estuda música e arte.	_____	_____
2. Helena estuda no Ceará.	_____	_____
3. Helena toca violão e canta.	_____	_____
4. Ela gosta de cantar músicas em inglês.	_____	_____
5. Nos fins de semana, ela dança com amigos em discotecas.	_____	_____

3-29 O que você faz? A classmate you just met would like to know your preferences with regard to different activities. Answer his questions according to the model. Pause the recording at the beep to answer at your own pace.

MODELO: You hear: Você toca violão?

You say: *Toco, sim.* ou *Não, não toco, não.*

3-30 Em um restaurante. Listen to Marisa and Xavier ordering dinner at a restaurant, and then listen to the statements about their conversation with the waitress. For all statements that are true, check **V (verdadeiro)**; for all statements that are false, check **F (falso)**.

	V	F
1.	_____	_____
2.	_____	_____
3.	_____	_____
4.	_____	_____
5.	_____	_____
6.	_____	_____

3-31 O lanche. You are studying in Recife and normally have a snack in the afternoon at your favorite café. Respond appropriately to the waiter. Pause the recording at the beep to answer at your own pace.

3-32 No supermercado. Listen for the items that different persons plan to buy in the supermarket and write them below. Pause the recording at the beep to write at your own pace.

MODELO: You hear: Olga precisa de ovos e tomates.

You write: *ovos, tomates*

1. Marta: _____

2. Roberto: _____

3. Ana: _____

4. Dona Maria: _____

5. Dona Lia: _____

6. As moças: _____

7. Seu João: _____

8. Sara: _____

Pronúncia

Os sons do x

In Brazilian Portuguese, the consonant **x** in pronounced in four different ways.
At the beginning of a word and after **n**, the **x** is pronounced like the English *sh* in *she*. **Repita as seguintes palavras.**

xícara   xarope   xerox   xale   enxaqueca   enxergar

At the end of a word, the **x** is pronounced like the English *x* in *ox*. **Repita as seguintes palavras.**

tórax   clímax   xerox   pirex   telex   vórtex

Before a consonant, the **x** is pronounced like the English *s* in *cast*. **Repita as seguintes palavras.**

excelente   excepcionais   expressões   exposição   sexta-feira   contexto

Between vowels, the **x** can be pronounced in any of the above three ways and also like the English *z* in *zebra*. Because the context does not determine its pronunciation, you will have to learn how each individual word is pronounced. **Repita as seguintes palavras.**

English *sh*:	baixo	México	peixe
English *x*:	táxi	sexo	oxigênio
English *s*:	próximo	máximo	aproximação
English *z*:	exemplo	exame	exercício

O som do ch

The Brazilian Portuguese **ch** in pronounced like the English *sh* in *she*. **Repita as seguintes palavras.**

lanchonete   chá   chocolate   sanduíche   choro   chama-se

Nome: _____ Data: _____

ESTRUTURAS

Present tense of regular -er and -ir verbs

3-33 A dieta de Olga. Olga is on a diet to lose weight. Say whether she should eat or drink each of the following items. Pause the recording at the beep to answer at your own pace.

MODELO:

Olga não deve comer pizza.

1. …

2. …

3. …

4. …

3-34 Para comer e beber. You and your friends are at a restaurant. Say what you are having, according to the pictures and the cues you hear. Pause the recording at the beep to answer at your own pace.

MODELO:

eu   você
Eu como peixe com batata frita.   Você bebe café.

1. …

2. …

3. …

4. …

5. …

3-35 Para qual jornal escrevem? You and some of your friends are doing research on social conditions in the state of Ceará and sending the results of your research to local newspapers. Answer each question by saying to which city's newspaper the person(s) write(s). The numbers next to the cities on the map of Ceará identify the persons. Pause the recording at the beep to answer at your own pace.

MODELO: Marina/Ubajara

Marina escreve para o jornal de Ubajara.

1. Luciana
2. Renata e Lígia
3. Maria Luísa
4. Pedro e você
5. os amigos do Roberto

Pronúncia

Os sons do g

The Brazilian Portuguese **g** when followed by **e** or **i** is pronounced like the English *s* in *measure* or *leisure*. **Repita as seguintes palavras.**

generoso   agenda   lógico   giz   religioso   relógio

In all other cases, the Brazilian Portuguese **g** is pronounced like the English *g* in *garden*. **Repita as seguintes palavras.**

obrigado   devagar   logo   agosto   segunda   igualmente   agricultura

O som do j

The Brazilian Portuguese **j**, in any position, is also pronounced like the English *s* in *measure* or *leisure*. **Repita as seguintes palavras.**

já   hoje   janeiro   junho   corajoso   Joana

Present tense of *ir*

3-36 Os planos de Mônica. Listen to Mônica's plans for next week. Identify what she is going to do and when by writing the corresponding number under the correct day.

MODELO: 0. Mônica vai ao cinema no domingo.

(Mark "0" under Sunday the 17th.)

S	T	Q	Q	S	S	D
11	12	13	14	15	16	17

Expressing future action

3-37 Meus amigos e eu. Assuming that the pictures below show what you and your friends are going to do, tell what your plans are. Include the cues you will hear in your answers. Pause the recording at the beep to answer at your own pace.

MODELO: esta tarde

Nós vamos nadar esta tarde.

1.    2.    3.    4.   5.

Present tense of *ter*

3-38 Coisas para fazer. Listen to two young women talk about all the things they have to do. Then, indicate whether the following statements are true or false by marking **V (verdadeiro)** or **F (falso)**. Do not worry if you do not understand every word.

DESCRIÇÃO 1	V	F
1. Cristina nunca tem muito o que fazer.	_____	_____
2. Ela tem aulas de manhã.	_____	_____
3. Ela e a mãe têm que acompanhar a avó ao médico.	_____	_____
4. A avó não tem boa saúde.	_____	_____
5. A avó tem oitenta anos.	_____	_____

DESCRIÇÃO 2	V	F
1. Luciana está sempre muito ocupada.	_____	_____
2. A irmã de Luciana tem um bebê.	_____	_____
3. Todos querem cuidar (*take care*) do bebê.	_____	_____
4. A mãe do bebê tem que dar banho nele.	_____	_____
5. Luciana tem que tocar violão para o bebê dormir.	_____	_____

Numbers above 100

3-39 Identificação. You will hear only one number from each group below. Circle that number.

MODELO: You hear: cento e sessenta e três

You see: 273   338   136   163

You circle: 163

1. 198   287   369   167
2. 104   205   405   504
3. 213   312   603   933
4. 416   624   704   914
5. 100   300   400   1.000

3-40 Os números. Listen to the numbers and repeat each one after the speaker. Then, write the number in Arabic numerals. Pause the recording at the beep to work at your own pace.

MODELO: You hear: trezentos e trinta e seis

You say: trezentos e trinta e seis

You write: *336*

1. _____   2. _____   3. _____   4. _____   5. _____

6. _____   7. _____   8. _____   9. _____   10. _____

Mais um passo: Some uses of *por* and *para*

3-41 Por ou para? You will hear various questions regarding a trip. Answer them by completing the following sentences with **por** or **para**.

1. Vamos _____ Paraty.

2. Não, vamos passar _____ Angra dos Reis.

3. Vamos passear de barco _____ baía.

4. Vamos comer em lanchonetes. Não temos dinheiro _____ restaurantes.

3-42 As férias de Luana e Cauã. Luana and Cauã are discussing a travel package to Ceará. Listen to their conversation and complete the chart with questions and answers based on the information you hear. You should read the chart below before listening to the conversation. Do not worry if there are words you do not understand.

PERGUNTAS	RESPOSTAS
Para onde Luana e Cauã vão?	
	Sete dias
Quanto custa a viagem?	
	É excelente
Quem vai telefonar para a agência?	
Qual é o número de telefone?	

VÍDEO

Vocabulário útil

acordar	*to wake up*	**o fondue**	*fondue, hot dish made of melted cheese*
altamente	*highly, very much*	**o homem**	*man*
o barulho	*noise*	**namorar**	*to court, to flirt*
a boate	*nightclub, discotheque*	**passear**	*to stroll, to go for a walk/ride*
chorar	*to cry*	**quando dá**	*when possible*
o esporte	*sport*	**sair**	*to go out*
festeiro/a	*partygoer, party animal*	**a trama**	*plot*

3-43 Tempo livre. The following people describe what they do in their free time. Match some of their activities on the right with the names on the left.

1. Dona Sônia   _____   a. fazer esporte e namorar

2. Adriana   _____   b. estar com amigos ou a mãe, tocar e cantar

3. Dona Raimunda   _____   c. caminhar na praia

4. Juliana   _____   d. ir ao teatro e ao cinema, ler

5. Chupeta   _____   e. coisas alegres, passear, ir ao cinema e ao teatro quando dá

E você? What do you do in your free time? Name three of your favorite activities.

1. _____

2. _____

3. _____

3-44 O próximo fim de semana. The following people describe what they will do the following weekend. First, read the statements below. Then watch the video and listen closely to check whether the statements are **verdadeiros** (**V**) or **falsos** (**F**). If false, write down what Rogério and/or Juliana will really do.

1. _____ Rogério: No próximo fim de semana, ele vai estar na escola de samba Unidos da Tijuca.

2. _____ Juliana: Ela vai estudar bastante e depois sair com a mãe.

_____

_____

3. **E você?** What will you do next weekend? Name at least two activities.

_____

_____

3-45 Os filmes. These speakers describe what kinds of films they like to watch. Match the following words and expressions with the right person. Then choose at least three words or expressions (listed below or other) to describe your own preferences.

biografias	pornografia não	românticos	chorar	homem musculoso não	eclético
aventura	trama	todos os tipos	inteligente	cinema nacional	água com açúcar

1. Dona Sônia _____

2. Rogério _____

3. Dona Raimunda _____

4. Juliana _____

5. Chupeta _____

6. Daniel _____

7. você _____

3-46 As festas. The following people tell us whether they like parties and if they go to parties. First, read the statements below and note the alternatives. Then watch the video and circle the correct responses.

1. Dona Sônia **é/não é** altamente contra festas. Ela **gosta/não gosta** de festas.

2. Adriana recentemente **vai/não vai** muito a festas. Quando era mais nova, **sempre ia/não ia nunca** a festas de aniversário e casamento.

3. Rogério **tem/não tem** muitas festas. Ele **é/não é** muito festeiro. Ele **adora/não adora** comemorações. Festa **é/não é** primordial para o brasileiro.

4. Dona Raimunda **gosta/não gosta** de festa, aniversário e forró.

5. Juliana **é/não é** muito festeira. Juliana **gosta/não gosta** muito de ir a bares, restaurantes e teatro. Ela **é/não é** muito de barulho.

6. Chupeta **adora/não adora** festas. Ele **sai/não sai** muito. Ele só vai em festas muito legais porque ele **pode/não pode** acordar tarde.

7. É **difícil/fácil** encontrar alguém da idade do Daniel que **goste/não goste** de festa. Se ele sai com os amigos, eles **dançam/não dançam** muito.

8. **E você?** Relying on the vocabulary and structures found in the above statements, describe your own preferences and attitudes toward parties.

_____

_____

_____

Lição 4 ◆ A família

PRÁTICA

À PRIMEIRA VISTA

4-1 Associações. Match the words on the left with the definitions on the right.

1. _____ tio   a. filha de meus pais

2. _____ avó   b. irmão de meu pai

3. _____ primos   c. filhos de meus filhos

4. _____ irmã   d. mãe de minha mãe ou de meu pai

5. _____ netos   e. filhos de meus tios

4-2 A família de Tomás e de Margarida. Fill in the blanks expressing the relationships among the people in the family tree. Do not forget to use the articles when necessary.

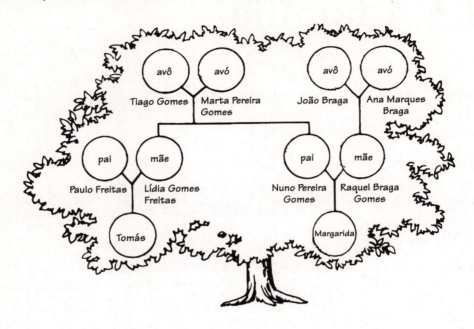

MODELO: Seu Tiago Gomes é *o esposo* da D. Marta Pereira Gomes.

1. Lídia Gomes Freitas é _____ de Nuno Gomes.

2. Tomás e Margarida são _____.

3. Nuno Pereira Gomes é _____ de Margarida.

4. D. Marta é _____ de Lídia Gomes Freitas.

5. Seu João Braga e a D. Ana Marques Braga são _____ de Margarida.

6. Tomás é _____ de Seu Tiago Gomes.

7. Nuno Gomes é _____ de Tomás.

8. Raquel Braga Gomes é _____ de D. Ana Marques Braga.

4-3 Fundação Solidariedade Social. Read the following article about a Brazilian couple who started a non-profit organization (**organização sem fins lucrativos**) in Maringá, in the state of Paraná. Then complete the summary below.

A Fundação Solidariedade Social é iniciativa de um jovem casal de Maringá que se dedica a ajudar as famílias pobres da cidade, procurando empregos para os adultos e mantendo uma creche[1] para os seus filhos.

Marcos Ribeiro, formado em Economia e filho de uma família tradicional, decidiu um dia deixar sua carreira de jovem executivo e começar esta obra quando viu a situação desesperadora de muitas famílias de Maringá, uma cidade no Sul do Brasil que possui um padrão de vida[2] muito bom. A esposa dele, Sueli Borges Ribeiro, especialista em Educação Infantil, é a sua companheira de trabalho. O pai de Sueli, conhecido escritor e jornalista Miguel Figueiredo Borges, publicou um artigo sobre esta organização sem fins lucrativos e a reação do público foi extraordinária. Hoje, a Fundação Solidariedade Social ajuda mais de cem famílias a refazerem as suas vidas.

Sueli é a terceira filha do casal Borges. Ela e sua mãe, D. Elvira, entrevistam as famílias e coordenam a equipe de voluntários que ajudam nos trabalhos da fundação. Os filhos de Sueli, de três e cinco anos, ficam na creche também e, assim, toda a família participa desta bela iniciativa.

_____
1 *day care center*
2 *standard of living*

Marcos Ribeiro é formado em (1) _____. Ele é casado com (2) _____.

O (3) _____ dela é o escritor e jornalista Miguel Figueiredo Borges. Sua mãe, que se chama

(4) _____ , trabalha também para a fundação. Marcos e Sueli têm dois

(5) _____ que participam das atividades da creche. Atualmente, a Fundação

Solidariedade Social ajuda cerca de (6) _____ famílias desfavorecidas.

4-4 Minha família. You are being interviewed about your family. Answer these questions.

1. Como é sua família: grande ou pequena?

   _____

2. Quantas pessoas há em sua família?

   _____

3. Quantos irmãos e/ou irmãs você tem?

   _____

4. Quantos anos seus irmãos e/ou suas irmãs têm? E você?

   _____

5. Onde seu pai trabalha? E sua mãe?

   _____

6. Onde seus pais moram?

   _____

7. Você é solteiro/a ou casado/a?

   _____

8. Você tem filhos? Quantos?

   _____

ESTRUTURAS

Síntese gramatical

1. **Present tense of stem-changing verbs**

   vowel changes (e > i, o > u)

sentir (*to feel*):	**eu sinto**, você/ele/ela sente, nós sentimos, vocês/eles/elas sentem
dormir (*to sleep*):	**eu durmo**, você/ele/ela dorme, nós dormimos, vocês/eles/elas dormem

   stem-consonant changes

ouvir (*to hear*):	**eu ouço**, você/ele/ela ouve, nós ouvimos, vocês/eles/elas ouvem
pedir (*to ask for/order*):	**eu peço**, você/ele/ela pede, nós pedimos, vocês/eles/elas pedem
perder (*to lose*):	**eu perco**, você/ele/ela perde, nós perdemos, vocês/eles/elas perdem
poder (*can, may*):	**eu posso**, você/ele/ela pode, nós podemos, vocês/eles/elas podem

   spelling changes

c > ç	**conhecer** (*to know*)	
	eu conheço, você/ele/ela conhece, nós conhecemos, vocês/eles/elas conhecem	
g > j	**reagir** (*to react*)	
	eu reajo, você/ele/ela reage, nós reagimos, vocês/eles/elas reagem	
g > gu	**seguir** (*to follow*)	
	eu sigo, você/ele/ela segue, nós seguimos, vocês/eles/elas seguem	

2. **Adverbs**

FEMININE FORM:	rápido/a	rapidamente
NO SPECIAL FEMININE FORM:	fácil	facilmente

3. **Present tense of *fazer, dizer, trazer, sair,* and *pôr***

	FAZER	DIZER	TRAZER	SAIR	PÔR
eu	faço	digo	trago	saio	ponho
você, o sr./a sra. ele/ela	faz	diz	traz	sai	põe
nós	fazemos	dizemos	trazemos	saímos	pomos
vocês, os srs./as sras. eles/elas	fazem	dizem	trazem	saem	põem

4. ***Faz/Há* with expressions of time**

   Faz cinco anos que Isabel mora em Blumenau.   *Isabel has lived in Blumenau for five years.*
   Trabalhamos há duas horas.   *We've been working for two hours.*

Present tense of stem-changing verbs

4-5 O que vocês pedem? preferem? sugerem? You and several members of your family are ordering dinner in a restaurant. Write down what different people order and what others prefer or suggest. Use the following verbs: **pedir**, **preferir**, and **sugerir**.

MODELO: *Minha tia pede frango, mas eu peço bife.*
Eu sugiro feijoada, mas meu primo prefere massa.

1. Eu _____, mas meu irmão _____.

2. Minha prima _____, mas eu _____.

3. Meu pai _____, mas minha mãe _____.

4. Eu e minha irmã _____, mas nossa avó _____.

5. Meu tio _____, mas eu _____.

6. Eu _____, mas minha tia _____.

4-6 Podem ou não podem? Write what these people can or can't do. Choose items from the list or think of your own to make your sentences.

ATIVIDADES		
comer manteiga	estudar no café	comprar uma casa
beber cerveja	passar as férias em…	pedir um empréstimo (*loan*) no banco
dormir 12 horas	escrever uma carta em português	vestir um biquíni na praia

MODELO: nadar 500 metros *Eu (não) posso nadar 500 metros.*

1. O/A professor/a _____.

2. Minha irmã _____.

3. Eu _____.

4. Minha mãe _____.

5. Meu amigo e eu _____.

6. Meu pai _____.

4-7 Quantas horas estas pessoas dormem? Write how many hours you and other people you know sleep in each of the following situations.

1. Eu _____ no fim de semana.

2. Meus pais _____ durante a semana.

3. Minha amiga _____ quando está de férias.

4. Os alunos _____ no período dos exames.

5. Eu e os meus amigos _____ depois de dançar na discoteca.

4-8 O que você faz? Explain what you do in the following situations. Use the verbs in the list to answer the questions. (There are more verbs than you will need.)

repetir   pedir   dormir   perder

seguir   reagir   ouvir   servir

1. O que você faz quando convida seus amigos para um jantar muito especial em casa?

_____

2. O que você faz depois de ler o cardápio no restaurante?

_____

3. O que você faz quando está muito cansado/a?

_____

4. O que você faz quando ouve um bom conselho (*advice*)?

_____

5. O que você faz quando alguém não ouve o que você pergunta?

_____

Adverbs

4-9 Meu mundo. Complete the following statements with the choice that best describes your personal experience. If none of the choices fit, supply your own adverb.

1. Gosto de comer _____.
   a) regularmente   b) depressa   c) devagar

2. Meu escritor favorito/minha escritora favorita publica um livro _____.
   a) anualmente   b) freqüentemente   c) irregularmente

3. Os professores da minha universidade se vestem _____.
   a) formalmente   b) elegantemente   c) informalmente

4. Em geral, meus pais analisam os problemas _____.
   a) rapidamente   b) lentamente   c) logicamente

5. Prefiro viajar_____.
   a) raramente   b) confortavelmente   c) calmamente

6. Resolvo meus problemas _____.
   a) facilmente   b) rapidamente   c) lentamente

7. Em público, falo_____.
   a) nervosamente   b) claramente   c) devagar

8. Faço exercício _____.
   a) freqüentemente   b) diariamente   c) raramente

4-10 Na universidade. Describe your daily life as a student by completing the following statements. Choose an adjective from the list and make it an adverb ending in -**mente** before giving your answer. You may also think of your own adverbs and use any verb of your choice.

relativo   rápido   fácil   rápido   real   freqüente

básico   raro   calmo   regular   geral   normal

MODELO: Eu _____.

Eu janto fora raramente. or

Eu raramente janto fora.

1. De manhã _____.

2. _____ à noite.

3. _____ à tarde.

4. Meus amigos _____.

5. Gosto de _____.

6. Vou para _____.

4-11 Os hábitos de minha família. You are writing a composition about your family for your Portuguese class. Make a list of each of your family members' habits, using adverbs.

MODELO: *Meu pai usa o computador diariamente.*

1. _____.

2. _____.

3. _____.

4. _____.

5. _____.

6. _____.

Present tense of *fazer, dizer, trazer, sair,* and *pôr*

4-12 Meu irmão Zé Luís, meus pais e eu. Complete these paragraphs with the correct forms of the verbs **fazer, dizer, trazer, sair,** and **pôr.**

De manhã:

Zé Luís e meu pai (1) _____ de casa às 7:30 da manhã. Meu pai sempre (2) _____ que eles estão atrasados (*late*). Eles chegam à universidade às 8:00. Meu pai vai para o escritório e o Zé Luís vai à biblioteca e lá (3) _____ as tarefas. Eu (4) _____ de casa às 9:30 e chego à universidade às 10:00. Primeiro vou à aula de biologia e (5) _____ experiências no laboratório. Depois de terminar, (6) _____ os resultados da experiência sobre a mesa do professor e vou às minhas outras aulas.

De noite:

Quando chego em casa (7) _____ "Oi!" para os meus pais, que geralmente já estão na cozinha preparando o jantar. Meu pai sempre (8) _____ pão fresco para o jantar e minha mãe (9) _____ um vaso com flores na mesa. O Zé Luís e eu (10) _____ a mesa e todos comemos juntos e falamos sobre as atividades do dia.

4-13 A semana. What activities do you associate with the days of the week? Use the verbs indicated for your answers to say what you do.

1. domingo/fazer

   _____.

2. segunda/sair

   _____.

3. quinta/pôr

   _____.

4. sexta/trazer

   _____.

5. sábado/sair

   _____.

4-14 Um piquenique. A group of friends is planning a picnic. Complete their conversation using the correct forms of the verbs **fazer, dizer,** and **trazer.**

RUI: Quem vai fazer os sanduíches e a salada?

ALICE: Eu (1) _____ os sanduíches. João, você (2) _____ a salada?

JOÃO: Legal. (3) _____ a salada.

RUI: E quem vai trazer as bebidas? Eu não posso ir ao supermercado.

CARLOS: Deixa comigo, eu (4) _____ as bebidas.

SUSANA: Marina e eu (5) _____ tudo no meu carro. A que horas vamos?

RUI: Eu sempre (6) _____ um horário e depois esqueço. Mas, que tal às oito?

CARLOS: E eu nunca esqueço o que (7) _____. Que tal às nove? Oito é muito cedo!

SUSANA: 'Tá bom, às nove, então.

Há/Faz with expressions of time

4-15 Há quanto tempo...? Your cousin wants to know how long you have been doing (or not doing) these activities. Write your answer in two different ways. Start one sentence with **Há... que...** or **Faz... que...** and the other with the verb in the present tense. Throughout the exercise, alternate the use of **há** and **faz**.

MODELO: jogar tênis

Há dois anos que jogo tênis/não jogo tênis.
Jogo tênis/Não jogo tênis há dois anos. or
Jogo tênis/Não jogo tênis faz dois anos.
Faz dois anos que jogo/não jogo tênis.

1. fazer ginástica

   _____

   _____

2. querer comprar um computador novo

   _____

   _____

3. não dormir 10 horas

   _____

   _____

4. não ter tempo para...

   _____

   _____

5. (não) sair com...

   _____

6. (não) ouvir...

   _____

   _____

Mais um passo: The preterit tense of regular verbs and of *ir*

4-16 Um dia muito agitado na vida de Sônia. Choose the most appropriate verb to complete the following sentences about some of Sônia's activities yesterday.

dormir   servir   tomar   preparar   ir   sair   assistir   estudar

1. Ontem, Sônia _____ até às sete e meia da manhã.

2. Ela _____ as notícias na televisão e _____ café da manhã.

3. Depois Sônia _____ para a universidade. Ela _____ na biblioteca até às duas da tarde.

4. À noite, ela _____ um jantar delicioso e _____ o jantar a seus amigos.

5. Depois do jantar, ela _____ com os amigos dela; eles _____ ao cinema.

4-17 E você, o que fez ontem? Answer the following questions according to what you did yesterday.

1. Quantas horas você dormiu ontem à noite?

_____

2. Você saiu com seus amigos? Para onde?

_____

3. O que você comeu no almoço?

_____

4. Você assistiu televisão? O que você assistiu?

_____

5. Você trabalhou? Onde?

_____

6. O que mais você fez ontem?

_____

ENCONTROS

Para ler

4-18 Descrições. The term **a terceira idade** (literally, *third age*) is used in Portuguese to refer to senior citizens. Think of one senior citizen you know and answer the following questions.

1. Quantos anos esta pessoa tem?

_____

2. Esta pessoa trabalha ou está aposentada (*retired*)?

_____

3. Esta pessoa tem uma vida ativa ou sedentária?

_____

4. Esta pessoa gosta de viajar?

_____

4-19 A terceira idade. First read the text below for its general meaning. Then read it again and answer the following questions.

Programas para a terceira idade

Idade não conta

O que fazer depois dos sessenta anos? Esta pergunta preocupa muitas pessoas idosas. É importante lembrar que a vida não acaba na terceira idade. A educação, a atividade profissional em outras áreas, ou o turismo ativo são opções válidas para depois dos sessenta anos. E há muitas opções. Em diversas cidades brasileiras, existe o chamado Clube da Terceira Idade. É um grupo de apoio às pessoas com mais de sessenta anos, com atividades sociais e de lazer que acontecem todas as semanas. Dentre as atividades, há hidromassagem, ginástica, festas, comemorações especiais e também excursões para várias partes do país, a preços reduzidos. Na maioria das vezes, os passeios para os estados vizinhos são feitos de ônibus. Estudos mostram que as pessoas de terceira idade que têm este tipo de vida são mais felizes e vivem mais.

Nos final dos anos oitenta, a EMBRATUR (Empresa Brasileira de Turismo) criou um programa especial, chamado "Turismo para a terceira idade", oferecendo oportunidades de viagens de lazer para pessoas acima de sessenta anos. Atualmente, a Agência de Turismo Sênior, seguindo a filosofia da Embratur, é uma agência especializada em terceira idade com o programa "Vida Ativa". A agência oferece aos clientes de terceira idade a oportunidade de conhecer não só o Brasil mas também outros países, através de viagens com grupos organizados, onde o convívio e a boa disposição são as notas dominantes. A Agência Sênior organiza viagens aéreas e de ônibus para lugares interessantes com preços reduzidos para os idosos.

Quem pode participar do Programa Vida Ativa?

Qualquer pessoa, aposentada ou não, pode participar deste programa ao completar sessenta anos. As pessoas de terceira idade podem ser acompanhadas de familiares ou amigos mais jovens, pois o programa não limita a idade dos participantes e muitos idosos sentem-se mais confortáveis com a presença de algum familiar ou amigo.

A Agência Sênior também oferece refeições durante as viagens, considerando as necessidades alimentares especiais de alguns clientes. O café da manhã, por exemplo, tem as calorias apropriadas para a idade. No jantar, sempre há água mineral ou sucos sem açúcar.

1. Que organização dá apoio às pessoas idosas?

   _____

2. Quantos anos devem ter as pessoas que querem participar dos programas para a terceira idade?

   _____

3. Que atividades as pessoas acima de sessenta anos podem fazer?

   _____

4. Como são as pessoas que participam das atividades do Clube da Terceira Idade?

   _____

5. Que tipo de programa a EMBRATUR criou nos anos oitenta?

   _____

6. Como é o nome da agência de turismo que tem programas especiais para pessoas acima de 60 anos?

   _____

7. Que tipo de viagens esta agência oferece?

   _____

8. Que tipo de alimentação a agência oferece aos participantes?

   _____

9. O que os participantes podem beber durante as refeições?

   _____

4-20 Associações. Look at the reading again and write the adjectives that are associated with the following verbs.

1. interessar _____

2. reduzir _____

3. dominar _____

4. acompanhar _____

5. alimentar _____

6. aposentar _____

Para escrever

4-21 Primeiro passo. You are happy because your friend from Brazil is going to stay with you this summer. He or she wants to know about your family. Make a list of at least three family members you want to write about and what you want your friend to know about them. Include information such as name, age, what they are like, and what they like to do. You may use what you wrote about your family in exercise 4-4.

Minha família

_____

_____

_____

_____

_____

_____

_____

_____

_____

_____

_____

_____

_____

_____

4-22 Passo final. Write a letter describing your family to your Brazilian friend. Use the information gathered in the previous exercise. Finally, let your friend know how you feel about his or her upcoming visit (for example: **Estou muito contente com a sua visita**). Use the verbs from the list or any other you wish.

chamar-se	tocar	preferir	falar
trabalhar	pôr	ter... anos	estar
poder	sair	estudar	ser
viver	começar	correr	jogar

_____

_____

_____

_____

_____

_____

_____

_____

_____

_____

_____

_____

_____

HORIZONTES

4-23 O Norte do Brasil e o Amazonas. Circle the answer that best completes each of the following statements according to the information given in **Horizontes** on pages 176-177 of your textbook.

1. O Norte do Brasil é uma área enorme e...
    a) densamente povoada.   b) escassamente povoada   c) povoada apenas por indígenas.
2. O Norte do Brasil tem...estados.
    a) sete   b) cinco   c) seis
3. Fazem parte da Região Amazônica...
    a) sete estados.   b) oito países.   c) dois estados e seis países.
4. A Região Amazônica possui...
    a) uma exuberante natureza.   b) trezentas espécies de peixes.   c) poucas espécies de aves.
5. A floresta amazônica tem animais como...
    a) girafas.   b) elefantes.   c) capivaras.
6. O rio Amazonas nasce...
    a) na Amazônia brasileira.   b) em Manaus.   c) no Peru.
7. O Rio Amazonas é a junção dos rios...
    a) Negro e Tocantins.   b) Negro e Solimões.   c) Negro e Amazonas.
8. Pela quantidade de água doce que possui, o rio Amazonas tem importância...
    a) local.   b) nacional.   c) mundial.

4-24 O que mais você sabe sobre a Amazônia? Fill in the blanks with the correct information.

A Região Amazônica é a (1) _____ região do país e tem o (2) _____ número de habitantes.

Um dos grupos indígenas que habitam esta região chama-se (3) _____. No Rio Amazonas podemos

encontrar botos ou (4) _____. A pororoca atrai muitos (5) _____ porque as ondas são muito

(6) _____, com até (7) metros de altura. O Rio Amazonas é o (8) _____ rio do mundo, em

termos de volume de água e extensão.

LABORATÓRIO

À PRIMEIRA VISTA

4-25 A família de Irene. Look at Irene's family tree. You will hear a number followed by a word identifying each person's relation to Irene. Write the number next to that person's name. Pause the recording at the beep to work at your own pace.

MODELO: You hear: 0. avô

You write: *0 next to the name Sr. Afonso*

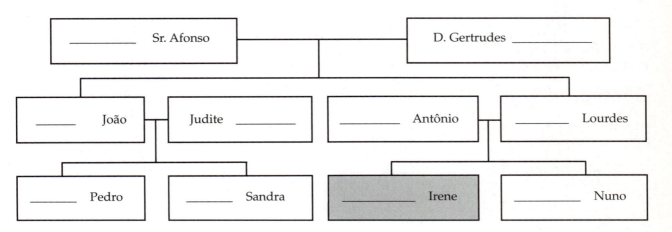

4-26 Os familiares dos meus colegas. Repeat each statement after the speaker. Then write the number of relatives mentioned and their relationship to the person named. Pause the recording at the beep to write at your own pace.

MODELO: You hear: Roberto tem dois irmãos.

You write: *dois irmãos*

1. Cláudia _____
2. Raquel _____
3. Paulo _____
4. Miguel _____

5. Ritinha _____
6. Carla _____
7. Zé _____
8. Tomás _____

4-27 A família de Amélia. You will hear Amélia Pinto Soares describing her family. Identify each family member's relationship to Amélia by writing it next to the appropriate name.

1. Carlos Soares _____
2. Artur _____
3. Gabriel _____
4. Pedro Luís _____
5. Marisa _____
6. Elvira _____

4-28 O batizado. Baptism is an important event in most Brazilian families. Read the statements below before listening to the description of the christening ceremony of a new member of the Rodrigues family. Then, indicate whether each statement is true or false by marking the appropriate response. Don't worry if you don't understand every word.

	SIM	NÃO
1. O casal Rodrigues vai comemorar o batizado do primeiro filho.	_____	_____
2. O bebê se chama Antônio, como o seu padrinho.	_____	_____
3. Os avós paternos vão ser os padrinhos.	_____	_____
4. O batizado vai ser na casa de Antônio e Marta Pereira.	_____	_____
5. A família e os amigos mais próximos vão estar no batizado e em casa.	_____	_____

4-29 A família de Diogo Schlosser. Diogo, an exchange student from Brazil, is talking to a group of friends about his family. Complete the chart with the information you hear. (You won't be able to fill in every block.) You may listen to the recording as many times as necessary.

NOME(S)	PARENTESCO	IDADE	TRABALHO	COMO É/SÃO?
	pai			
			em um banco	
Pedro				
				muito inteligente
		28 anos		
			estudante	
Conrado Schlosser				
				calma

Pronúncia

Os sons do s e do z

The Brazilian Portuguese **s** at the beginning of a word and the double **s** (**ss**) in the middle of a word are pronounced similarly to the *s* in the English word *second*. **Repita as seguintes palavras.**

    só   segundo   passado   agressivo   assinatura   assunto

The Brazilian Portuguese **s** and **z** between vowels, and the **z** at the beginning of a word or syllable, sound like the *s* in the English word *disease* or the *z* in the English word *zebra*. **Repita as seguintes palavras.**

    esposa   mesa   sobremesa   museu   música   presunto
    zebra   zoológico   fazer   organizem   razões   cafezinho

When the **s** is at the end of a syllable or a word or is followed by **b, d, g, l, m, n, r,** or **v,** its pronunciation is similar to that of the *s* in the English word *measure*. **Repita as seguintes palavras.**

    Lisboa   deslumbrante   mesmo   turismo   casas   tomates

When the **s** is followed by **c, f, p,** or **t,** its sound is similar to that of the *s* in the English word *see*. **Repita as seguintes palavras.**

    pesca   escritório   esferográfica   revista   estilo   isto

In some areas of Brazil (Rio de Janeiro, parts of Santa Catarina, and the Northeast), the pronunciation of the **s** in the two cases outlined above is similar to that of English *sh* in the name *Ishmael*. You will find further information and practice of the pronunciation of **s** and **z** at the end of words in the **Ligação de palavras** segment of the **Pronúncia** section in **Lição 5** of your workbook.

ESTRUTURAS

Present tense of stem-changing verbs

4-30 Quantas horas estas pessoas dormem? According to the times given, say how many hours these people sleep on different days of the week. Pause the recording at the beep to answer at your own pace.

MODELO: You see: eu/terça/8

You say: *Na terça, eu durmo oito horas.*

1. Helena/sábado/10
2. Paulo e Carlos/quarta/7
3. nós/segunda/6
4. eu/domingo/9
5. você/quinta/8

4-31 Bebidas. Your friends have a wide range of preferences when it comes to their choice of drinks. You are preparing for a party at your place and answering your roommate who wants to know what you will serve to each of your guests. Pause the recording at the beep to answer at your own pace.

MODELO: You hear: O que você serve para Tiago?

You see: Tiago/água

You say: *Tiago prefere água. Sirvo água para ele.*

1. João/cerveja
2. Camila e Helena/coca-cola
3. Laura/suco de laranja
4. Marcelo e eu/chá
5. Regina/vinho
6. você/água mineral

4-32 Mais preferências. You and your roommate Flávia get along fine in spite of your very different preferences with regard to food and drink. State your divergences as illustrated below. Pause the recording at the beep to answer at your own pace.

MODELO: You hear: Flávia prefere café.

You see: chá

You say: *Mas eu prefiro chá.*

You hear: Eu prefiro batata.

You see: arroz

You say: *Mas Flávia prefere arroz.*

1. água com gás
2. bife
3. refrigerante
4. torradas
5. massa
6. sopa de legumes

4-33 Aqui servem uma comida muito boa! Listen to this conversation between Paula and Marco and to the questions that follow. Circle the best answer to each question based on what you hear.

1. a) em casa
   b) num restaurante
   c) numa festa
2. a) frango
   b) bife com batata frita
   c) feijoada
3. a) bife
   b) feijoada
   c) peixe com salada
4. a) bife
   b) frango frito com batata
   c) peixe
5. a) cerveja
   b) vinho branco
   c) vinho tinto

Ligação de palavras (*linking*)

Linking occurs when a word ends in **r, s,** or **z** and is immediately followed by another word beginning with a vowel. The normal tendency is for the letters at the end of the word to form a syllable with the initial vowel in the next word. As you repeat the following expressions and sentences, avoid pausing between the words. **Repita as seguintes frases.**

1. Limpar a casa.
2. Por exemplo.
3. Estudar em casa.
4. Vamos usar a imaginação.

5. A mãe faz as torradas.
6. A filha traz os pratos.
7. Paulinho diz "obrigado".
8. Ele faz exercícios físicos, como correr e nadar.

Adverbs

4-34 Mário conversa com o tio. Listen to this conversation between Mário and his uncle. Then choose the best answers to the statements that will follow according to the information you have heard.

1. a) diariamente   b) semanalmente   c) raramente
2. a) devagar   b) calmamente   c) imediatamente
3. a) uma hora   b) duas horas   c) meia hora
4. a) tocar no parque   b) formar uma banda   c) comprar uma guitarra

4-35 Uma tarde no parque. You will hear some sentences describing family activities at a park. Each sentence will be followed by a cue. Incorporate the cue into the sentence using the ending **-mente.** Pause the recording at the beep to answer at your own pace.

MODELO: Os avós caminham./lento
　　　　　　Os avós caminham lentamente.

Present tense of *fazer, dizer, trazer, sair,* and *pôr*

4-36 Uma manhã difícil. Chico is trying to get ready for school but his mother needs his help. Read the statements below and then listen to their conversation. If the statement is true, check **Sim.** If the statement is false, check **Não.**

	SIM	NÃO
1. O Chico e a mãe estão em casa.	_____	_____
2. O Chico faz a cama.	_____	_____
3. A mãe está ocupada.	_____	_____
4. O Chico põe a mesa.	_____	_____
5. O Chico sai às nove.	_____	_____

4-37 Eu também. Your mother wants you to help out more at home and is pointing out the chores that your brothers and sisters do. Tell her that you also do those chores. Pause the recording at the beep to answer at your own pace.

MODELO: You hear: Eles põem a mesa.
　　　　　　You say: *Eu também ponho a mesa.*

4-38 Quem diz o que? You know that the Portuguese word for "thank you" changes depending on who is saying it (male or female). Explain how the following people will say "thank you." Pause the recording at the beep to answer at your own pace.

MODELO: You hear: Teresa e Isabel

You say: *Teresa e Isabel dizem "obrigada".*

Pronúncia

Ligação de palavras e crase

When there are two consecutive unstressed **a**s, one at the end of a word and the other at the beginning of the following word, they are often contracted into a sharper, open **a** sound. This is a form of crasis (contraction of two vowels), although not indicated as such by an accent. **Repita as seguintes frases.**

1. Uma família americana atípica.
2. Agora a tia Edna está casada com Arnaldo.
3. A minha avó visita as netas a toda a hora.
4. Compare a aprendizagem de violino à aprendizagem da língua.

If one **a** is stressed and the other unstressed, both sounds are pronounced separately. (This is called a hiatus). **Repita as seguintes frases.**

1. A árvore genealógica.
2. Há apartamentos bons no centro da cidade.
3. Ela dá a caneta à Ana.

In rapid speech, if a word ends with an unstressed **a, e,** or **o** and is followed by another word beginning with a vowel, the unstressed final vowel can contract with the vowel of the following word, which becomes the dominant sound. This form of crasis does not normally occur in slower, deliberate speech. In this segment, you will hear and repeat the same sequence of sentences twice, the first time slowly and the second time rapidly. **Repita as seguintes frases.**

1. A minha opinião é igual.
2. Qual é a sua opinião?
3. Tenho uma irmã chamada Inês.
4. Há bom relacionamento entre os padrinhos.
5. Complete as frases de acordo com as instruções.

Now listen and repeat the same sentences in rapid speech:

1. A minh'opinião é igual.
2. Qual é a su'opinião?
3. Tenh'um'irmã chamad'Inês.
4. Há bom relacionament'entr'os padrinhos.
5. Complet'as frases d'acordo com as instruções.

Há and *Faz* with expressions of time

4-39 Há quanto tempo? You will hear a brief description of a boy and his activities. Before listening to the description, look at the chart below. Then, as you listen to the description, put an X in the appropriate column.

	6 MESES	1 ANO	3 ANOS	4 ANOS	8 ANOS
1. Alexandre mora na mesma casa há...					
2. Estuda no Colégio Salesiano faz...					
3. Tem um gato há...					
4. Tem uma bicicleta faz...					

Mais um passo: The preterit tense of regular verbs and of *ir*

4-40 Dois irmãos diferentes. You will hear Alberto talk about himself and his brother Cristiano. Mark the appropriate column(s) to indicate whether the following statements refer to what Alberto, Cristiano, or both did. Read the statements before listening to the passage.

	ALBERTO	CRISTIANO
1. Ontem, dormiu até às sete da manhã.	_____	_____
2. Bebeu apenas um café.	_____	_____
3. Comeu cereal.	_____	_____
4. Tomou café da manhã completo.	_____	_____
5. Saiu de casa com pressa.	_____	_____
6. Tomou um banho bem longo.	_____	_____
7. No último fim de semana, dormiu muito e foi a um café no centro da cidade.	_____	_____

ENCONTROS

4-41 Planos para o Miguel. Listen to the plans of Miguel and his uncle and to the statements that follow. Indicate whether each statement is true or false by checking the appropriate response. Don't worry if you don't understand every word.

	SIM	NÃO
1.	_____	_____
2.	_____	_____
3.	_____	_____
4.	_____	_____
5.	_____	_____

4-42 O que eles querem fazer? Paulo and his sister Sílvia are discussing their family's plans for the weekend. Complete the chart with the information you hear about each family member's preferences.

QUEM?	O QUE ELE/ELA QUER FAZER?
	Quer ir à praia.
Paulo	
Sílvia	
	Quer ler um livro.
os avós	

VÍDEO

Vocabulário útil

antigamente	*formerly, in the past*	parecer-se	*to resemble*
aposentado/a	*retired*	parecido/a	*similar*
o bobó de camarão	*dish made with shrimp, yuka, coconut milk, manioc, and palm oil*	a parteira	*midwife*
		o recasamento	*remarriage*
carente	*destitute*	o sobrinho-neto	*great-nephew*
conviver	*to be familiar/sociable with*	o timbre	*tone*
enfrentar	*to face*	o vatapá	*dish made of*
hoje em dia	*nowadays*		*peanuts or*
a ovelha negra	*black sheep*		*cashews, dried*
o padrão	*model*		*shrimp, fish,*
			coconut milk, and
			palm oil
		a voz	*voice*

4-43 Membros da família. Primeiro passo. In the video, the following people describe their families. Write down the information each person gives about his or her family members.

1. Dona Sônia _____

2. Rogério _____

3. Mariana _____

Segundo passo. Now view this segment again, as many times as needed, and answer the following questions based on the information given by each person. Write complete sentences.

1. Dona Sônia
   a) O marido da Dona Sônia trabalha? _____.

   b) O que o filho dela faz? _____.

   c) Em que dia da semana a família se reúne? _____.

   d) O que eles lêem (*read*) quando estão juntos? _____.

2. Rogério
   a) Rogério nasceu (*was born*) no hospital? _____.

   b) Em que ano ele nasceu? _____.

3. Mariana
   a) Ela mora com a mãe ou com o pai? _____.

   b) Onde o pai mora? _____.

   c) Com quem mora a irmã da Mariana? _____.

   d) O que eles tentam (*try*) fazer nos fins de semana? _____.

Terceiro passo. How does your own family compare to the families of Dona Sônia, Rogério, and Mariana? Use the vocabulary and structures from **Primeiro passo** and **Segundo passo** above, and any other words you like, to describe your family.

_____

_____

_____

_____

_____

4-44 Com quem eles se parecem? Primeiro passo. The following people comment on their resemblance to other members of their family. Write down **V** (**verdadeiro**) or **F** (**falso**) to indicate whether the following statements are true or false.

1. A Sandra se parece com a mãe, em termos genéticos. _____

2. Todas as pessoas na família da Sandra são morenas. _____

3. Sandra é a ovelha negra da família, como ela costuma dizer. _____

4. Mariana é parecida com a mãe, mas só fisicamente. _____

5. As atitudes da Mariana e da mãe são muito parecidas. _____

6. Caio é a cópia da mãe. _____

7. Psicologicamente, Caio se parece muito com o pai. _____

8. O timbre de voz do Caio é parecido com o do pai dele. _____

Nome: _____ **Data:** _____

Segundo passo. How do you compare to other members of your family, both physically and emotionally? Complete the statements below, giving as much information as you can.

Eu sou parecido/a com _____

_____.

Eu não me pareço com _____

_____.

4-45 Famílias típicas no Brasil. The following people comment on what a typical Brazilian family is like. Listen to their statements and fill in the blanks in the paragraphs below.

1. Manuela

   Eu acho que no Brasil não existe uma família _____. Acho que tem uma

   _____ muito grande, em todas as _____. O número de _____

   têm aumentado, então a família pais e _____ já não existe mais de uma forma tão

   _____ em todos os níveis da sociedade ou de uma forma tão certinha. Os casos de

   _____ e _____ são muito freqüentes. Então, o padrão de família acho que

   não existe no Brasil, não.

2. Rogério

   A típica família brasileira é a família _____. Acho que isso é que é _____

   para o brasileiro, é a _____. Apesar de todos os atropelos, todas as _____,

   todos os _____ que o Brasil enfrenta e sempre enfrentou, porque não é novo, acho que a

   _____ sempre foi uma _____ da família brasileira. E principalmente se for

   uma família de _____, pois tudo é motivo para comemorar, tudo é motivo para fazer

   _____ , para fazer vatapá, para fazer bobó de camarão. Tudo é motivo para celebrar.

3. Dona Sônia

   A família _____ brasileira é...hoje uma grande parte dela é mulher _____

   cuidando de _____. A mulher sendo o _____ da família. Pelo menos as

   pessoas que eu _____, são as áreas mais _____ onde eu dou capacitação das

   mulheres; a grande maioria delas, essa é a família brasileira, é a mulher tomando conta da

   _____.

4. E você? Is there a typical family in your country? Relying on the comments made by the interviewees, write three complete sentences addressing this question.

   _____

   _____

   _____

   _____

   _____

4-46 As famílias mudam. Caio and Mariana both express their perceptions of changing roles within the Brazilian family structure. Complete the statements below based on what you hear them say.

1. Caio diz que a principal mudança (a) _____.

   Antigamente, o homem era (*was*) (b) _____. Hoje

   em dia, (c) _____.

2. Mariana diz que antes o pai era (a) _____ e que

   hoje a mãe (b) _____. Muitas vezes,

   (c) _____.

3. E você? Have roles within the family changed in your country? Identify two changes within the family structure that you have noticed or experienced.

   _____

   _____

   _____

   _____

Lição 5 ◆ A casa e os móveis

PRÁTICA

À PRIMEIRA VISTA

5-1 Onde eu ponho? You are helping a friend move into a new apartment. Match the furniture, fixtures, and appliances with the most appropriate part or parts of the house.

MÓVEIS, ACESSÓRIOS E ELETRODOMÉSTICOS

_d_	1. a cama
_a_	2. o sofá
_d_	3. a cômoda
_c_	4. o microondas
_b_	5. a mesa
_e_	6. o chuveiro
_a_	7. o tapete CARPET?
_O_	8. a churrasqueira
_c_	9. a geladeira
_e, o_	10. o espelho

PARTES DA CASA

a. a sala de estar

b. a sala de jantar

c. a cozinha

d. o quarto

e. o banheiro

f. o terraço

5-2 Palavras cruzadas. Complete the crossword puzzle by answering the following clues. You will use words referring to parts of the house, furniture, or appliances.

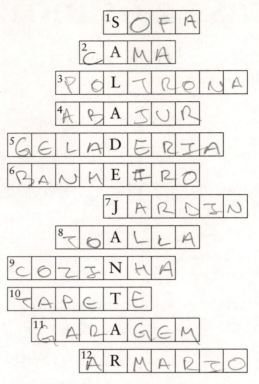

1. É um móvel onde duas ou três pessoas podem sentar (*sit down*).
2. É o móvel principal do quarto.
3. É uma cadeira grande e confortável, geralmente com braços (*arms*).
4. É o acessório que usamos para ler à noite, quando está escuro.
5. É o eletrodoméstico que mantém as comidas frias.
6. É onde tomamos banho.
7. Fica ao ar livre e geralmente tem árvores e flores.
8. É o que usamos depois de tomar banho.
9. Preparamos a comida nesta parte da casa.
10. Geralmente fica no centro da sala de estar, debaixo da mesa.
11. É onde fica o carro.
12. É o lugar onde ficam as roupas.

5-3 Paleta de cores. You are going to paint the walls, windows, trim, etc., of your house, using the colors on the left. What color combinations on the right will produce the colors you have chosen?

b	1. verde	a. vermelho e branco
a	2. rosa	b. amarelo e azul
d	3. cinza	c. vermelho e amarelo
e	4. roxo	d. preto e branco
c	5. laranja	e. azul e vermelho

5-4 Qual é a cor? Answer the questions with the appropriate color(s) for each item.

1. Qual é a cor das cortinas da sua cozinha?
   A COR DAS CORTINAS DE MINHA COZINHA SÃO BRANCAS E AZUIS

2. Qual é a cor da mesa da sala de jantar da sua casa?
   A COR DA MESA DE MINHA SALA DE JANTAR É MARRON

3. Quais são as cores das plantas do jardim da sua casa?
   MEU JARDIM TEM MUITAS PLANTAS. ELE É MULTICOLOR

4. Qual é a cor do sofá da sua casa?
   A COR DE MEU SOFÁ É BRANCO

5. Qual é a cor da sua casa?
   A COR DE MINHA CASA E BRANCA

5-5 O que você deve fazer? Read each situation and then mark the most appropriate reactions to it.

1. Você tem uma viagem muito importante amanhã e quer levar a roupa certa. Quando você vai ao armário pegar a roupa, você nota que está suja. Você deve...

   a. fazer a roupa.   d. lavar a roupa.
   b. comprar a roupa.   e. secar a roupa.
   c. passar a roupa.   f. arrumar a roupa.

2. Você quer vender seu apartamento. Hoje um agente imobiliário vem ver o apartamento que está muito sujo. Você deve...

   a. usar o microondas.   d. pôr a mesa.
   b. jogar o lixo fora.   e. passar a roupa.
   c. cozinhar o jantar.   f. limpar o jardim.

3. Você e uns amigos vão cozinhar e almoçar no jardim da sua casa esta tarde. Você deve...

   a. varrer o terraço.   d. passar a roupa.
   b. limpar a churrasqueira.   e. guardar os pratos.
   c. preparar o jantar.   f. fazer a cama.

5-6 Atividades domésticas. What activities do you associate with these items?

MODELO: a mesa
   pôr a mesa, comer com minha família...

1. a máquina de lavar   LIMPAR A ROPA
2. a máquina de secar   SECAR A ROPA
3. o aspirador   LIMPAR O TAPETE
4. o fogão   CALENTAR SEU CUERPO AO FRENTE DO FOGÃO
5. a geladeira   GUARDAR A COMIDA
6. a máquina de lavar louça   LAVAR LOUÇA
7. a televisão   VER OS PARTIDOS DE FUTBOL
8. o rádio   ESCUTAR AS NOTICIAS
9. o jornal   LER AS NOTICIAS
10. o lixo   TIRAR O LIXO AFORA DA CASA NA LIXEIRA

5-7 Que bagunça! You and your roommate are having friends over tonight. Your apartment is a little messy, but you have to go out. Write your roommate a note telling him or her not to worry (**não se preocupe**) and explaining what chores you will do when you return.

_____

_____

_____

_____

_____

ESTRUTURAS

Síntese gramatical

1. **Present progressive**

eu	estou	falando
você, o sr./a sra., ele/ela	está	comendo
nós	estamos	assistindo
vocês, os srs./as sras., eles/elas	estão	

2. **Expressions with *ter, estar com,* and *ficar com***

    Tenho muito frio (medo, sono, calor).

    Eles estão com pouca (sede, sorte, pressa).

    Ficamos com sono (medo, fome) quando...

3. **Demonstrative adjectives and pronouns**

this	**esta** casa	**este** quadro	these	**estas** casas	**estes** quadros
that	**essa** casa	**esse** quadro	those	**essas** casas	**esses** quadros
(over there)	**aquela** pessoa	**aquele** edifício	(over there)	**aquelas** pessoas	**aqueles** edifícios

4. **Present tense of *dar, ler, ver,* and *vir***

	DAR	LER	VER	VIR
eu	dou	leio	vejo	venho
você, o sr./a sra., ele/ela	dá	lê	vê	vem
nós	damos	lemos	vemos	vimos
vocês, os srs./as sras., eles/elas	dão	lêem	vêem	vêm

5. ***Saber* and *conhecer* (to know)**

	SABER	CONHECER
eu	sei	conheço
você, o sr./a sra., ele/ela	sabe	conhece
nós	sabemos	conhecemos
vocês, os srs./as sras., eles/elas	sabem	conhecem

Present progressive

5-8 O que eles estão fazendo? Based on where the following students are, choose phrases from the list to describe what they are doing right now.

ler um livro	escrever uma composição	falar português
dormir	comprar um dicionário	lavar os pratos
jogar tênis	assistir um filme	estudar álgebra
cantar e dançar	caminhar e conversar	comer hambúrguer

MODELO: Júlio e Maria estão na aula de Inglês.
   Eles estão escrevendo uma composição.

1. Eu estou na livraria.
   EU KOMPRO UM DICIONARIO

2. Nós estamos em casa.
   NOS LAVAMOS OS PRATOS

3. São duas da manhã e Raquel está no quarto dela.
   RAQUEL DORME

4. Estela e Ricardo estão no parque.
   ELES CAMINHAN E CONVERSAM

5. Henrique e eu estamos na aula de Português.
   NOS FALAMOS PORTUGUES

6. Meus amigos estão na discoteca.
   ELES CANTAM E DANCAM

7. Você está na biblioteca.
   VOCÊ LÊ UM LIVRO

8. Ana e Suzana estão numa lanchonete. — SNACK BAR
   ELAS COMEN HAMBÚRGUER

5-9 Associações. Match each situation on the left with the most appropriate action on the right.

	SITUAÇÃO	AÇÃO
f	1. Frederico quer dançar com a namorada dele.	a. Estão limpando a casa.
b	2. Márcia quer alugar uma casa.	b. Está lendo o jornal.
d	3. A professora está com muita sede.	c. Estão jogando bola.
e	4. Susana quer sair com o namorado dela.	d. Está bebendo água.
c	5. Ritinha e Paulinho estão no jardim.	e. Está telefonando para ele.
a	6. Nossos pais têm visitas (*guests*) esta noite.	f. Estão indo a uma discoteca.

5-10 Ao trabalho! It is Saturday morning and this family is very busy. Describe what each person is doing, changing the sentences to the present progressive.

MODELO: Júlia varre o terraço.
Ela está varrendo o terraço.

1. Minha avó prepara o café da manhã.

   ELA ESTÁ PREPARANDO O CAFÉ DA MANHÁ

2. Eu arrumo as camas.

   EU ESTOU ARRUMANDO AS CAMAS

3. Minha irmã mais velha passa o aspirador.

   ELA ESTÁ PASSANDO O ASPIRADOR

4. Minha mãe limpa os banheiros.

   ELA ESTÁ LIMPANDO OS BANHEIROS

5. Meu avô arruma a sala.

   ELE ESTÁ ARRUMANDO A SALA

6. Tomás tira as folhas do jardim.

   ELE ESTÁ TIRANDO AS FOLHAS DO JARDIM

7. Cristina caminha com o cachorro (*dog*).

   ELA ESTÁ CAMINHANDO COM O CACHORRO

8. Meu pai e eu lavamos o terraço.

   NOS ESTAMOS LAVANDO O TERRAÇO

Expressions with *ter*, *estar com*, and *ficar com*   BECOME

5-11 O que eles têm? Como eles estão/ficam? Complete each one of these sentences by circling the correct expression with **ter, estar com,** or **ficar com**.

1. Maria pensa muito antes de dizer as coisas. Por isso sempre…

   a) tem sorte.   b) tem sono.   c) tem razão.

2. Jorge joga tênis todos os sábados de tarde. Depois de jogar, ele toma um suco porque…

   a) fica com frio.   b) fica com medo.   c) fica com sede.

3. Alberto e Cláudia tomam suco e chá no café da manhã e comem salada e frutas no almoço. Agora são cinco da tarde e eles…

   a) estão com fome.   b) estão com pressa.   c) estão com calor.

4. Nós jogamos na loteria e sempre perdemos. Não…   STILL

   a) temos cuidado.   b) temos sorte.   c) temos razão.

5. A aula de Português começa às oito da manhã. São dez para as oito e eu ainda estou no restaurante. Meu amigo Roberto chega e quer conversar, mas eu não posso porque…

   a) estou com frio.   b) estou com pressa.   c) estou com medo.

5-12 Como você reage? Complete the statements, describing in which situations you experience the reactions indicated in parentheses. You may make your statements affirmative or negative and add **muito/a**, **pouco/a**, or **bastante**, as appropriate.

MODELO: Freqüentemente _____ (ter pressa).

Freqüentemente tenho muita pressa antes das aulas.

1. Sempre TENHO MUITO MEDO DOS FILMES _____ (ter medo).

2. Geralmente EU FICO COM FOME DEPOIS DO ALMOÇO (ficar com fome).

3. Neste momento, EU ESTOU COM FRIO _____ (estar com frio).

4. Eu nunca TENHO SONO QUANDO ESTOU TRABALANDO ____ (ter sono).

5. Eu sempre TENHO CUIDADO ____ (ter cuidado) quando ESTOU TRABALANDO
   NA FABRICA _____.

6. Agora ESTOU COM PRESSA (estar com pressa) porque EU TENHO QUE FAZER
   MEUS TAREFAS PRA PROXIMA AULA. _____.

5-13 O intérprete. You are interpreting for some of your friends who are talking to two Brazilian students visiting your school. Translate what you and your friends want to say, using the appropriate expressions with **ter**, **estar com**, or **ficar com**.

1. Alberto is always very lucky.

   ALBERTO SEMPRE TEM SORTE

2. Lisa is in a hurry because her class begins at ten.

   LISA ESTÁ COM PRESSA PORQUE SUA AULAS COMENÇA AS DEZ
   HORAS.

3. We are always very careful on the road (**estrada**).

   NOS TEM MUITO CUIDADO NA ESTRADA.

4. It is one o'clock in the afternoon and the students are hungry and thirsty.

   SÃO UMA HORA DA TARDE E OS ESTUDANTES ESTAM COM FOME
   E SEDE

5. Don't you get hungry when you don't eat lunch?

   VOCE NÃO TEM FOME QUANDO VOCE TOMA O ALMOÇO

6. I'm afraid of the biology professor.

   EU TENHO MEDO DE MEU PROFESSOR DE BIOLOGIA

Demonstrative adjectives and pronouns

5-14 Na livraria. You and your friend are looking at various items in the bookstore. Write the appropriate demonstrative adjective according to each context in the spaces provided.

MODELO: Você está lendo um livro de arte e diz:

Este livro é muito interessante.

1. Você vê um relógio na parede. O vendedor está um pouco longe, mas você vai onde ele está e pergunta a ele:

   Quanto custa ___AQUEL___ relógio? ← FAR

2. O vendedor está com um violão na mão. Você pergunta a ele:

   Quanto custa ___ESSE___ violão?

3. Sua amiga mostra (*shows*) uns CDs de música brasileira e diz a você:

   ___ESTES___ CDs custam vinte dólares.

4. Você vê uns filmes ao lado de onde sua amiga está e diz a ela:

   E ___ESSES___ filmes também custam vinte dólares.

5. Sua amiga vai comprar um mapa que está perto dela para a aula de Geografia. Ela pergunta ao vendedor:

   Quanto custa ___ESSE___ mapa? ← CLOSE

5-15 O que é isto? You see various things in a Brazilian store and you want to find out what they are. Complete the following conversation with the salesman using **isto**, **isso**, or **aquilo**. (The salesman is behind the counter.)

VOCÊ: O que é (1) ___ISSO___ que está aí?

VENDEDOR: (2) ___ISTO___? É uma fitinha do Senhor do Bonfim da Bahia.

VOCÊ: E (3) ___ISSO___ que está lá?

VENDEDOR: (4) ___ISSO___ é um berimbau. É um instrumento musical usado quando os capoeiristas estão jogando.

VOCÊ: E (5) ___AQUILO___ que está atrás do senhor?

VENDEDOR: (6) ___AQUILO___ é uma pequena escultura de pedra sabão.

5-16 Onde a senhora quer os móveis? Your Brazilian neighbor bought a few things for her home. She is telling the delivery man (**entregador**), who also speaks Portuguese, where she wants to put the new furniture. Complete their conversation with demonstrative adjectives and, where needed, with their contractions with prepositions **de** and **em**. Use the correct forms of **este** for the delivery man and the correct forms of **esse** for your neighbor.

ENTREGADOR: Onde a senhora quer (1) _____ espelho?

D. MERCEDES: (2) _____ corredor.

ENTREGADOR: E onde eu ponho o primeiro (3) _____ três abajures?

D. MERCEDES: O primeiro (4) _____ abajures fica aqui e (5) _____ dois vão para o quarto pequeno.

ENTREGADOR: E (6) _____ cadeiras?

D. MERCEDES: (7) _____?

ENTREGADOR: Sim, (8) _____.

D. MERCEDES: Ponha duas (9) _____ quarto e (10) _____ outras na sala de jantar.

Present tense of *dar, ler, ver,* and *vir*

5-17 O dia do aniversário. Today is D. Juliana Melo's birthday and many friends and relatives are coming to dinner and bringing birthday gifts. Using appropriate forms of the verbs **dar** and **vir**, describe when each person comes to D. Juliana's house and what he or she gives for her birthday.

MODELO: a prima Mônica/às 6:30/um álbum de fotografia

A prima Mônica vem às seis e meia; ela dá um álbum de fotografia.

1. o tio Roberto/mais tarde/um tapete persa

   O TIO ROBERTO VEM MAIS TARDE , ELE

2. as sobrinhas Ceci e Lília/às 7:00/CDs de música clássica

   _____

3. Marina e eu/mais cedo/um perfume

   _____

4. você/antes das 7:00/um espelho

   _____

5. as amigas da D. Juliana/depois das 6:00/uma coleção de filmes em DVD

   _____

5-18 O que estas pessoas lêem e vêem? Read about the interests and preferences of the following people. Then complete the statements below; finally, complete and answer the questions about your own reading and viewing preferences.

PESSOAS	PREFERÊNCIAS
minha mãe	política nacional e internacional
Júlia e eu	viajar, seguir as notícias da atualidade
tia Anita	comer e cozinhar
meus primos Paulo e Ricardo	esportes
eu	saber o que fazem meus artistas preferidos, cozinhar

O que eles/elas lêem?

1. Júlia __LÊ__ a revista *Time* todas as semanas.
2. Paulo e Ricardo __LÊEM__ a revista *Sports Illustrated*.
3. Tia Anita e eu __LEMOS__ as receitas culinárias de Emeril Lagasse.
4. Eu a __LEJO__ revista *People*.
5. E o que você _____?

O que eles/elas vêem?

6. Paulo e Ricardo _VÊEM_ jogos de futebol na televisão.

7. Eu _VEJO_ meus artistas preferidos nos concertos e na televisão.

8. Tia Anita _VÊ_ o show de Emeril na televisão.

9. Júlia e eu _VEMOS_ um documentário brasileiro no cinema.

10. E o que você _____?

5-19 Carolina e Hugo se vêem na rua. Carolina and Hugo have not seen each other for a long time. Complete the dialogue using verbs **vir**, **dar**, and **ver**.

HUGO: Oi, Carolina! Tudo bem?

CAROLINA: Tudo bem, Hugo, e você?

HUGO: Estou com saudades de você (*I miss you*)! Eu não (1) _____ você há um século!

CAROLINA: É verdade, nós não nos _____ (2) há muito tempo! Olhe, Hugo. Eu e minha irmã

(3) _____ uma festa para minha mãe hoje à noite. Por que você não (4) _____?

Moro neste edificio em frente.

HUGO: Ah, muito obrigado, mas não vai (5) _____. Hoje à noite minha irmã (6) _____

um concerto de piano na universidade.

CAROLINA: Então, (7) _____ você outro dia!

Saber and *conhecer*

5-20 Sabemos ou conhecemos? Complete each Portuguese sentence with the correct form of **saber** or **conhecer**.

1. Your friend is having car problems and is looking for a repair shop. You know where one is, so you say:

   Eu _SEI_ onde tem uma boa oficina.

2. You tell your cousin that Amélia is a very good dancer:

   Amélia _SABE_ dançar muito bem.

3. Your classmate wants to meet Rodrigo de Freitas. You know Rodrigo, so you say:

   Eu _CONHEÇO_ o Rodrigo. Venha para a minha casa esta noite e aí você vai _____ o rapaz.

4. You are talking to a friend about a hotel with which he is not familiar in his home town. He says:

   Eu não _CONHEÇO_ esse hotel.

5. You tell a classmate about your best friends, who are excellent cooks. You say:

   Eles _SABEM_ cozinhar muito bem.

6. Your friend likes to go to the movies and enjoys good acting. While you are discussing a movie, she asks:

   Você _SABE_ quem são os atores?

5-21 Uma conversa. Complete this conversation with the correct forms of **saber** or **conhecer**.

BEATRIZ: Você (1) _CONHECE_ esse rapaz?

LAURA: Sim, ele se chama Tiago Santos e é muito amigo do meu irmão. Por quê?

BEATRIZ: É muito bonito e...

LAURA: Você quer (2) _CONHECER_ o Tiago, não é?

BEATRIZ: Sim, quero. Você (3) _SABE_ o que ele estuda?

LAURA: Eu (4) _SEI_ que ele estuda Economia. Acho que ele mora perto, mas não tenho certeza.

Quem (5) _CONHECE_ muito bem o Tiago é meu irmão.

BEATRIZ: Olhe, ele está vindo para cá...

LAURA: Fantástico, assim você pode (6) _CONHECER_ o Tiago.

5-22 Qual é o problema? Read the following situations and then write a summary statement for each, using **saber** or **conhecer**.

MODELO: Maria e João têm uns convidados para o jantar de hoje à noite e estão muito preocupados. O arroz não está bem cozido e o frango está sem sal. Decidem comer fora com os seus convidados.
Maria e João não sabem cozinhar.

1. Pedro e Guilherme estão lavando a roupa branca com umas cortinas vermelhas. Eles já não têm roupa branca, a roupa está toda cor-de-rosa!

   _____

2. Na festa, todos os estudantes estão dançando, menos o Alfredo, que está conversando com sua amiga.

   _____

3. São onze da noite e um homem bate à porta da casa da Isabel. Ela olha pela janela, mas não abre a porta.

   _____

4. John Foster entra num restaurante de Campinas, uma cidade do Brasil. Ele pede água ao garçom, mas o garçom não entende o que ele diz.

   _____

5. Seus tios estão em Nova Iorque. Eles têm um mapa, mas estão perdidos (*lost*).

   _____

Mais um passo: Some reflexive verbs

5-23 Uma manhã na vida de Laura. Complete these sentences about Laura's daily activities. Choose the most appropriate verb to complete each one.

olhar-se (*to look at oneself*)   deitar-se   vestir-se   levantar-se   enxugar-se

1. São sete horas da manhã, o despertador toca (*the alarm clock rings*) e Laura _____.

2. Ela vai diretamente para o banheiro onde ela escova os dentes e _____ no espelho .

3. Depois, Laura toma banho e _____. Ela tem uma toalha grande e vermelha.

4. Ela _____ com roupas confortáveis, toma café da manhã e vai para a universidade.

5. À noite, ela geralmente _____ cedo depois de um longo dia de atividades.

5-24 O que você faz? Answer the following questions according to your habits.

1. A que horas você se levanta?

   _____

2. Você se levanta imediatamente?

   _____

3. Você se veste elegantemente todos os dias?

   _____

4. Ao sair da piscina, você se enxuga com uma toalha ou fica no sol?

   _____

Para ler

5-25 Você precisa de dinheiro? This ad encourages people to apply for a loan (**empréstimo**). Read it and then complete each statement, based on the information in the ad.

O que você precisa com urgência?

Um computador potente, uma casa, móveis novos para sua casa, uma jacuzzi para seu banheiro, umas férias, pagar os estudos universitários dos seus filhos…

De quanto você precisa? A quantia não é problema. Podemos dar crédito de até 100 mil reais. Crédito imediato! Evite todos os formulários complicados e difíceis de preencher. O seu empréstimo só requer a sua assinatura.

Como você deseja pagar? A forma de pagamento também não é problema: Você pode pagar o empréstimo em doze meses ou até em cinco anos, em prestações mensais suaves.

No Bancrédito temos a solução para você. Nós podemos realizar os seus sonhos.

Bancrédito, o seu banco amigo.

Bancrédito

1. Quando você precisa de dinheiro, você pode ir ao <u>BANCO</u> .

2. Você pode solicitar crédito para comprar <u>MOVEIS</u> , <u>UMA CASA</u> , <u>VM COMPUTADOR</u> e <u>PARA PAGAR OS ESTUDOS UNIVERSITARIOS DOS SEUS FILHOS</u>

3. O empréstimo pode ser por um máximo de até <u>100 MIL REAIS</u>

4. Você pode pagar o empréstimo em <u>12 MESES</u> ou, no máximo, em <u>5 ANOS</u> .

5. O único requisito para conseguir o empréstimo é _____.

5-26 Primeira exploração. Read the flyer reproduced below and find the following information.

A limpeza da sua casa: um prazer ou uma tortura?

Sem dúvida, limpar a casa pode ser algo agradável ou desagradável, dependendo de quanto você sabe sobre limpeza e de como fazê-la. Vamos dar algumas recomendações de como fazer a limpeza da casa uma tarefa coletiva, fácil e agradável.

Faça tudo com alegria, inclusive a limpeza da sua casa.

- Limpe sua casa ouvindo sua música predileta. A música dá energia e, como resultado, você vai fazer o seu trabalho com alegria. É possível até perder esses quilos indesejáveis. Mova-se, seguindo o ritmo do samba, do forró, do reggae…

Planeje a limpeza da sua casa:

- Determine quando você deseja limpar. Os fins de semana são fantásticos porque toda a família está em casa e pode ajudar na limpeza.

- Decida quem vai limpar o quê. Todos os membros da família podem e devem colaborar. As crianças podem tirar o lixo dos banheiros e guardar as roupas nos armários, etc. Os mais velhos podem varrer, passar o aspirador, pegar a roupa suja e lavá-la. Não se esqueça de regar as plantas, etc. Lembre-se que a limpeza da casa deve ser um trabalho coletivo, não individual.

- Limpe quarto por quarto. É recomendável começar pelos cômodos mais difíceis de limpar, como os banheiros, a cozinha, os quartos das crianças, etc. No início da limpeza, todos têm mais energia; mas no final, quando estão todos cansados, a qualidade do trabalho não é boa. Os cômodos do final podem não ficar muito limpos.

Prepare os produtos de limpeza que vai usar:

- Compre produtos para limpar os cristais, lavar o chão, etc.
- Prepare o aspirador, os sacos de lixo, as esponjas, etc.

1. Indique três recomendações que uma pessoa deve considerar quando deseja limpar a casa.

_____

2. De acordo com o panfleto, quando é melhor limpar a casa? Por quê?

_____

3. Indique que tarefas domésticas as crianças (*children*) podem fazer para ajudar na limpeza da casa.

_____

4. Por que é melhor limpar o banheiro, a cozinha, os quartos das crianças antes (*before*) dos outros cômodos?

_____

5. Quem faz a limpeza da sua casa?

_____

5-27 Segunda exploração. With what nouns in the text above do you associate these verbs?

1. limpar: _____

2. recomendar: _____

3. alegrar: _____

Para escrever

5-28 A planta do apartamento. Draw a floor plan of your parents' house or apartment with the furniture in it.

5-29 O/A decorador/a da família. Preparação. You are a student at A Elegância Institute of Design in São Paulo, Brazil. After a few months of study, you would like to offer your parents some recommendations to remodel and redecorate their house to make it more elegant. Write down some ideas as follows. In one column, write down the areas that need improvement; in the other, a sketchy list of your suggested changes.

Vocabulário útil

a entrada (*entrance*)	a pintura (*paint*)
a saída (*exit*)	as portas antiquadas/em mal estado
a luz (*light*) natural/artificial	as janelas velhas/quebradas (*broken*)
a parede	a posição dos móveis
o piso (*floor*)	Há pouco/muito espaço entre... e...
Precisam de mais/menos...	tirar (*to take away*)

PROBLEMAS COM A CASA

_____
_____
_____
_____
_____
_____

MINHAS SUGESTÕES

_____
_____
_____
_____
_____
_____

5-30 A decoração. Now, write a letter to your parents explaining how they can make their house look bigger, more elegant, and beautiful. Remember to be very explicit so that your parents may follow your suggestions and improve the house.

Querid _____ :

_____

_____

_____

_____

_____

_____

_____

_____

_____

Um abraço a vocês,

Seu filho/Sua filha _____

HORIZONTES

5-31 Indicate if the following statements are true (**verdadeiro**) or false (**falso**) by writing **V** or **F** in the spaces provided, according to the information given in **Horizontes** on pages 216-217. Rewrite the false statements correctly.

1. _____ A região Centro-Oeste ocupa mais de 20% do território brasileiro.

   _____

2. _____ O Centro-Oeste é uma região densamente povoada.

   _____

3. _____ O Pantanal é um santuário ecológico internacional.

   _____

4. _____ A época de muita chuva no Pantanal é de abril a junho.

   _____

5. _____ O Pantanal é um bom lugar para turismo ecológico.

   _____

6. _____ O Cerrado produz carne, feijão, soja, milho e arroz.

   _____

7. _____ Brasília encontra-se perto do litoral.

   _____

8. _____ Brasília, a capital do Brasil, foi inaugurada em 1956.

   _____

9. _____ A arquitetura de Brasília é tradicional e pouco interessante.

   _____

10. _____ O plano de Brasília tem a forma de um avião.

    _____

LABORATÓRIO

À PRIMEIRA VISTA

5-32 A casa da família Pereira. Listen to the description of the Pereira family's house. Then, indicate whether each statement in your book is true or false by marking the appropriate response. Don't worry if you do not understand every word.

	SIM	NÃO
1. A casa da família Pereira é pequena.	_____	_____
2. A casa tem dois andares.	_____	_____
3. O quarto dos pais é no primeiro andar.	_____	_____
4. A cozinha é no andar térreo.	_____	_____
5. Tem apenas (*only*) um banheiro na casa.	_____	_____
6. A casa dos Pereira tem três quartos.	_____	_____

5-33 Em que parte da casa? Listen as the speaker names various pieces of furniture and appliances. Say in what room of the house each is normally found. Pause the recording at the beep to answer at your own pace.

MODELO: You hear: o forno

You say: *O forno está na cozinha.*

5-34 O apartamento de Ana Maria. Ana Maria Henning has just moved into the apartment shown below. Listen to the description, look at the layout, and write the name of each piece of furniture or appliance mentioned in the space provided next to the appropriate room.

Sala de estar

_____

Cozinha

_____

Sala de jantar

_____

Banheiro

_____

Quarto

_____

5-35 Um casamento moderno. Listen as Adriana and Tomás discuss their chores while preparing dinner. Then listen to the statements that follow and indicate in the chart who is doing each chore mentioned.

	1	2	3	4	5	6
ADRIANA						
TOMÁS						

5-36 O que a Sílvia e o Frederico fazem no sábado? Sílvia lives in an apartment and Frederico lives in a dorm. Listen as a friend describes what they do on Saturdays. Complete the chart with the information you hear.

	ATIVIDADES	
HORA	**SÍLVIA**	**FREDERICO**
8:00 a.m.		
9:30 a.m.		
10:30 a.m.		
3:00 p.m.		
5:30 p.m.		
à noite		

5-37 Perguntas pessoais. Answer your sociology instructor's questions about which members of your family do these chores in your home. Pause the recording at the beep to answer at your own pace.

MODELO: You hear: Quem limpa a casa?

You say: *Meu irmão limpa a casa.*

Pronúncia

O acento: palavras proparoxítonas
Most words in Portuguese are stressed on the second-to-last syllable. However, many common words are stressed on the third-to-last syllable. (This is called proparoxytone stress). These words always carry a written accent, either **agudo** (á, ó, etc.) or **circunflexo** (ê, ô, etc.). **Repita as seguintes palavras.**

máquina   **cô**moda   **prá**tica   **ú**nico   **ó**culos   pa**rá**grafo   fe**nô**meno

ESTRUTURAS

Present progressive

5-38 Ana está falando com sua tia. While Roberto is at his friend Ana's home, her aunt calls. Listen to Ana's side of the conversation and indicate what each person mentioned is doing by matching each numbered item in the left-hand column with the appropriate activity on the right.

PESSOA	ATIVIDADE
1. A mãe _____	a. está conversando com um amigo dele.
2. O avô _____	b. está lavando a louça.
3. Ana _____	c. está estudando para um exame.
4. A avó _____	d. está tirando o lixo da cozinha.
5. O pai _____	e. está dormindo em seu quarto.

5-39 Mas hoje não... People tend to be creatures of habit, doing the same things at the same time. But today is different. Explain in Portuguese that today these people aren't doing what they normally do. Pause the recording at the beep to answer at your own pace.

MODELO: Ana Maria sempre caminha de manhã.
> *Mas hoje ela não está caminhando.*

Expressions with *ter, estar com,* and *ficar com*

5-40 Situações. Listen to these descriptions of people in various situations. Say and circle the expression with **estar** that best completes each description.

1. Está com calor.	Está com sono.
2. Está com fome.	Está com frio.
3. Está com sede.	Está com medo.
4. Está com pressa.	Está com calor.
5. Está com sono.	Está com sorte.

5-41 Uma negociação. Cláudia and her boyfriend Marcos have quite different personalities and often find it difficult to agree on things initially. Listen to the following dialogue between them. Then, determine whether the statements you will hear following the dialogue are true or false by putting an X in the appropriate column.

	VERDADEIRO	FALSO
1.	_____	_____
2.	_____	_____
3.	_____	_____
4.	_____	_____
5.	_____	_____

5-42 Perguntas pessoais. Answer the five questions you will hear according to your own experience. Pause the recording at the beep to answer at your own pace.

Os sons do c e do ç

The Brazilian Portuguese **c**—before a consonant or before the vowels **a**, **o**, and **u** —is pronounced like the English *k* in *key* but without the puff of air. **Repita as seguintes palavras.**

descrições   microondas   casa   escada   secar   cozinha

The Portuguese **c** before the vowels **e** and **i** has a sound similar to the English *c* in *city*. **Repita as seguintes palavras.**

centro   aceitar   acessório   acontecer   condicionado   piscina

The Portuguese letter **ç** (**c** cedilha) appears only before the vowels **a**, **o**, and **u** and is pronounced like the English *s* in *set* or *c* in *city*. The **ç** is never found at the beginning of a word. **Repita as seguintes palavras.**

Açores   almoçar   avançado   lençol   açúcar   terraço   decoração

Demonstrative adjectives and pronouns

5-43 Perto ou longe? You hear the following comments at a furniture store. Indicate with an X in the appropriate row of the chart whether the objects and persons mentioned are next to the speaker (**ao lado**), a short distance from the speaker (**perto**), or relatively far from the speaker (**longe**).

MODELO: You hear: Este espelho é muito pequeno para o banheiro.

*(You would put an X in the row labeled **ao lado**.)*

	1	2	3	4	5	6
ao lado						
perto						
longe						

5-44 Um amigo me pergunta. Answer a friend's questions using the cues below and the appropriate form of **este**, according to the model. Pause the recording at the beep to answer at your own pace.

MODELO: You hear: O que você prefere?

You see: livro

You say: *Prefiro este livro.*

1. revista
2. microondas
3. cortinas
4. quadro
5. toalhas

5-45 Perguntas do amigo. You are helping out a friend who is new to the area. Answer his questions using contractions of **em** with **esse/essa/esses/essas** and the cues provided. Pause the recording at the beep to answer at your own pace.

MODELO: You hear: Onde Alfredo mora?

You see: casa

You say: *Nessa casa*.

1. escritório
2. café
3. livraria
4. parque
5. edifícios

5-46 Gosto daquela. Answer a friend's questions about your preferences, using contractions of **de** with the correct form of **aquele**. Pause the recording at the beep to answer at your own pace.

MODELO: Você gosta deste computador ou desse?

Gosto daquele.

Present tense of *dar, ler, ver,* and *vir*

5-47 Duas amigas em Nova Iorque. Tereza is a Brazilian living in New York and her friend Marta comes from Brazil every summer for a visit. Listen to Tereza's description of what she and Marta do in New York in summertime (**verão**). Next, you will hear several statements about their activities. Mark an X in the appropriate column to indicate whether each statement is true or false.

VERDADEIRO	FALSO
1. _____	_____
2. _____	_____
3. _____	_____
4. _____	_____
5. _____	_____
6. _____	_____
7. _____	_____

Saber and *conhecer*

5-48 Procurando trabalho. Your friend Roberto is applying for a summer job. First, look at the chart below; then, listen to Roberto's conversation with a prospective employer. Mark the verb that best completes each statement in the chart based on what you hear. Do not worry if you do not understand every word.

	CONHECE	SABE	
1.	_____	_____	usar computadores
2.	_____	_____	o professor Macedo
3.	_____	_____	espanhol, inglês e francês
4.	_____	_____	que tem que trabalhar 40 horas por semana
5.	_____	_____	vários estudantes

5-49 Conheço o Mário Pereira. Use **saber** or **conhecer** and the cues you will hear to tell what you know about Mário, a new Brazilian student. Pause the recording at the beep to answer at your own pace.

MODELO: You hear: Mário Pereira

You say: *Conheço Mário Pereira.*

You hear: onde ele mora

You say: *Sei onde ele mora.*

Pronúncia

O som do q

The letter **q** in Portuguese is always followed by **u**. The combination **qu** before **a** or **o** has a sound similar to the English words *quartz* or *quota*. **Repita as seguintes palavras.**

quarto   **qu**adro   **qu**alquer   **qu**arenta   en**qu**anto   **qu**otidiano

In most cases, when the combination **qu** is followed by **e** or **i**, the **u** is not pronounced. **Repita as seguintes palavras.**

quente   a**qu**ecimento   **qu**into   a**qu**i   má**qu**ina   ar**qu**itetura

In some Portuguese words, the combination **qu** followed by **e** or **i** is pronounced similarly to the English *qu* in *question* or *quick*. In Brazilian Portuguese, this pronunciation is signaled by an umlaut (**trema**) over the letter u (**ü**). **Repita as seguintes palavras.**

fre**qü**ente   conse**qü**entemente   cin**qü**enta   tran**qü**ilo   e**qü**ino

Mais um passo: Some reflexive verbs

5-50 Dois irmãos diferentes. You will hear Miguel talk about himself and his brother Alfredo. Mark the appropriate column(s) to indicate whether the following statements refer to Miguel, to Alfredo, or to both. Read the statements before listening to the passage. Do not worry if you do not understand every word.

	MIGUEL	ALFREDO
1. Sempre se levanta às sete da manhã durante a semana.	_____	_____
2. Nos fins de semana, sempre vai para a cama muito tarde.	_____	_____
3. Nos dias de semana, ele se veste rapidamente.	_____	_____
4. Ele se veste devagar aos sábados e domingos de manhã.	_____	_____
5. Ele se levanta tarde todos os dias.	_____	_____

5-51 De manhã. Based on the names you see and the times you hear, state when each of the following people gets up. Pause the recording at the beep to answer at your own pace.

MODELO: You see: Daniel

You hear: sete

You say: *Daniel se levanta às sete.*

1. Alice
2. você
3. eu
4. meu pai

ENCONTROS

5-52 Uma reunião de família. Your neighbors, the Soares family, are busy getting ready for a family reunion. Listen to what they are doing and to the statements that follow. Then indicate whether each statement is true or false by putting an **X** in the appropriate column. Do not worry if you do not understand every word.

VERDADEIRO	FALSO
1. _____	_____
2. _____	_____
3. _____	_____
4. _____	_____
5. _____	_____

VÍDEO

Vocabulário útil

aconchegante	cozy, comfortable	a faxineira	cleaning woman
a área	laundry/utility room	humilde	humble, working-class
o ateliê	studio, workshop	ocioso/a	not being used, idle
botar	to put	a passadeira	ironing woman
a briga	quarrel, fight	o terreno	property, piece of land
em obras	under construction	tirar pó	to dust
a faxina	housework	a vila	residential area

5-53 Onde você mora? Primeiro passo. Carlos, Mônica, and Daniel state the name of the part of town (**bairro**) in which they live in the city of Rio de Janeiro. Listen to them and find the names of their neighborhoods in the diagram of scrambled letters below. The names can be read diagonally, from left to right, and from right to left.

```
J H F O N V I O W S C L W Q J D E X Z O P Y D T Y G C X W U
V G R J D D Y F V C M U T S W P L B U I O J T C X Z J T W Q L
U T L D S A J I R V C M I O G T M E T R O P O L I T A N O R F
B T D C X I T G E A L R V X Y D Z P L U V D S K Y A M N O C E
B H Y S W I V N H Z X Q L K E R H C A U D L O M A V T E L S W
I T F A Z P O L A Y U B E Q G F V X H T L H E Y G T A O J Q U E
G V C E O T Y M C A E Y F J V N A M E N A P I H V K J U D S P
A Y E H O J D Y G N A N L P U C D V Z Y K W E D O F T B E A P
Y F V C I M A B J E E O T S A L M U V R X G Y F E D L U H A Z O B
T D A J T F N K I M D T S A K Y D C B O U T H Q U L D P B
```

Segundo passo. E você? Write down where you live; identify your country, state or province, city, and neighborhood.

_____

_____

5-54 Descrições. Primeiro passo. Listen to the following people talking about their houses or apartments and identify the correct descriptions.

1. Carlos tem uma casa...
   a. com cinco quartos.
   b. com uma sala ampla.
   c. em obras.
   d. de três andares.

2. Mônica tem um apartamento...
   a. de dois quartos.
   b. aconchegante.
   c. longe de tudo.
   d. perto da praia.

3. Daniel mora em uma casa...
   a. de três andares.
   b. com três quartos.
   c. com salas pequenas.
   d. de dois andares.

4. Dona Sônia tem uma casa...
   a. de três quartos.
   b. com uma sala que é o ateliê dela.
   c. de dois andares.
   d. em obras.

Segundo passo. Now watch the same segment again, as many times as you need to, and describe the dwellings of Mônica, D. Sônia, and Daniel as if you were writing an ad to sell or rent each house or apartment. Then describe your own dwelling in the same way, but giving as much detail as you can.

1. Mônica

_____

_____

2. Daniel

_____

_____

3. Dona Sônia

_____

_____

4. você

_____

_____

_____

5-55 Tarefas domésticas. The following people are talking about housework. Circle **V** or **F** (**verdadeiro** or **falso**) to indicate which of the statements below are true and which are false.

1. Rogério e o seu companheiro
   a. Eles têm uma faxineira que arruma a casa.   V   F
   b. Rogério tem uma passadeira.   V   F
   c. Eles não arrumam as camas.   V   F
   d. Eles cozinham eles mesmos.   V   F

2. Mônica e sua mãe e irmã
   a. Mônica adora arrumar a casa.   V   F
   b. Ela é uma excelente dona de casa.   V   F
   c. Dividem as tarefas da casa.   V   F
   d. É a Mônica que lava a roupa.   V   F
   e. Mônica varre e tira pó.   V   F
   f. Elas têm uma faxineira que arruma a casa e passa a roupa.   V   F
   g. Todo mundo (*everybody*) gosta de passar roupa.   V   F

3. Dona Sônia e a família dela
   a. D. Sônia tem a ajuda do marido.   V   F
   b. O marido e o filho cozinham.   V   F
   c. Eles têm uma faxineira.   V   F
   d. O marido nunca lava a louça.   V   F
   e. O filho gosta de lavar a louça.   V   F

5-56 E você? How do you and people you live with handle household chores? Using the vocabulary and structures from activity **5-55** above and any other words you may need, write five sentences describing how you and the members of your family or your housemates deal with domestic responsibilities.

_____

_____

_____

_____

_____

_____

_____

Lição 6 ◆ A roupa e as compras

PRÁTICA

À PRIMEIRA VISTA

6-1 Associações. Match the articles of clothing that normally go together.

1. _____ abrigo
2. _____ camisa
3. _____ meias
4. _____ camiseta
5. _____ blusa

a. saia
b. tênis
c. gravata
d. sapatos
e. calças jeans

6-2 A roupa e os lugares. What articles of clothing would each person wear to the places named?

MODELO: Carlos está na Disneylândia, em Orlando.
   Carlos usa tênis, jeans e uma camiseta.

1. Minha irmã está em um restaurante muito elegante.

   _____

2. José e Gabriela vão a um concerto de música clássica.

   _____

3. Estou na universidade.

   _____

4. Pedro Henrique está no Pólo Norte.

   _____

5. Meus amigos estão numa praia do Nordeste do Brasil.

   _____

6-3 Numa boutique. What would you say to the salesperson in a store in each of the following situations?

1. You are trying on a pair of jeans but they are too big.
   a) Este tamanho está perfeito para mim.
   b) Estas calças estão largas.
   c) Estas calças são muito confortáveis.

2. You bought a blouse yesterday but now you decide that you don't like the fabric.
   a) Está muito grande para mim.
   b) Quero trocar esta blusa.
   c) Gosto muito da cor.

3. You would like to try on a pantsuit.
   a) Quero trocar este terninho.
   b) Quero experimentar este terninho.
   c) Quero comprar este terninho.

4. You are looking for a long cotton skirt.
   a) Quero uma saia curta de seda.
   b) Preciso de uma saia longa de lã.
   c) Procuro uma saia comprida, de algodão.

5. You want to pay in cash.
   a) Vou pagar com cheque.
   b) Vou usar um cartão de crédito.
   c) Vou pagar em dinheiro.

ESTRUTURAS

Síntese gramatical

1. **Preterit tense of regular verbs**

	FALAR	COMER	ASSISTIR
eu	falei	comi	assisti
você, o sr./a sra., ele/ela	falou	comeu	assistiu
nós	falamos	comemos	assistimos
vocês, os srs./as sras., eles/elas	falaram	comeram	assistiram

   Spelling changes in the *eu* form:

	FICAR	CHEGAR	DANÇAR
eu	fiquei	cheguei	dancei

2. **Preterit of *ir* and *ser***

eu	fui	nós		fomos
você, o sr./a sra., ele/ela	foi	vocês, os srs./as sras., eles/elas		foram

3. **Direct object nouns and pronouns**

me	me	nos	us
você, te	you (singular, informal)	vocês	you (plural, informal)
o/a senhor/a	you (singular, formal)	os/as senhores/as	you (plural, formal)
o	him, it (masculine)	os	them (masculine or mixed)
a	her, it (feminine)	as	them (feminine)

4. **Interrogative expressions ("tags")**

Vocês ficam em casa, **não é?**   Ela vai com a gente, **não vai?**   Vamos jantar às sete, **tá?**

Que situação, **hein?**   Você não pode dizer isso, **viu?**

6-4 O que fizeram estas pessoas? Circle the most logical way to complete the sentence for each situation.

1. Em um restaurante em Salvador, Sara e César...
   a) assistiram a um programa de TV.
   b) compraram toalhas e um abajur.
   c) pagaram R$50,00 por um jantar delicioso.

2. Depois de um dia de muita atividade, Mário...
   a) voltou ao hotel para descansar.
   b) tomou café da manhã em casa.
   c) correu na praia às sete da manhã.

3. Antes de viajar para o Brasil, eu...
   a) comprei muita comida no supermercado.
   b) estudei o mapa do país cuidadosamente.
   c) joguei futebol na praia.

4. Ontem na praia nós...
   a) lavamos frutas e verduras.
   b) nadamos no mar.
   c) assistimos televisão.

5. Na noite passada, você...
   a) usou um vestido muito elegante.
   b) recebeu uma carta de seu amigo Fernando ao meio-dia.
   c) almoçou com amigos.

6. Ontem na biblioteca, vocês...
   a) jantaram com amigos.
   b) estudaram para o teste de História.
   c) experimentaram roupas novas.

6-5 Um dia em Miami Beach. Last month, you and some friends went to Miami Beach. Using the following cues, write about what you did.

MODELO: eu/caminhar na praia de manhã
Eu caminhei na praia de manhã.

1. nós/chegar ao hotel de manhã

   _____

2. Alice e Sônia/comprar roupas de banho na loja do hotel

   _____

3. Diogo/beber um suco no bar Copacabana

   _____

4. você e eu/comer feijoada no restaurante ao lado do hotel

   _____

5. Mary/usar um biquíni brasileiro na praia

   _____

6. todos nós/jogar futebol na praia

   _____

6-6 O dia de ontem. Write about what you and your friends did yesterday. Combine elements from the chart and add other phrases of your own.

PESSOAS	ATIVIDADES	QUANDO/ONDE
eu	preparar o jantar	de manhã
você	comprar uma roupa nova	à noite
meu amigo e eu	vestir roupas confortáveis	durante o dia
minhas amigas	escrever e-mails	em casa
nós	dormir	no shopping

MODELO: *Eu comprei uma gravata no shopping.*

1. _____
2. _____
3. _____
4. _____
5. _____

6-7 Opinião. You and some friends went to a fundraiser fashion design show at your school and are exchanging your reactions to the models' clothes and accessories.

MODELO: roupa informal/Marisa

Adorei a roupa informal de Marisa.

Não gostei da roupa informal de Marisa.

1. o maiô/Ivete

   _____

2. o terno/Carlos

   _____

3. o vestido de festa/Irene

   _____

4. os brincos e as pulseiras/Nelly

   _____

5. o calção/Raimundo

   _____

6-8 A quem pertence? Ellen went to Brazil where she bought souvenirs for her family and friends. Look at the chart below and guess for whom each gift was intended. Write complete sentences using the verbs **receber** and **comprar**.

MODELO: *A irmã da Ellen ganhou uma blusa de seda.*   or

   Ellen comprou uma blusa de seda para a irmã dela.

o namorado da Ellen	um cachecol verde e amarelo
Mirella e Vanessa	um colar de ametista
a mãe da Ellen	dois pares de brincos
o irmão da Ellen	dois vestidinhos cor-de-rosa
o pai da Ellen	uma gravata de seda
as priminhas da Ellen	uma camiseta da seleção brasileira de futebol

1. _____
2. _____
3. _____
4. _____
5. _____
6. _____

6-9 Curioso! You went to a party yesterday and now your friend Tomás wants to know some details. Answer Tomás's questions:

1. A que horas você chegou na festa?

   _____

2. Quanto tempo você ficou lá?

   _____

3. Com quem você dançou na festa?

   _____

4. Você jogou algum jogo na festa?

   _____

5. Você tocou violão na festa?

   _____

Preterit of *ir* and *ser*

6-10 Ir ou ser? Which verb is being used? First fill in the blanks in the sentences below with correct forms of **ir** or **ser**. Then, let the context help you decide which verb is being used and write **ir** or **ser** in front of each sentence.

1. _____ Que dia _____ ontem?

2. _____ As meninas _____ ao shopping.

3. _____ Eu _____ a Recife no ano passado.

4. _____ Clodovil _____ um grande estilista da moda brasileira.

5. _____ Você _____ ao desfile do Fashion Show no Rio este ano?

6. _____ Miriam e eu _____ vendedoras da loja Garota de Ipanema no último Natal.

6-11 Uma viagem à Ilha do Mel. Last year you joined a group of environmentalists who visited Ilha do Mel, in Paraná. Complete the story by writing correct preterit form of the verbs **ir** or **ser** in the blanks.

No ano passado, nosso grupo (1) _____ para o Paraná para conhecer a Ilha do Mel. Primeiro,

nós (2) _____ a Curitiba e visitamos muitos parques. A visita a Curitiba (3) _____ muito

interessante. Depois, dirigimos para o litoral. Um morador local (4) _____ o nosso guia. A Ilha do Mel

(5) _____ e continua sendo um paraíso para os mochileiros (*backpackers*). É um paraíso ecológico, com

águas cristalinas e a Mata Atlântica preservada. Vocês já (6) _____ à Ilha do Mel?

Direct object pronouns

6-12 Ajudando uma amiga. Your friend Maria Helena is not feeling well. Write down the chores you did for her. Use direct pronouns in your statements.

MODELO: lavar a roupa

Eu a lavei.

1. arrumar a casa

   _____

2. varrer as escadas

   _____

3. comprar a comida

   _____

4. devolver (*to return*) os livros à biblioteca

   _____

5. servir o jantar

   _____

6-13 Melissa trabalhou muito! Your roommate Melissa is very tired today because she had a long day yesterday in the store where she works. A friend is asking you what Melissa did. Write down your replies to her questions about Melissa's chores.

MODELO: Ela abriu a loja às nove horas?

Sim, ela a abriu às nove. ou

Não, ela não a abriu às nove; abriu às oito.

1. Ela mostrou todos os vestidos caros para as clientes?

   _____

2. Ela vendeu todas as camisetas em promoção?

   _____

3. Ela levou a saia nova para a vitrine?

   _____

4. Ela vendeu o vestido de $2.000?

   _____

5. Ela organizou as roupas da vitrine?

   _____

6. Ela fechou (*closed*) a loja às sete?

   _____

6-14 A telenovela. Complete the following script of a phone conversation between two characters in a Brazilian soap opera with appropriate direct object pronouns.

WANDER: Sônia, você (1) _____ ama, realmente?

SÔNIA: Sim, Wander, eu amo (2) _____ muito, de todo o meu coração!

WANDER: E eu (3) _____ quero como não quero mais ninguém neste mundo!

SÔNIA: Então venha (4) _____ ver, Wander, venha já!

WANDER: Agora não posso, meu amor, tenho que fazer compras com minha mãe. Eu (5) _____ conheço, ela não vai perdoar (*forgive*) (6) _____ se eu faltar ao compromisso!

SÔNIA: Eu (7) _____ espero então depois que você voltar das compras.

WANDER: Sim, meu bem, vejo (8) _____ esta noite, sem falta!

SÔNIA: Wander, diga outra vez que você (9) _____ ama...

WANDER: Eu (10) _____ amo tanto, meu bem! Um grande beijo para você!

6-15 O novo trabalho de Denise. It is Denise's first day of work in an elegant clothing store. Using the verbs given in parentheses, complete her conversation with a client with appropriate combinations of verbs and direct object pronouns.

MODELO: Não gosto deste vestido; quero _____ (trocar).
Não gosto deste vestido; quero trocá-lo.

DENISE: Boa-tarde, senhora. Em que posso (1) _____ (servir)?

CLIENTE: Boa-tarde. Gosto daquele vestido verde da vitrine; quero (2) _____ (ver). Você tem o número 46?

DENISE: Sim, senhora. Nós o temos. Vou (3) _____ (trazer) para a senhora. Aqui está. A senhora quer (4) _____ (experimentar) agora ou quer ver outros vestidos?

CLIENTE: Sim, por favor, queria ver outros vestidos; você pode (5) _____ (trazer) para mim?

DENISE: Pois não.

(cinco minutos mais tarde)

CLIENTE: Obrigada, estes vestidos já chegam (*are enough*). Quero (6) _____ (experimentar) agora.

(meia hora mais tarde)

CLIENTE: Gostei deste vestido azul. Vou (7) _____ (levar) e vou (8) _____ (vestir) amanhã à noite.

DENISE: A senhora tem bom gosto! Gostei de (9) _____ (ver) com este vestido.

Interrogative expressions: tags

6-16 Certeza! Match each sentence in the left column with an appropriate question tag in the right column. In many cases, there will be more than one possibility.

1. Você foi ao cinema, _____?
2. Você vai comigo, _____?
3. Que confusão que está aqui, _____?
4. Vou passar pela sua casa às sete, _____?
5. Você decide o que é melhor, _____?
6. Você sabe do que estou falando, _____?
7. Vocês compraram o livro, _____?

a. hein
b. tá
c. não vai
d. né
e. viu

Mais um passo: Some more uses of por and para

6-17 Por ou para? Complete the following account of Luíza's experience, using the prepositions **por** or **para**.

Hoje, passando pelo centro da cidade, Luíza viu um casaco muito legal, mas não o comprou (1) _____

falta (*lack*) de tempo. Amanhã, ela quer voltar à loja (2) _____ comprar o casaco. A vendedora da loja

já reservou o casaco _____ (3) Luíza. Luíza vai estudar nos Estados Unidos e precisa do casaco

(4) _____ o frio de Wisconsin. Para ir à loja, ela vai caminhar (5) _____ uma rua cheia de lojas e

restaurantes.

6-18 Intenções. Complete the sentences below using **por, porque,** or **para** according to the intended meaning indicated in parentheses.

MODELO: Esta bolsa é _____ minha amiga (to give to her)
  Esta bolsa é para minha amiga.
  Dou esta bolsa a ela _____ gostar muito dela. (reason)
  Dou esta bolsa a ela por gostar muito dela.
  Dou esta bolsa a ela _____ gosto muito dela. (reason)
  Dou esta bolsa a ela porque gosto muito dela.

1. Comprei uma pulseira _____ Nilma, a namorada do meu irmão. (as a gift for her)

2. Infelizmente, vou ter que devolver (*return*) a pulseira _____ Nilma não gostou dela. (reason)

3. Ela não gostou da pulseira _____ ser extravagante demais. (reason)

4. Meu irmão gosta da Nilma _____ ela é muito inteligente e bonita. (reason)

5. Ele diz que ela tem ótimo gosto e que nada é bom demais _____ ela. (to give her/do for her)

6. Eu acho que meu irmão diz isso _____ amor e que Nilma não é nada perfeita. (reason)

ENCONTROS

Para ler

6-19 Roupas e acessórios. Fill in the chart based on what clothes and accessories you would wear for each of the following activities.

LUGAR E ATIVIDADE	ROUPA	ACESSÓRIOS
1. para estudar na biblioteca		
2. uma festa na universidade		
3. uma entrevista de trabalho		
4. uma comemoração do dia 4 de julho		
5. um dia na praia		

6-20 À noite. Read the article below about evening accessories and then complete the activities that follow.

MODA

Em geral, têm diversas formas e cores e são de uma grande variedade de materiais. Sem dúvida, são imprescindíveis. Podem ser exóticos, simples e elegantes. São definitivamente nossos amigos inseparáveis: os acessórios. Um complemento obrigatório para a mulher que deseja sentir-se elegante e interessante!

São ideais para todo tipo de vestuário e podem transformar uma mulher simples no centro das atenções em um acontecimento social. Um vestido simples, mas elegante, brincos pequenos ou grandes, um colar de pérolas cultivadas ou de bijuteria fina e uma pulseira do mesmo estilo podem causar uma impressão inesquecível entre os convidados.

Mas, cuidado! Cada transformação feminina, pequena ou grande, deve ser acompanhada do acessório adequado para a ocasião.

Não se esqueça de que o grau de formalidade de um evento determina a roupa e os acessórios que devemos usar. Para uma festa no seu trabalho, é recomendável fazer mudanças mais discretas, como usar um batom mais forte e brincos diferentes dos que usamos diariamente ou usar sapatos de saltos mais altos do que normalmente usamos. Um convite para um piquenique, por outro lado, exige roupas mais informais e menos acessórios.

Mas, para uma festa de Natal ou de Ano Novo, devemos abrir as portas de nosso armário: é a hora de usar bolsas elegantes e brilhantes, roupas finas, sapatos modernos e, é claro, acessórios extravagantes e irresistíveis, acompanhados de um toque de maquiagem exótica.

Verdadeiro ou falso. Based on the information and opinions expressed in the article, indicate whether each statement is true (**verdadeiro**) or false (**falso**) by writing **V** or **F** in the spaces below.

1. _____ Os acessórios são pouco variados.

2. _____ Para ficar elegante, uma mulher deve usar acessórios.

3. _____ Um colar de pérolas cultivadas ou de bijuteria pode causar uma boa impressão nas pessoas que o vêem.

4. _____ Para uma festa do seu escritório, é preferível não usar muitos acessórios.

5. _____ Um vestido de lantejoulas (*sequins*) é um acessório.

6-21 Para completar. Choose the best answer, based on the information in the article.

1. Os acessórios são...
   a) grandes.
   b) indispensáveis.
   c) insignificantes.

2. Segundo o anúncio, em uma ocasião mais formal, é bom...
   a) usar a mesma roupa que usamos diariamente.
   b) usar algo bastante exótico.
   c) mudar um pouco a roupa e os acessórios que usamos.

3. Para ir a um piquenique, por exemplo, uma mulher deve usar...
   a) sapatos de salto alto.
   b) calça jeans.
   c) um vestido com lantejoulas.

4. Para as festas de fim-de-ano, as mulheres devem...
   a) usar roupas menos extravagantes.
   b) escolher uma roupa mais velha e mais simples.
   c) usar uma roupa elegante e formal, acompanhada de acessórios apropriados.

5. Os acessórios mais apropriados para uma ocasião formal são...
   a) um colar de pérolas cultivadas e brincos pequenos.
   b) um colar de pérolas de bijuteria e uma pulseira do mesmo estilo.
   c) calças compridas pretas e sapatos da mesma cor.

6-22 A roupa adequada. Look at the article again and identify the three types of social situations that people mentioned in the article may attend. Then indicate which of the following people is most likely attending which event.

1. _____ Carolina usa um vestido preto, sapatos de salto alto, brincos de ouro com pérolas pequenas e um colar de pérolas cultivadas. Está maquiada e usa um batom de cor suave.

2. _____ Paulo veste um terno cinza escuro e uma gravata colorida. Ele também usa um brinco e um relógio de ouro. No bolso da frente do paletó tem um lencinho que combina com a gravata.

3. _____ Raquel usa um suéter café, calça jeans e botas de couro. Na orelha direita ela usa um brinco com a forma de um pequeno sol. Na orelha esquerda ela usa um brinco em forma de lua. Ela usa uma maquiagem leve e rímel nos cílios.

Para escrever

6-23 Uma experiência inesquecível. It is graduation time and a reporter for the campus newspaper is interviewing you about the most memorable experience (positive or negative) you had during the school years. Answer her questions in detail and add any information that could help develop the story.

1. Quando ocorreu esta experiência? Em que semestre? Em que ano?

   _____

   _____

2. Esta experiência ocorreu durante o período de aulas ou de férias? Onde? Em que circunstâncias isso ocorreu? Quem presenciou (*witnessed*) esse evento?

   _____

   _____

3. O que aconteceu primeiro? E depois?

   _____

   _____

4. O que você fez (*did*)?

   _____

   _____

5. Como terminou esta experiência? O que você aprendeu com ela?

   _____

   _____

6-24 O escritor. Now that you have recalled the details of your most memorable college experience, assume the role of the reporter and write an article for the newspaper about your experience.

_____

_____

_____

_____

_____

_____

_____

_____

_____

_____

_____

_____

_____

_____

_____

6-25 Lisboa, a capital de Portugal. Indicate if the following statements are true (**verdadeiro**) or false (**falso**) by writing **V** or **F** in the spaces provided, according to the information given in **Horizontes** on pages 250–251. Correct the statements that are false.

1. _____ Lisboa é uma cidade muito antiga.
   _____

2. _____ Lisboa é uma cidade situada no interior do país.
   _____

3. _____ A Biblioteca Nacional de Portugal se encontra na cidade do Porto.
   _____

4. _____ Santo Antônio é o santo padroeiro de Lisboa.
   _____

5. _____ Para a festa de Santo Antônio, os lisboetas ficam em casa.
   _____

6. _____ Alfama e o Bairro Alto são dois bairros tradicionais de Lisboa.
   _____

7. _____ Mariza é uma cantora de fado reconhecida internacionalmente.
   _____

8. _____ O Centro Cultural de Belém ocupa um edifício antigo.
   _____

9. _____ A área urbana ao longo do rio Tejo não está desenvolvida.
   _____

10. _____ Lisboa é uma cidade muito diversificada etnicamente.
    _____

LABORATÓRIO

À PRIMEIRA VISTA

6-26 Que roupa eles/elas compraram? Listen to four descriptions of people buying clothes in a department store and circle the letters corresponding to the articles of clothing each person bought.

1. a.   b.   c.   d.

2. a.

b.

c.

d.

3. a.

b.

c.

d.

4. a.

b.

c.

d.

6-27 Que roupa eles/elas usam? As you listen to these descriptions of three people, check off the items each person is wearing.

1. Roberto _____ suéter   _____ camisa   _____ roupa de banho
   _____ terno azul   _____ abrigo   _____ sapatos pretos
   _____ meias   _____ capa de chuva   _____ gravata listrada

2. Sandra _____ blusa   _____ camiseta   _____ cinto
   _____ chapéu   _____ saia   _____ biquíni
   _____ sombrinha   _____ sandálias   _____ tênis

3. Susana _____ saia   _____ vestido   _____ camiseta
   _____ blusa   _____ casaco   _____ abrigo
   _____ cinto   _____ bolsa   _____ sapatos

6-28 Roupa para as férias. The speaker is helping you decide what to buy for a vacation in the mountains. Answer her questions according to each picture. Pause the recording at the beep to answer at your own pace.

MODELO: O que você precisa para o frio?

Preciso de um suéter.

6-29 Uma conversa ao telefone. Read the statements in your workbook and then listen to the conversation. Then indicate whether the statements are true or false by checking **Verdadeiro** or **Falso**.

	VERDADEIRO	FALSO
1. Paula chama Lívia para sair.	_____	_____
2. Paula quer ir ao cinema esta tarde.	_____	_____
3. Tem uma liquidação (*clearance*) especial no shopping.	_____	_____
4. Paula quer comprar um presente para uma amiga.	_____	_____
5. Paula e Lívia vão sair às quatro da tarde.	_____	_____

Pronúncia

O acento: palavras paroxítonas

Most words in Portuguese are stressed on the second-to-last syllable. (This is called paroxytone stress). Normally, these words are not written with an accent mark, but there are several exceptions to this rule. For example, all paroxytone words ending in a diphthong (**io, ia, ua,** etc.) are written with an accent mark. **Repita as seguintes palavras.**

rádio   próprio   água   edifício   sandália   armário

Paroxytone words ending in **l, n, r,** or **x** also carry an accent mark. **Repita as seguintes palavras.**

fácil   hífen   possível   açúcar   amável   tórax

ESTRUTURAS

Preterit tense of regular verbs

6-30 Férias na praia. A friend is telling you about a decision her relatives made while on vacation in Brazil. Read the statements in your workbook before listening to the story. Then indicate whether the statements are true or false by checking **Verdadeiro** or **Falso**.

	VERDADEIRO	FALSO
1. Os tios passaram as férias em Santa Catarina.	_____	_____
2. Tio Geraldo comprou uma sunga (*speedo*) no shopping.	_____	_____
3. Tia Glória nadou na piscina do hotel.	_____	_____
4. Eles compraram um apartamento muito grande no centro da cidade.	_____	_____
5. O apartamento tem três quartos e um banheiro.	_____	_____
6. Eles pensam em alugar o apartamento durante alguns meses do ano.	_____	_____

6-31 Já compraram! You will hear statements about what various people are going to do. Contradict each statement, explaining that they already did the activities yesterday. Pause the recording at the beep to answer at your own pace.

MODELO: Carla e Juliana vão comprar comida hoje.
Não, elas compraram comida ontem.

6-32 O detetive. You are a detective who is following a suspect of a robbery at a jewelry store (**joalheria**) at the mall and reporting his whereabouts. Looking at the list below, tell what the suspect did yesterday morning. Pause the recording at the beep to answer at your own pace.

MODELO: chegar ao shopping às dez horas
Ele chegou ao shopping às dez horas.

1. beber um café às dez e meia
2. sair do café dez minutos depois
3. passar em frente à joalheria
4. conversar com o vendedor da joalheria
5. caminhar pelo shopping
6. voltar para o café ao meio-dia

6-33 O que eu fiz ontem? Jorge had a busy day yesterday and has to explain to his teacher why he did not have time to study for the test. Listen to what Jorge told his teacher. Then indicate whether the statements that follow are true or false by checking **Verdadeiro** or **Falso**.

VERDADEIRO	FALSO
1. _____	_____
2. _____	_____
3. _____	_____
4. _____	_____
5. _____	_____
6. _____	_____

Preterit of *ir* and *ser*

6-34 O avô. Your grandfather is reminiscing about a trip he made to Piauí as a young man. Complete the following paragraph with the missing words according to what you hear.

O avô visitou o Piauí no ano de (1) _____. Ele (2) _____ a Teresina, a capital do Piauí para passar alguns dias com um (3) _____ arqueólogo e a família dele. Em Teresina, o avô (4) _____ ao centro histórico e também passeou pelas margens do Rio Poty. Ele e o amigo (5) _____ a muitas festas e o avô (6) _____ muito feliz com os novos amigos dele. Depois, o avô e o amigo arqueólogo viajaram para o interior do estado e visitaram um sítio arqueológico super interessante. Lá, tem cavernas (*caves*) com inscrições pré-históricas e fósseis. (7) _____ uma viagem de muitas descobertas. O avô ainda hoje pensa que essas experiências (8) _____ extraordinárias.

6-35 Aonde foram? You are going to have a dinner party at your home. A friend arrives early and finds that you are the only one at home. Tell your friend where your family members went according to the cues supplied. Pause the recording at the beep to answer at your own pace.

MODELO: mãe/comprar alface
   Minha mãe foi comprar alface.

Pronúncia

O acento: mais sobre palavras paroxítonas

Brazilian Portuguese words that are stressed on the second-to-last syllable (paroxytone words) are written with an accent mark if they end in **i, is,** or **us**. **Repita as seguintes palavras.**

   biquíni   tênis   bônus   táxi   lápis   ônus

Paroxytone words that end in **um/uns** and **ôo/ôos** are also written with an accent mark. **Repita as seguintes palavras.**

   álbum   álbuns   fórum   vôo   vôos   enjôo

Paroxytone words ending in **ão/ãos** and **ã/ãs** also carry an accent mark. **Repita as seguintes palavras.**

   órgão   órfãos   órfã   ímãs

Direct object nouns and pronouns

6-36 Sim, mamãe... Answer your mother's questions about who did various chores. Use direct object pronouns in your answers. Pause the recording at the beep to answer at your own pace.

MODELO: Juca lavou o carro?

Sim, mamãe, Juca o lavou.

6-37 Perguntas pessoais. A friend is inquiring about where you buy various things. Answer using direct object pronouns. Pause the recording at the beep to answer at your own pace.

MODELO: Você compra os sapatos no shopping?

Sim, eu os compro no shopping. or *Não, eu não os compro no shopping.*

6-38 Os amigos e as compras. Tereza, Mário, and Irene are at the mall. Listen to the following statements about what they are doing. Echo the statements using direct object pronouns instead of object nouns. Pause the recording at the beep to answer at your own pace.

MODELO: Tereza quer comprar as botas.

Tereza quer comprá-las.

Mais um passo: Some more uses of *por* and *para*

6-39 Por e para. As you listen to these three brief conversations, write in the chart what the gift will be, for whom, and the reason for the gift.

CONVERSA	PRESENTE	PARA QUEM	POR QUE MOTIVO
1			
2			
3			

ENCONTROS

6-40 Em uma loja. Read the incomplete statements. Then, listen to a conversation between Mrs. Rodrigues and a salesperson and choose the best way to complete the statements, according to what you hear.

1. A Sra. Rodrigues quer trocar uma...
   a) blusa.   b) saia.   c) jaqueta.

2. Ela quer trocá-la porque está...
   a) grande.   b) comprida.   c) apertada.

3. A roupa que a vendedora mostra para a Sra. Rodrigues custa...
   a) mais do que a outra.   b) menos do que a outra.   c) o mesmo preço.

4. A Sra. Rodrigues precisa do número...
   a) 42.   b) 40.   c) 44.

5. A Sra. Rodrigues vai...
   a) comprar um vestido.   b) experimentar uma saia e uma blusa.   c) procurar outra loja.

Vocabulário útil

apaixonado/a (por)	*in love (with)*	em pé	*standing*
o buquê	*bouquet*	o esporte	*sport*
o carinho	*affection*	inusitado/a	*unusual*
chamar atenção	*to attract attention*	marcante	*significant*
o chinelo	*slide, sandal*	o percurso	*route, circuit*
consumista	*consumerist, shopaholic*	a rosa	*rose*
o cordão	*chain (necklace)*	o salto	*heel*
a corrida	*race*	a vitrine	*store window/display*

6-41 Fazer compras. Primeiro passo. Chupeta, Rogério, and Manuela talk about their attitudes toward shopping. Match the following information with the appropriate person.

1. Chupeta _____
2. Rogério _____
3. Manuela _____

a. consumista

b. ver vitrines

c. passear no shopping

d. amigos dizem que parece até mulher

e. chinelos

f. apaixonada por sapatos

g. vinte pares de tênis

h. colares

i. roupas de esporte

j. almofadas

Segundo passo. E você? How about you? Answer the following questions with complete sentences.

1. Você gosta de fazer compras? Onde?

_____

2. O que você gosta de comprar?

_____

3. Você é mais parecido com Chupeta, Rogério ou Manuela? Por quê?

_____

_____

6-42 As roupas do dia-a-dia. Primeiro passo. You have already met Adriana, Carlos, and Mariana. If you don't remember exactly who they are, go back to **Lição preliminar** and watch them introduce themselves again. Then, before you watch the segment in which they describe the clothes they like to wear, make guesses to match the information given below with the right person. Finally, watch the video to check your guesses and correct the matches where necessary.

1. Adriana _____
2. Carlos _____
3. Mariana _____

a. trabalha em pé
b. roupas simples
c. saia
d. vestido
e. roupa confortável
f. muitas roupas verdes
g. tudo bem rosa
h. evita sapatos de salto alto
i. chinelo
j. roupas românticas
k. roupas que não chamam atenção

Segundo passo. E você? And what is your personal style? Unscramble the list of words below and write down the articles of clothing you wear on a regular basis and also those you never wear. If any article of clothing you want to mention is not on the list, feel free to write it down anyway.

1. ensaj _____
2. ubsal _____
3. aasi _____
4. divsoet _____
5. iemsa _____
6. msacia _____
7. aptaso _____

8. treéus _____
9. eatcmais _____
10. êstni _____
11. lãçaco _____
12. lçsasa _____
13. ildsánaa _____
14. slavu _____

Eu visto _____

Eu não uso _____

6-43 Os presentes. You will hear Chupeta, Adriana, and Rogério talk about giving presents. Fill in the blanks appropriately.

CHUPETA: Eu (1) _____ dar presentes, assim, ainda mais para a minha (2) _____ ou pra minhas (3) _____. E eu vejo bem pelo que a pessoa gosta de usar, o estilo da pessoa, o que ela mais gosta. Se ela gosta de fazer (4) _____ , se ela gosta de se (5) _____ melhor. Se ela gosta de (6) _____ , eu dou livro.

ADRIANA: Bom, quando eu quero dar um presente para um amigo ou quando eu tenho que dar um presente por causa de um (1) _____ ou alguma coisa assim, eu sempre (2) _____ observar o que a pessoa gosta (3) _____ os momentos que eu estou com aquela pessoa. Então, sempre que eu estou com (4) _____ , sempre observo muito a pessoa, né. E eu gosto que o presente seja (5) _____.

ROGÉRIO: Gosto, gosto muito de dar presentes. E só presenteio com (1) _____ e (2) _____. São as (3) coisas que eu dou de presente, sempre.

E você? What are your gift-giving habits and preferences? Answer the following questions with complete sentences.

1. Você gosta de dar presentes?

   _____

2. Que tipo de presentes você gosta de dar?

   _____

3. Como você decide o que dar para um/uma amigo/a, seu/sua namorado/a ou um membro da família?

   _____

   _____

6-44 Os melhores presentes. Manuela, Daniel, Mariana, Rogério, and Chupeta talk about some of the best gifts they have received. Listen to their comments and answer the questions below.

1. Manuela:

   a. De quem ela recebeu um cordão do qual ela gostou muito?

   _____

   b. O que o pai dela lhe deu (*gave her*) de presente? Por que razão ela ganhou este presente?

   _____

   _____

2. Daniel:

   a. De quem o Daniel ganhou um presente e o que foi?

   _____

   b. Por que ele ficou muito feliz com este presente?

   _____

3. Mariana:

   a. O que a Mariana recebeu de presente e de quem?

   _____

4. Rogério:

   a. Por que o Rogério gostou do colar que está usando? Quem lhe deu?

   _____

5. Chupeta:

   a. De que presente o Chupeta gostou?

   _____

   b. O que o Chupeta começou a fazer com o presente dele?

   _____

6. E você? Qual foi o melhor presente que você já ganhou?

   _____

   _____

Lição 7 ◆ O tempo e os passatempos

PRÁTICA

À PRIMEIRA VISTA

7-1 Associações. What sports do you think of when you see these names?

MODELO: L.A. Lakers   *basquete*

1. Ronaldinho _____

2. *Tour de France* _____

3. Tiger Woods _____

4. Maracanã _____

5. Gustavo Kuerten _____

6. Rubens Barrichello _____

7-2 Os esportes. Circle the word that does not belong in each group and explain why.

MODELO: baliza, jogador, piscina
        (You circle **piscina**.) *Baliza e jogador são de futebol, piscina é de natação.*

1. cesta, bola, pista

_____

2. nadar, ciclista, piscina

_____

3. jogar, correr, assistir

_____

4. estádio, raquete, quadra

_____

5. vôlei, basquete, esqui

_____

7-3 As estações do ano. Circle the most logical way to complete each sentence.

1. No verão, nós nadamos...
   a) na praia.   b) na neve.   c) no estádio.

2. No outono, em São Francisco, faz...
   a) calor.   b) tempo fresco.   c) muito frio.

3. No inverno, muitas pessoas vão para as montanhas...
   a) nadar.   b) esquiar.   c) jogar tênis.

4. O tempo está ruim quando...
   a) há sol.   b) o céu está limpo. c) chove.

5. Em Nova Iorque faz muito frio...
   a) na primavera.   b) no verão.   c) no inverno.

7-4 Associações. Match each drawing with the most accurate description of it.

a) Carlos usa a capa de chuva porque está chovendo muito.

b) Está ventando muito, por isso não vamos jogar golfe.

c) Está nublado e parece que vai chover.

d) O tempo está ótimo hoje.

e) Ele está usando calção porque faz muito calor no deserto.

f) Está fazendo muito frio e Marina não quer tirar nem as luvas nem o cachecol.

1. _____   2. _____   3. _____   4. _____

5. _____   6. _____

ESTRUTURAS

Síntese gramatical

1. **Indirect object nouns and pronouns**

   me   *to/for me*

   te   *to/for you (colloquial)*

   lhe   *to/for you, him, her, it*

   Ele pediu uma bicicleta **aos pais.**

   Ele **lhes** pediu uma bicicleta.

   nos   *to/for us*

   lhes   *to/for you (plural), them*

   He asked his parents for a bicycle.

   He asked them for a bicycle.

2. **Some irregular preterits**

	ESTAR	TER	FAZER	PÔR	PODER	DIZER
eu	estive	tive	fiz	pus	pude	disse
você o sr./a sra. ele/ela	esteve	teve	fez	pôs	pôde	disse
nós	estivemos	tivemos	fizemos	pusemos	pudemos	dissemos
vocês os srs./as sras. eles/elas	estiveram	tiveram	fizeram	puseram	puderam	disseram

	QUERER	SABER	TRAZER	DAR	VER	VIR
eu	quis	soube	trouxe	dei	vi	vim
você o sr./a sra. ele/ela	quis	soube	trouxe	deu	viu	veio
nós	quisemos	soubemos	trouxemos	demos	vimos	viemos
vocês os srs./as sras. eles/elas	quiseram	souberam	trouxeram	deram	viram	vieram

3. **Imperfect tense of regular and irregular verbs**

	JOGAR	CORRER	APLAUDIR
eu	jogava	corria	aplaudia
você, o sr./a sra., ele/ela	jogava	corria	aplaudia
nós	jogávamos	corríamos	aplaudíamos
vocês, os srs./as sras., eles/elas	jogavam	corriam	aplaudiam

	PÔR	SER	TER	VIR
eu	punha	era	tinha	vinha
você, o sr./a sra., ele/ela	punha	era	tinha	vinha
nós	púnhamos	éramos	tínhamos	vínhamos
vocês, os srs./as sras., eles/elas	punham	eram	tinham	vinham

4. The preterit and the imperfect

Use the _imperfeito_
- to talk about customary or habitual actions or states in the past.
- to talk about an ongoing part of an event or state.

Use the _pretérito_
- to talk about the beginning or end of an event or state.
- to talk about an action or state that occurred over a period of time with a definite beginning and end.
- to narrate a sequence of completed actions in the past; note that there is a forward movement of narrative time.

Indirect object nouns and pronouns

7-5 Um jogo de futebol. What is happening in this game? In your answers, replace the underlined words with indirect object pronouns.

MODELO: Eu peço <u>a meu pai</u> para comprar ingressos (*tickets*) para o jogo.

         Eu lhe peço para comprar ingressos.

1. Meu pai comprou ingressos <u>para mim e meu irmão</u>.

    _____

2. O treinador dá instruções <u>aos jogadores</u>.

    _____

3. O jogador passa a bola <u>ao outro jogador</u>.

    _____

4. Meu pai explica as regras <u>a meu irmão</u>.

    _____

5. O presidente dá o troféu <u>aos campeões</u>.

    _____

6. Minha mãe liga (*calls*) <u>para mim</u> para saber o resultado do jogo.

    _____

7-6 Presentes. You need to buy gifts for several of your friends, all of whom like different sports. What will you get for which friend?

MODELO: Juliana gosta de vôlei.

Vou lhe dar/comprar uma camiseta da seleção feminina de vôlei do Brasil.

1. Rogério gosta de futebol.

_____

2. Laura e Marta são loucas por esqui.

_____

3. Eu gosto de tênis.

_____

4. Teresa adora corridas de automóveis.

_____

5. Marcos e Rivaldo gostam de golfe.

_____

Some irregular preterits

7-7 Vamos comemorar. You have just met Rodrigo, who saw the Brazilian tennis player Gustavo Kuerten win the 2001 Roland Garros tournament in France. Report on what Rodrigo told you, using the cues below.

MODELO: Rodrigo/estar em Paris em 2001.

Rodrigo esteve em Paris em 2001.

1. Rodrigo/ver Guga jogar no torneio Roland Garros

_____

2. Os torcedores de Guga/poder ver seu ídolo ganhar o grande prêmio

_____

3. Muitos brasileiros/pôr bandeiras do Brasil em seus carros depois do jogo

_____

4. No Brasil, todo mundo/saber da notícia da vitória na mesma hora

_____

5. O presidente do Brasil/querer dar os parabéns a Guga pessoalmente

_____

7-8 Um jogo memorável. Think back to the time when you last went to see a game with some friends. While leaving the stadium or arena after the game, you ran into a friend who asked you various questions. Answer his or her questions.

1. Você trouxe muitos amigos para assistir o jogo com você?

_____

2. Vocês puderam comprar ingressos para o jogo facilmente?

_____

3. Algum de seus amigos não pôde vir ao jogo?

_____

4. A que horas vocês vieram para o estádio?

_____

5. O que seus amigos disseram depois do jogo?

_____

7-9 Os amigos. Using the information in the following chart, tell what these people did last Saturday at the indicated times.

	IRACEMA	CARLOS E JOSÉ
de manhã	ter aulas das 8h às 11h	fazer atletismo às 7h
	dizer para Mariazinha ligar para Rita	estar na universidade das 9h às 10h
	saber a data do exame final	saber o resultado do teste
à tarde	pôr as tarefas em dia (*up to date*)	ter uma aula de Matemática
	estar na biblioteca das 2h30 às 5h	ver o professor de Biologia às 3h
	dar o livro de Português a Isabel	dizer a Rita que vão à festa dela
à noite	vir com Carlos à festa da Rita	vir à festa com as namoradas
	dar um presente de aniversário para Rita	pôr músicas brasileiras para
dançar	estar na festa até às 11h da noite	estar na festa até a meia-noite

MODELO: *De manhã, Iracema teve aulas das 8h às 11h; depois disse para Mariazinha ligar para Rita. Também soube o dia do exame.*

1. De manhã, Carlos e José

_____

_____

2. À tarde, Iracema

_____

_____

3. À tarde, Carlos e José

_____

_____

4. À noite, Iracema

_____

_____

5. À noite, os dois amigos

_____

_____

7-10 Um dia em João Pessoa. Your friend Marcelo is reminiscing about the time he spent in Brazil a couple of years ago. Complete his account with appropriate preterit forms of verbs from the following list.

dizer   estar   fazer   ir   poder   ser   vir

Quando eu (1) _____ ao Brasil, eu (2) _____ um semestre estudando Português na Universidade Federal da Paraíba em João Pessoa. Durante esses meses, eu (3) _____ visitar a Ponta do Seixas, o ponto mais a leste das Américas, e outros lugares e cidades muito interessantes.

Um dia, nós (4) _____ uma excursão para passar o dia com nossos colegas e conhecer melhor a região. Nós (5) _____ no Recife e em Olinda, uma verdadeira jóia da arquitetura colonial. Nossos professores também (6) _____ e eles (7) _____ tudo para nós gostarmos da viagem.

(8) _____ muito calor naquele dia, mas todos (9) _____ que (10) _____ uma viagem maravilhosa.

Imperfect of regular and irregular verbs

7-11 Na escola primária. Match the following subjects with the appropriate actions. Then write two sentences about what you and your classmates used to do in elementary school and one about what you did not do. You may refer to the actions given below or express different ones.

1. O professor/A professora
2. Nós
3. Os meninos
4. Eu
5. Todos os alunos

a. _____ jogavam futebol durante o recreio (*break*)
b. _____ dava tarefa todos os dias
c. _____ tínhamos aula de ginástica todas as semanas
d. _____ iam para casa às 4 horas
e. _____ fazia natação depois das aulas

6. _____
_____
_____

7-12 Antes era diferente. Contrast each statement about the present with the way things used to be.

MODELO: Agora gosto de caminhar.
     Antes eu não gostava de caminhar.

1. Agora nado todas as semanas.
_____

2. Atualmente (*nowadays*) minha mãe não me telefona mais todos os dias.
_____

3. Agora meus irmãos estudam na mesma universidade que eu.
_____

4. Agora tenho um treinador de tênis.
_____

5. Atualmente meu pai vem ver jogos de futebol americano na minha universidade.
_____

6. Agora minha irmã também faz esportes.
_____

7-13 Quando eu tinha quinze anos. Write a paragraph about what you were like and what you used to do when you were fifteen years old. Use the verbs and phrases from the list or any other you like.

ir à praia aos domingos	morar	ser
assistir jogos de futebol	estudar	ter
praticar esportes	gostar de	ir
andar de bicicleta	correr	fazer

_____

_____

_____

_____

_____

_____

_____

_____

_____

_____

_____

The preterit and the imperfect

7-14 Pretérito ou imperfeito? Complete the sentences by circling the appropriate form of each verb.

1. (Foram, Eram) sete da tarde quando (abriam, abriram) as portas do estádio.

2. Não (choveu, chovia) muito tempo naquele dia, mas (esteve, estava) muito frio.

3. Na cidade (houve, havia) muito trânsito, porque muitas pessoas (vieram, vinham) de longe para ver o jogo.

4. Em poucos minutos, os torcedores que (esperaram, esperavam) fora do estádio (formaram, formavam) filas enormes para entrar.

5. A atmosfera durante todo o jogo (foi, era) emocionante, especialmente quando a seleção do Brasil (fez, fazia) o primeiro gol.

6. O juiz (decidiu, decidia) cancelar o gol enquanto o público (gritou, gritava) "Brasil! Brasil!" protestando contra a decisão.

7. Quando o jogo (recomeçou, recomeçava), o time adversário já (esteve, estava) desanimado (*discouraged*).

8. No fim (houve, havia) uma grande festa para comemorar o penta: naquele dia, o Brasil (ganhou, ganhava) a Copa do Mundo pela quinta vez.

7-15 Minha primeira viagem a Brasília. Fill in the blanks with the correct preterit or imperfect verb forms.

Quando eu (1) _____ (ser) estudante universitário (2) _____ (ir), pela primeira vez, a Brasília.

Eu (3) _____ (chegar) ao aeroporto de manhã, mas já (4) _____ (fazer) muito calor. No hotel, eu

(5) _____ (descansar) uma hora antes de sair para conhecer a cidade. Por acaso, um antigo colega de

escola (6) _____ (estar) no mesmo hotel. Nós (7) _____ (decidir) visitar a cidade juntos, porque

(8) _____ (querer) visitar os edifícios monumentais como, por exemplo, a catedral, o Palácio Alvorada

e a Praça dos Três Poderes. Eu (9) _____ (ver) como a arquitetura de Oscar Niemeyer é realmente

impressionante. No fim da tarde, eu e meu colega (10) _____ (comer) um churrasco delicioso num

restaurante em uma das quadras de Brasília, onde todo mundo gosta de jantar ao ar livre.

Mais um passo: *Há/Faz meaning ago*

7-16 Lembrando das férias. How long ago did these people do the activities identified in each sentence? Alternate sentence structures in your answers, as shown in the model.

MODELO: Adriana/ir surfar nas praias do Nordeste na semana passada
Faz uma semana que Adriana foi surfar nas praias do Nordeste.
ou: *Adriana foi surfar nas praias do Nordeste faz uma semana.*

1. a família Rodrigues/ir a Foz do Iguaçu no ano passado

    _____

2. eu/assistir um espetáculo de balé no Teatro Castro Alves no mês passado

    _____

3. Irene e eu/visitar o Museu de Arte Moderna da Bahia em 2001

    _____

4. Clóvis e Rosa Maria/fazer capoeira com os amigos baianos anteontem

    _____

5. nós/ver um jogo de futebol no Maracanã no último mês de julho

    _____

7-17 Faz quanto tempo? Explain for how long you have done or not done the following activities. Write sentences using **faz** or **há** + a time expression (**horas, dias, semanas, meses, anos**) and some additional information.

MODELO: *Faz seis meses que eu moro nesta cidade.*
ou: *Eu moro nesta cidade há seis meses.*
ou: *Há seis meses que eu não moro com meus pais.*
ou: *Eu não moro com meus pais faz seis meses.*

1. gosto de:_____

2. não visito:_____

3. jogo: _____

4. não pratico: _____

5. conheço: _____

6. não vou: _____

ENCONTROS

Para ler

7-18 Os esportes. Complete the following chart, indicating whether each sport is easy or difficult, whether an instructor is needed to learn the sport, and how long it takes to learn it.

ESPORTE	FÁCIL/DIFÍCIL	PRECISA DE PROFESSOR?	QUANTO TEMPO PARA APRENDER?
tênis			
ciclismo			
natação			
vôlei			
esqui			

7-19 Para sua defesa. One of your friends is looking for help for his children so they can learn to defend themselves when they have to go out alone. Read this ad and then write the information requested in Portuguese.

Para defesa de seus filhos, em dois meses!

Você quer que seus filhos aprendam a se defender? Podemos ensiná-los em tempo record! Somente 60 dias! Eles vão estar preparados para as situações mais difíceis. As artes marciais vão lhes dar segurança e boa preparação física. Professores formados e experientes. Aulas individuais e em grupo para crianças e jovens dedicados e pacientes. Preços módicos. Descontos para grupos e familiares.

ACADEMIA JOGA JUDÔ
Avenida Tabajaras, 230, João Pessoa,
PB-CEP 58011-040
Fone/Fax: 83-2105-9751; www.jogajudo.com.br

1. Tempo que precisa para aprender a se defender: _____

_____

2. Tipo de aulas: _____

_____

3. Tipo de alunos: _____

_____

4. Preparação dos instrutores:_____

_____

5. Benefícios destas aulas: _____

_____

Para escrever

7-20 Meio Brasil debaixo d'água. Preparação. Read this article from a Brazilian newspaper. Then indicate whether the statements that follow are true or false by circling **V** (**verdadeiro**) or **F** (**falso**).

Previsão de Chuvas Acima da Média nas Regiões Centro-Oeste, Sudeste e Sul do Brasil

Em setembro as Regiões Sul, Centro-Oeste e sul da Região Sudeste sofreram períodos de chuva intensa. Apesar dos estragos em algumas regiões, esta situação garante a estabilidade do nível dos reservatórios das usinas hidroelétricas localizadas na Região Sudeste.

A região de Furnas, em Minas Gerais, foi vítima de fortes inundações que obrigaram muitos habitantes a deixar suas casas. Polícia e bombeiros tiveram que organizar operações de salvamento para evacuar parte da população, inclusive turistas em resorts nas margens do Lago de Furnas. A barragem apresenta ainda um aumento significativo no volume de água armazenada, como conseqüência do elevado índice das chuvas registrado nos meses de setembro e outubro. Em outubro, pode haver inundações também no Rio Grande do Sul e Santa Catarina. As previsões climáticas apontam para fortes ventos e chuva para meados do próximo ano como conseqüência do fenômeno El Niño.

A previsão para o período de novembro-dezembro-janeiro é de continuação das chuvas sobre a maior parte do território nacional, com exceção das Regiões Sul, Norte e Nordeste, onde se prevêem números dentro do normal para a época.

---

1. V   F   O tempo ruim afetou só uma região do país.
2. V   F   Nevou no mês de dezembro.
3. V   F   Os turistas foram evacuados das margens do Lago de Furnas.
4. V   F   Os reservatórios das usinas hidroelétricas têm água abaixo do normal.
5. V   F   O tempo vai continuar chuvoso.
6. V   F   Os habitantes de Santa Catarina esperam vento forte este ano.
7. V   F   Em janeiro não vai chover intensamente na Região Sul.

7-21 Inundação. Imagine that you are staying in a resort near Lago de Furnas in Minas Gerais during the terrible flood described in the article you just read. Write to your family explaining what the weather is like in Furnas and in Brazil in general, and comment on its effects on the country. Give your opinion about the situation.

To express your opinion, you may use phrases such as: **Acredito que..., Acho que..., Em minha opinião....** To express factual information, you may use phrases such as: **Segundo o/a..., Tudo indica que..., Na realidade..., As fontes de informação dizem/afirmam que....**

_____

_____

_____

_____

_____

_____

_____

_____

_____

7-22 O tempo aqui. A friend from Brazil has written to you asking about the weather in your area. Answer his or her questions as completely as possible.

1. Que tempo faz na sua cidade no inverno? Tem muita neve? Qual é a temperatura média (*average*)? É baixa, alta ou moderada?

   _____

   _____

2. Chove muito na primavera? Faz tempo bom? Qual é a temperatura média?

   _____

   _____

3. No verão faz muito calor? Qual é a temperatura média? Há muita umidade ou vocês têm um clima seco? Tem muitas tempestades?

   _____

   _____

4. No outono venta muito? De que cor as folhas das árvores ficam? Qual é a temperatura média? O tempo é fresco?

   _____

   _____

5. Em que estação do ano vocês estão agora? Que esportes você faz nesta estação?

   _____

   _____

6. Que tempo está fazendo agora?

   _____

   _____

HORIZONTES

7-23 O Alentejo. Fill in the blanks with correct information based on the **Horizontes** section on **O Sul de Portugal** on pages 292-293 of your textbook.

1. O Sul de Portugal é formado pelas regiões do _____ e _____.

2. A influência da cultura árabe se reflete na arquitetura local com _____ e _____.

3. A economia do Alentejo é predominantemente _____, e a do Algarve é baseada no _____.

4. Entre as principais produções agrícolas do Alentejo se encontram _____ e _____.

5. A segunda universidade mais antiga de Portugal se encontra na cidade de _____.

7-24 O Algarve. Indicate whether the following statements are true (**verdadeiro**) or false (**falso**) by writing **V** or **F** in the spaces provided. Correct the false statements.

1. _____ A economia do Algarve é agrícola.

_____

2. _____ O clima é temperado todo o ano e por isso atrai muitos turistas.

_____

3. _____ Os esportes preferidos pelos turistas no Algarve são o golfe e os esportes aquáticos.

_____

4. _____ O mês de fevereiro não tem atrativos para os turistas.

_____

5. _____ A cozinha do Algarve é famosa pelos pratos de carne.

_____

6. _____ No verão, a população do Algarve aumenta 200%.

_____

7. _____ Os habitantes do Algarve se chamam "algarvios".

_____

8. _____ Purê de amêndoa é um dos ingredientes principais da caldeirada de peixe.

_____

LABORATÓRIO

À PRIMEIRA VISTA

7-25 Que esporte praticam? You will hear three brief conversations about sports. After each conversation, put an **X** in the column corresponding to the appropriate sport. Don't worry if there are words you don't understand.

CONVERSA	AUTOMOBILISMO	CICLISMO	ESQUI	FUTEBOL	GOLFE	NATAÇÃO
1						
2						
3						

7-26 O tempo. Listen to these two descriptions of college students' plans for the weekend. Then, indicate whether the statements below are true or false by marking the appropriate responses. Read the statements before listening to each description.

	DESCRIÇÃO 1	VERDADEIRO	FALSO
1.	Jorge pensa em jogar futebol com seus amigos.	_____	_____
2.	Na televisão dizem que vai chover.	_____	_____
3.	Roberto e Jorge vão sair no sábado de manhã.	_____	_____
4.	Eles pensam em voltar no domingo ao meio-dia.	_____	_____

	DESCRIÇÃO 2	VERDADEIRO	FALSO
5.	Irina quer ir à praia	_____	_____
6.	É verão e faz muito calor.	_____	_____
7.	Ela telefona para sua mãe.	_____	_____
8.	Irina vai sair com Noêmia esta tarde.	_____	_____

7-27 Previsão do tempo. On a short-wave radio, you hear the following weather forecasts from different parts of the world. Indicate in the chart what sport or sports people could play in each place according to the weather report for their area. Pause the recording at the beep to work at your own pace.

ESPORTES	1	2	3	4	5	6
vela						
ciclismo						
esqui						
basquete						
futebol						
vôlei de praia						

O acento gráfico: hiato (*hiatus*)

A hiatus is a combination of two vowels, both of which are pronounced as distinct sounds. In Brazilian Portuguese, if the second vowel of a hiatus is an **i** or a **u** it carries a written accent. **Repita as seguintes palavras.**

poluído   saúde   reúne   juíza   egoísta   país

In some cases, however, the second vowel of the hiatus carries no written accent, although the pronunciation remains the same as in the previous group of examples. This happens when the hiatus is followed by **nh** or by a consonant **l, m, n, r,** or **z** that does not begin a new syllable. **Repita as seguintes palavras.**

rainha   moinho   juiz   ruim   raiz

O acento gráfico: palavras oxítonas

A few Portuguese words are stressed on the last syllable. (This is called oxytone stress.) Some of these words need an accent mark to show that their last vowel is stressed as opposed to similar words with an unstressed vowel in the same position. Compare the pronunciation of these pairs of words. **Repita as seguintes palavras.**

pará/para   nós/nos   está/esta   bobó/bobo   Alá/ala   Pelé/pele

Some oxytone words are written with an accent mark to indicate that the stress falls on the last syllable, as opposed to the next-to-last syllable, which is the normal tendency in Portuguese. **Repita as seguintes palavras.**

além   alguém   também   mantém   avós   café

ESTRUTURAS

Indirect object nouns and pronouns

7-28 Os presentes de Natal. Augusto is going to buy Christmas gifts for his brothers and some of his friends. Complete the chart with the information you hear. Listen to the recording as many times as necessary.

PESSOA(S)	PRESENTE(S)	LUGAR ONDE COMPRAR
		uma livraria
	ingressos para o Maracanã	
Helena		
		uma boutique

7-29 As perguntas do amigo. Your friend doubts that you did certain things. Answer his questions in the affirmative using indirect object pronouns. Pause the recording at the beep to answer at your own pace.

MODELO: Você mostrou o estádio ao irmão de Augusto?

Sim, eu lhe mostrei o estádio.

7-30 Para quem ela vai comprar o equipamento? Your friend Marta works in the athletics department of your university. She needs to buy new equipment for many athletes. Using the cues you hear, say what she is going to buy for each person. Pause the recording at the beep to answer at your own pace.

MODELO: Alexandre e Rodrigo/umas meias

Ela vai lhes comprar umas meias.

Some irregular preterits

7-31 As atividades dos jogadores de futebol. Use the cues to tell what the soccer players of your college team did yesterday. Pause the recording at the beep to answer at your own pace.

MODELO: estar no ginásio duas horas

Estiveram no ginásio duas horas.

7-32 Mas hoje não. Use the cues to explain that today's soccer game was very different from what it normally is. Pause the recording at the beep to answer at your own pace.

MODELO: O treinador sempre dá instruções antes do jogo.

Mas hoje não deu.

The imperfect

7-33 Um sonho de sempre. Read the statements in your workbook and then listen as Rubens Barrichello describes his life as a young boy and his dream to become a top Formula 1 driver. Then indicate whether the statements are true or false by checking **Verdadeiro** or **Falso**.

	VERDADEIRO	FALSO
1. Na infância, Rubens morava em Minas Gerais.	_____	_____
2. Nas férias, Rubens visitava o avô.	_____	_____
3. A casa do avô ficava perto do autódromo.	_____	_____
4. O sonho (*dream*) de Rubens era ser como Fittipaldi.	_____	_____
5. Rubens ganhou um *kart* quando tinha 8 anos.	_____	_____
6. Inicialmente, Rubens não gostava de dirigir seu *kart*.	_____	_____

7-34 Quando eu era mais jovem. Looking back on your own childhood, say whether or not you used to do the following things. Pause the recording at the beep to answer at your own pace.

MODELO: caminhar para a escola

Caminhava para a escola. ou *Não caminhava para a escola.*

7-35 A rotina da professora Liliana. Ms. Liliana is a new swimming coach in a local college. Her routine has not changed much with the new job. As you hear what she customarily does at present, say that she used to do the same things before. Pause the recording at the beep to answer at your own pace.

MODELO: A professora Liliana acorda cedo.

Antes, ela também acordava cedo.

7-36 Vamos recordar com Josué e Marcelo. Josué and Marcelo used to be very active as athletes when they were students at the Universidade Federal da Bahia. Tell what they used to do, using the cues you hear. Pause the recording at the beep to answer at your own pace.

MODELO: correr na praia nos fins de semana

Eles corriam na praia nos fins de semana.

7-37 Recordações de uma mãe orgulhosa. Listen to this imaginary interview with the mother of Gustavo Kuerten (Guga) and then number the sentences below in the order in which the events and situations took place.

_____ Os pais de Guga eram membros de um clube de tênis.

_____ Olga Schlosser, a avó de Guga, vinha de uma família alemã.

_____ Guga ganhou o torneio Roland Garros em 1997, 2000 e 2001.

_____ Aos 12 anos, o pai de Guga jogava basquete.

_____ Guga nasceu em Santa Catarina.

_____ Larri Passos foi um treinador maravilhoso para a carreira de Guga.

_____ A família imigrou para o Brasil.

_____ Guga costumava acompanhar os pais ao clube de tênis.

_____ A mãe de Guga gostava e ainda gosta de assistir os campeonatos de seu filho.

_____ Rafael, o irmão mais velho de Guga, nasceu (*was born*) em 1973.

_____ No início, Guga praticava tênis com sua família.

_____ A família de Guga encorajou sua carreira desde o início.

7-38 As dificuldades de Mariana. Listen as Mariana's sister describes why Mariana had a hard time getting to their basketball training session on time. Then fill the chart, categorizing the events described as completed actions, habitual actions, or background description. Listen to the description as many times as necessary and do not worry if you don't understand every word.

AÇÃO TERMINADA	AÇÃO HABITUAL	DESCRIÇÃO
Ela saiu para o treino.	Ela ia de ônibus (*bus*).	Chovia muito.

7-39 O tempo e o feriadão (*long holiday weekend*). Listen to the dialogue and complete the sentences with the appropriate information and verb tenses.

1. Anita não aproveitou o feriadão porque

   _____

   _____.

2. Iolanda ouviu a previsão do Instituto Nacional de Meteorologia para o Rio e assim teve certeza que

   _____.

3. Anita também ouviu a previsão do Instituto Nacional de Meteorologia, mas _____

   _____ porque _____

   _____.

4. No Lago das Furnas o tempo estava tão (*so*) ruim que _____.

5. Depois que Anita voltou ao Rio, ainda deu para ela _____.

O acento gráfico: o acento grave e a crase (*crasis*)

The grave accent (**acento grave**) is used only when there is a contraction of the preposition **a** with the feminine form of the definite article (**a** and **as**) or with the demonstratives **aquele, aquela, aqueles**, and **aquelas**. (You have learned and practiced these contractions in **Lições 1** and **5**). Such a contraction is known as *crasis* and is indicated by a grave accent mark. The accent mark also indicates that now the vowel **a** is open.

The contraction of the preposition **a** with **a** and **as** or with **aquele** and its inflections is quite common. The use of the grave accent mark can alter radically the meaning of a sentence. Compare the pronunciation and the meanings of the following paired expressions and sentences. **Repita as seguintes frases.**

Levar a mãe.	*To take one's mother (somewhere).*
Levar à mãe.	*To take (something) to one's mother.*
Lavar a mão.	*To wash one's hands.*
Lavar à mão.	*To wash by hand.*
Eu lhe digo a hora da lição.	*I'll tell you the time of the lesson.*
Eu lhe digo à hora da lição.	*I will tell you (something) when it is time for the lesson.*

Mais um passo: *Há/Faz* meaning *ago*

7-40 Na Amazônia. While visiting Manaus, you decide to go on a boat ride on the Amazon. Assuming that it is now ten in the morning, as you hear the names of your fellow passengers, look at the time each person arrived at the dock and say how long ago he or she arrived. Pause the recording at the beep to answer at your own pace.

MODELO: You hear: Jaime
   You see: Jaime/9:40
   You say: *Jaime chegou faz vinte minutos.* ou *Jaime chegou há vinte minutos.*

1. Eliza/9:50
2. Armando e Carolina/9:58
3. Ivo/9:55
4. os irmãos Castro/9:45
5. Mauro/9:35

ENCONTROS

7-41 O dia da viagem. Irina and Alessandro are leaving to spend two weeks in Porto Alegre. Listen to the description of their preparations for the trip, to their conversation at the airport, and to the statements that follow. Indicate whether each statement is true (**Verdadeiro**) or false (**Falso**) by marking the appropriate response. Don't worry if you don't understand every word.

	VERDADEIRO	FALSO
1.	_____	_____
2.	_____	_____
3.	_____	_____
4.	_____	_____
5.	_____	_____
6.	_____	_____
7.	_____	_____
8.	_____	_____

7-42 O jogo de futebol. Your friends Jorge and Arnaldo went to an important soccer game yesterday. Listen to the story and complete the paragraph based on what you hear.

Ontem à tarde estava fazendo (1) _____ e Jorge (2) _____ ir assistir o jogo de futebol no (3) _____, mas não (4) _____ dinheiro para comprar o ingresso. Então, ele (5) _____ na televisão. Porém, Arnaldo ligou para Jorge porque um amigo lhe (6) _____ ingressos para o jogo e ele queria convidar Jorge para acompanhá-lo. Jorge ficou muito feliz e (7) _____ rapidamente de casa para (8) _____ cedo ao estádio.

VÍDEO

Vocabulário útil

agüentar	to bear	escaldante	scalding, very hot
aliviar	to relieve	a estrada	road
ameno/a	mild, pleasant	Flamengo	Rio de Janeiro soccer team
o calçadão	promenade, walkway	a musculação	bodybuilding
a caminhada	hike	o/a perna-de-pau	"wooden leg"; bad soccer player
a canja	chicken soup	péssimo/a	the worst, terrible
castigar	to punish	sentir falta	to miss
o craque	star soccer player		

7-43 Os esportes. Primeiro passo. The following people discuss the sports they like to watch and practice. Listen to their comments and connect each person on the left with the appropriate information on the right.

1. _____ Juliana
2. _____ Dona Raimunda
3. _____ Chupeta
4. _____ Caio

a. não é craque de futebol
b. pratica ciclismo de estrada
c. chegou a competir em natação
d. é fanática por futebol
e. faz musculação
f. acha o esporte uma excelente oportunidade para trabalhar em grupo
g. gosta de fazer caminhada
h. não pôde jogar vôlei por ser baixinha
i. é meio (*kind of*) perna-de-pau
j. pratica judô à noite
k. é péssimo tenista
l. caminha pelo calçadão da praia
m. tem uma medalha com a bandeira do Flamengo
n. adora correr
o. adora assistir vôlei

Segundo passo. E você? Answer the following questions giving as much detail as you can.

1. Você gosta de esportes? Quais? _____

_____

2. Que esportes você assiste pela televisão ou ao vivo? _____

_____

3. Quais são os esportes que você pratica? Quando e onde você faz esses esportes? _____

_____

_____

7-44 Os atletas. Chupeta, Mariana, and Caio talk about the athletes they admire. Complete the statements below with the information you hear.

1. Chupeta admira _____ e _____.

2. Mariana _____ Danielle Hipólito, que faz _____ e é muito boa em qualquer aparelho.

3. Caio admira Pelé não só pelo que ele representou _____, mas como _____, como _____. Ele considera Pelé _____.

4. **E você?** How about you? Who are your favorite athletes, in what sports, and why?

_____

_____

_____

7-45 O tempo e as estações. Sandra, Manuela, Dona Raimunda, Chupeta, and Mônica talk about the seasons and their preferences in terms of weather. Listen to their comments and decide which statements below are true (**V**) and which are false (**F**).

1. Sandra
   V F   a. A estação preferida dela é o inverno.
   V F   b. Ela acha que no Rio tem pouca diferença entre as estações.
   V F   c. Ela gosta de um sol escaldante no fim de semana e uma temperatura mais amena durante a semana.
   V F   d. Ela prefere um dia nublado a um dia claro.

2. Manuela
   V F   a. Ela acha que o clima do Rio é muito legal.
   V F   b. As temperaturas são elevadas o ano inteiro.
   V F   c. Nos últimos anos, as temperaturas têm baixado (*have gone down*) mais no inverno.
   V F   d. As temperaturas no inverno chegam a 10 graus centígrados.

3. Dona Raimunda
   V F   a. No Ceará, durante o dia faz um calor que você não agüenta.
   V F   b. O Ceará é uma terra boa que não castiga as pessoas.
   V F   c. Ela não gosta do frio.
   V F   d. Quando faz frio, ela gosta de tomar um pratinho de canja.

4. Chupeta
   V F   a. O inverno é rigoroso no Rio de Janeiro.
   V F   b. Não há grandes diferenças entre o inverno e o verão.
   V F   c. No verão, as pessoas treinam mais cedo ou mais tarde para aliviar o sol.

5. Mônica
   V F   a. Quando ela morava no Rio Grande do Sul, ela não gostava daquele inverno de junho a agosto.
   V F   b. Agora que ela mora no Rio, ela não sente falta do frio do Rio Grande do Sul.
   V F   c. Ela sempre vai em agosto para o Rio Grande do Sul.
   V F   d. Para ela, o melhor tempo que tem é o inverno.

6. **E você?** Answer the following questions.
   a. Qual é a sua estação preferida?

   _____

   b. Por que você gosta mais dessa estação? _____

   _____

Lição 8 ◆ Festas e tradições

PRÁTICA

À PRIMEIRA VISTA

8-1 Associações. Associe as descrições da esquerda com os feriados da direita.

1. Um dia muito especial para os casais românticos.

2. Uma festa muito importante em Nova Orleans e no Rio de Janeiro.

3. Comemoração relacionada a três santos (Santo Antônio, São João e São Pedro).

4. As famílias brasileiras preparam uma grande ceia e trocam presentes.

5. As famílias brasileiras costumam dar ovos de chocolate de presente.

6. As crianças americanas vão às casas dos vizinhos e pedem doces e balas (*candy*).

a. _____ Páscoa

b. _____ Véspera de Natal

c. _____ Festas Juninas

d. _____ Dias das Bruxas

e. _____ Carnaval

f. _____ Dia dos Namorados

8-2 Palavras cruzadas. Complete as seguintes frases e resolva as palavras cruzadas. A coluna vertical vai revelar o nome de um feriado.

| | | | | P | | | | | | | |

(crossword puzzle with clues 1–6, vertical column spelling P-A-S-C-O-A)

1. Os países comemoram sua liberdade e soberania no Dia da _____.
2. O Papai Noel traz presentes para as crianças no _____.
3. Na quarta quinta-feira de novembro comemora-se o Dia de Ação de _____ nos Estados Unidos
4. As pessoas usam fantasias, dançam e se divertem muito. É o _____.
5. O primeiro dia do ano é o Dia de Ano _____.
6. São João é um _____ muito popular no Nordeste do Brasil.

8-3 As festas tradicionais dos Estados Unidos. Responda às perguntas de um estudante brasileiro sobre os feriados e tradições nos Estados Unidos, completando o diálogo seguinte.

DANIEL: No Brasil nós não comemoramos o Dia de Ação de Graças. Você pode me explicar como é esse feriado e quando vocês o comemoram?

EU: _____

_____

DANIEL: Puxa, esta data é muito legal, muito importante para a família! Com certeza aqui vocês comemoram os aniversários como nós comemoramos no Brasil. Quando é o seu aniversário? O que as pessoas costumam dar de presente?

EU: _____

_____

DANIEL: Legal! E como são as festas aqui? De que tipo de festa você gosta?

EU: _____

_____

DANIEL: Então, avise quando você vai para a próxima festa para eu ir com você!

8-4 Um convite. Você convida seus amigos Guilherme e Álvaro para uma festa. Guilherme aceita o convite e quer saber o que pode levar para a festa. Álvaro diz que não pode ir e explica a razão. Primeiro, dê informações sobre a festa. Depois, escreva as respostas dos seus colegas.

1. Motivo da festa: _____

   Dia: _____ Hora: _____ Local: _____

2. Guilherme (aceitando): _____

   (oferecendo para trazer alguma coisa e ajudar) _____

   _____

3. Álvaro (não aceitando o convite): _____

   (razão) _____

ESTRUTURAS

Síntese gramatical

1. **Comparisons of inequality**

   mais + *adjective/noun* + (**do**) **que**

   menos + *adjective/noun* + (**do**) **que**

melhor	*better*	**pior**	*worse*
menor	*smaller*	**maior**	*bigger*

2. **Comparisons of equality**

tão + *adjective/adverb* + **quanto/como**	*as... + as*
tanto/a + *noun* + **quanto/como**	*as much... + as*
tantos/as + *noun* + **quanto/como**	*as many... + as*
tanto quanto/como	*as much as*

3. **The superlative**

   definite article + (*noun*) + **mais/menos** + *adjective* + **de**

   A festa mais popular do Brasil.

   adjective + **íssimo**

   grande + **íssimo** = **grandíssimo**

   normal + **íssimo** = **normalíssimo**

4. **Pronouns after prepositions**

PREPOSITION	PRONOUNS AFTER PREPOSITION
para (*for, to*)	**para mim**/para você/para ele, ela/para nós/para vocês/para eles, elas
sem (*without*)	**sem mim**/sem você/sem ele, ela/sem nós/sem vocês/sem eles, elas
com (*with*)	**comigo/contigo**/com você/com ele, ela/**conosco**/com vocês/com eles, elas
de (*from, of*)	de mim/de você/**dele, dela**/de nós/de vocês/**deles, delas**
por (*by, for, through*)	por mim/por você/por ele, ela/por nós/por vocês/por eles, elas

5. **Reflexive verbs and pronouns**

eu	**me levanto**
você, o sr./a sra., ele/ela	**se levanta**
nós	**nos levantamos**
vocês, os srs./as sras., eles/elas	**se levantam**

Eu **vou me levantar** cedo amanhã.

Você **está se sentindo** bem?

Gostamos de levantar-nos cedo.

Comparisons of inequality

8-5 Outras pessoas e eu. Compare você com outras pessoas, completando as afirmações seguintes. Use **mais** ou **menos** e identifique a(s) outra(s) pessoa(s).

MODELO: Sou _____ atlético do que _____.

              Sou mais atlético do que meu irmão.

1. Faço _____ esportes que _____.

2. Vou a _____ festas do que _____.

3. Sou _____ otimista do que _____.

4. Comemoro _____ feriados que _____.

5. Compro presentes _____ caros do que _____.

6. Como _____ frutas e verduras do que _____.

8-6 Mais de ou menos de? Complete as frases corretamente com **mais de** ou **menos de**.

1. O ciclo das Festas Juninas no Brasil dura (*lasts*) _____ duas semanas.

2. Há _____ cinco feriados federais nos Estados Unidos.

3. A cidade do Rio de Janeiro tem _____ vinte milhões de habitantes.

4. Eu ganho (*earn*) _____ mil dólares por mês.

5. Eu peso (*weigh*) _____ 65 quilos.

8-7 As coisas mais importantes da vida. Compare seis pares de itens da lista abaixo em relação à importância que eles têm para você. Use **mais** e **menos** alternadamente.

MODELO: as notas/as festas

> *As notas são mais importantes do que as festas.* ou
> *As festas são menos importantes que as notas.*

o dinheiro	os carros	a televisão	o trabalho
a roupa	as aulas	o/a namorado/a	os amigos
as tradições	a música	o computador	o cinema
os esportes	a comida	a família	os feriados

1. _____

2. _____

3. _____

4. _____

5. _____

6. _____

8-8 Minha família, meus amigos e eu. Compare você com sua família e amigos. Use **mais/menos, maior/menor, melhor/pior** e as palavras da lista abaixo ou outras.

festas	feriados	roupas	carros	CDs	amigos
comprar	dançar	comemorar	ter	preferir	ir

MODELO: *Eu danço melhor do que Irene.*

> *Tenho menos roupas pretas que minha irmã.*

1. _____

2. _____

3. _____

4. _____

5. _____

8-9 Maior, melhor. Escreva duas frases completas comparando os itens de cada série. Use **maior/menor** ou **melhor/pior** de acordo com as indicações.

MODELO: São Paulo, Salvador, Rio de Janeiro (maior/menor)

São Paulo é maior do que o Rio de Janeiro.

Salvador é menor do que São Paulo.

1. Brasil, Angola, Moçambique, Timor-Leste (maior/menor)

   _____

   _____

2. Super-Homem, James Bond, Homem Aranha (*Spiderman*) (melhor/pior)

   _____

   _____

3. o Rio Amazonas, o Rio Delaware, o Rio São Francisco (maior/menor)

   _____

   _____

4. o verão, o inverno, a primavera, o outono (melhor/pior)

   _____

   _____

Comparisons of equality

8-10 Aspectos da vida. Complete as seguintes afirmações.

MODELO: Tênis é tão _____ quanto _____.

Tênis é tão difícil quanto golfe.

1. A música brasileira é tão _____ quanto _____.

2. O Natal é tão _____ como _____.

3. Há tantas _____ no Brasil quanto _____.

4. Eu gosto tanto do _____ quanto _____.

5. As crianças ganham tantos _____ no Natal como _____.

8-11 Comparações. Complete as afirmações usando **tão, tanto/a** ou **tantos/as** para comparar você com atletas, artistas e outras pessoas famosas.

MODELO: ser divertido/a

Não sou tão divertido quanto Will Smith.

ter amigos

Tenho tantos amigos como o presidente.

1. ser interessante

_____

2. jogar futebol bem

_____

3. ter dinheiro

_____

4. ser alto/a

_____

5. canto bem

_____

6. receber convites para festas

_____

8-12 Opiniões sobre as comemorações e as festas. Responda às seguintes perguntas com frases completas.

1. Na sua opinião, que festa é tão divertida quanto o Carnaval?

_____

2. Qual festa é mais cara, uma festa de casamento ou de batizado?

_____

3. Na sua opinião, que reunião de família neste país é tão importante quanto a do Natal?

_____

4. O que é mais importante para um casal: comemorar o casamento de forma cara e elegante ou fazer o primeiro pagamento para comprar uma casa?

_____

5. Em que festas você se diverte tanto quanto na véspera do Ano Novo?

_____

The superlative

8-13 Minhas preferências. Complete as frases seguintes, explicando suas preferências.

1. Meu melhor amigo é _____.

2. O melhor programa de televisão é _____ , e o pior é _____.

3. A maior festa popular do Brasil é o _____ e nos Estados Unidos é _____.

4. Para mim, o feriado mais interessante deste ano foi _____.

5. A comemoração mais chata que tem na minha família é _____.

8-14 Os eventos no Rio. Complete o seguinte parágrafo sobre as atrações da cidade do Rio de Janeiro. Use cada palavra da lista abaixo somente uma vez.

fresquíssimo	belíssimos	super baratos	geladíssimo	a melhor
ótima	famosíssimo	baratíssima	os mais caros	as mais famosas

Nos fins de semana ensolarados, o carioca se diverte de várias maneiras, muitas vezes de forma

(1) _____. Pela manhã, as famílias vão para o Aterro do Flamengo jogar ou andar de bicicleta pelas

ruas fechadas para lazer. Mas (2) _____ praia é a do Pepino. Na praia, sempre vendem coco verde

(3) _____ e (4) _____. Da praia do Pepino podemos ver pessoas fazendo asa delta. O vôo de asa

delta mostra praias e lugares (5) _____ do Rio. À tarde, geralmente tem um jogo no (6) _____

estádio de futebol do Maracanã. As noites cariocas são sempre agitadas. Nas noites de sábado, no bairro

antigo da Lapa, podemos ouvir (7) _____ músicas brasileiras. Tem muitos shows no Rio:

(8) _____ são os do Canecão, com artistas famosos. Os bares para dançar também têm (9) _____

música. Os restaurantes não são caros, pelo contrário muitos são (10) _____ e servem uma comida

maravilhosa. Recomendo você ir ao Rio no próximo fim de semana!

8-15 Isabel, Sidney e o Seu Jorge. Usando superlativos, compare a idade, altura e peso de cada pessoa de acordo com o quadro abaixo.

	SIDNEY	SEU JORGE	ISABEL
idade	22 anos	57 anos	19 anos
altura	1,85 m	1,72 m	1,55 m
peso	82 kg	68 kg	51 kg

MODELO: Isabel/idade

Isabel é a mais jovem dos três.

1. Seu Jorge/idade

   _____

2. Sidney/altura

   _____

3. Isabel/altura

   _____

4. Sidney/peso

   _____

5. Isabel/peso

   _____

Pronouns after prepositions

8-16 Com quem? Preencha os espaços em branco com as expressões da lista abaixo. Não repita nenhuma expressão.

dela   conosco   sem mim   com você   comigo   para mim   de mim   com ele

1. Vou levar o Jorge. Ele vai _____.

2. Mariazinha disse que me ama e que não pode viver _____.

3. Nós vamos primeiro e Fernando se encontra _____ mais tarde.

4. Você e eu temos que mudar os planos. Não posso ir _____ amanhã.

5. Você é muito gentil. Obrigada pelas flores que você mandou _____.

6. Você diz que Miguel chegou de viagem há uma semana e você ainda não falou _____?

7. Nós nos queremos bem: Mariana gosta _____ e eu gosto _____.

8-17 Antes do feriado. Seu irmão mais novo está muito animado antes de uma comemoração importante para sua família. Responda às perguntas que ele esta fazendo. Use pronomes apropriados nas respostas.

MODELO: Você comprou um presente para mamãe?

Sim, comprei um presente para ela./Não, ainda não comprei um presente para ela.

1. Posso comprar presentes com você?

   _____

2. Nós vamos para a casa da vovó?

   _____

3. Você tem um presente para mim?

   _____

4. Nós vamos comemorar o feriado com a tia Alice e o tio Sérgio?

   _____

5. A prima Luisinha vai brincar comigo?

   _____

Reflexive verbs and pronouns

8-18 Maria Isabel e eu. Complete o parágrafo abaixo com os verbos mais apropriados da lista.

divertir-se	preocupar-se (*to worry*)	concentrar-se	vestir-se
lembrar-se	sentir-se	levantar-se	chamar-se

Minha colega de quarto (1) _____ Maria Isabel. Ela está sempre muito ocupada porque trabalha,

estuda e também quer (2) _____. Ela sabe que eu (3) _____ com ela. Os pais dela

também (4) _____ com ela e sempre querem saber como ela (5) _____.

Ela (6) _____ muito cedo todos os dias, lá pelas seis da manhã. Ela não é como eu,

eu (7) _____ bem mais tarde. Nós não (8) _____ na mesma hora, nem nos feriados.

Ela mal (*barely*) tem tempo para (9) _____ antes de ir trabalhar porque ela (10) _____

de manhã para estudar. Nós gostamos das mesmas festas e (11) _____ muito. Quando estamos

num barzinho ou numa festa de aniversário, nós não (12) _____ de nossas preocupações.

8-19 Planos para o feriado. Responda às seguintes perguntas sobre suas expectativas para o Dia do Trabalho que você vai comemorar.

1. A que horas você vai se levantar no Dia do Trabalho?

   _____

2. Você vai se vestir elegantemente nesse dia?

   _____

3. Você acha que você vai se divertir?

   _____

4. Como você vai se sentir no fim do dia?

   _____

5. A que horas você vai se deitar?

   _____

ENCONTROS

Para ler

8-20 As festas do Brasil. Na tabela abaixo, indique o caráter de cada uma das ocasiões festivas: feriado religioso, feriado não religioso ou comemoração pessoal.

	RELIGIOSO	NÃO RELIGIOSO	PESSOAL
1. Ano Novo			
2. Natal			
3. Dia da Independência			
4. Páscoa			
5. Aniversário de casamento			
6. Dia das Mães			
7. Dia dos Namorados			
8. Dia das Bruxas			
9. Dia de São Pedro			
10. Descobrimento do Brasil			
11. Dia de Nossa Sra. Aparecida			
12. Dia do Índio			

8-21 Os feriados e o Dia da Consciência Negra. Leia o texto sobre os feriados no Brasil e siga as instruções na página seguinte.

O Brasil é um país que tem muitos feriados nacionais e feriados religiosos. Os feriados são dias de descanso, mas também convites para aprender um pouco sobre as heranças históricas, religiosas e culturais de nosso país. Quem não gosta de um feriado numa quinta-feira? É uma prática muito comum para os brasileiros juntar o feriado da quinta-feira com a sexta-feira, fazendo disso um fim de semana prolongado, um "feriadão". As famílias aproveitam para viajar e os estudantes fazem excursões para lugares turísticos e de lazer. E todos esperam ansiosamente pelo Carnaval, com três dias de feriado. O Carnaval, de origem cristã, é hoje uma festa de caráter profano. É a maior festa brasileira, com música, fantasias e muita alegria; é uma ocasião que libera o povo brasileiro das dificuldades do dia-a-dia.

Muitos dos feriados brasileiros são religiosos, como o Natal, a Sexta-feira Santa ou o Dia de Nossa Senhora Aparecida, a Padroeira do Brasil (12 de outubro). Por ser um país historicamente católico, os feriados religiosos são todos católicos. Os feriados nacionais de caráter histórico são motivo de orgulho como o Dia da Independência do Brasil (7 de setembro), o Dia do Descobrimento do Brasil (22 de abril), a Proclamação da República (15 de novembro), a Abolição da Escravatura (13 de maio) e o Dia de Tiradentes, o mártir da Independência (21 de abril). O mais recente feriado incorporado ao calendário brasileiro é o Dia da Consciência Negra (20 de novembro), uma homenagem a Zumbi dos Palmares.

Nos anos noventa, através de decreto criado pela senadora Benedita da Silva, foi criado o Dia da Consciência Negra no Brasil. Este dia, devotado ao herói negro Zumbi que viveu antes da abolição da escravatura, ainda não faz parte das tradições de muitos estados. Ou seja, muitos estados do Brasil não fecham o comércio e as instituições públicas nesse dia, tal como fazem em feriados históricos mais tradicionais, como Tiradentes ou a Proclamação da República. Mesmo assim, as comemorações são sempre muito significativas. Por exemplo, em 2006 a cidade de São Paulo parou e houve palestras e eventos culturais para educar o povo em relação aos direitos iguais de todos os cidadãos brasileiros. Em Salvador, a cidade com a maior influência negra no Brasil, o dia foi dedicado a Zumbi, com muitas festas de origem africana. Os mais famosos afoxés, mães-de-santo do candomblé e capoeiristas fizeram sua homenagem a Zumbi. Cantores famosos, como Caetano Veloso e sua irmã Maria Bethânia, estiveram presentes nas cerimônias religiosas. Em Palmares, no estado de Alagoas, onde viveu Zumbi e onde existiu o maior e mais famoso quilombo (comunidade de escravos refugiados), centenas de pessoas caminharam pela mata e pelas montanhas, refazendo o itinerário de Zumbi há quase cento e cinqüenta anos. Em Recife, houve festivais de danças folclóricas com grupos de Caboclinhos, Cirandas e Maracatus, que são quase todos tradições de origem africana. Em todos os estados, as escolas fizeram atividades especiais relembrando Zumbi e sua luta para libertar os escravos. Zumbi hoje é relembrado com orgulho como símbolo da luta dos negros do Brasil contra a opressão sofrida desde o período colonial.

Indique:

1. duas festividades religiosas com as respectivas datas

_____

2. o significado da palavra "feriadão"

_____

3. dois feriados históricos com as respectivas datas

_____

4. três cidades que comemoraram o Dia da Consciência Negra

8-22 Verdadeiro ou falso? Marque as afirmações verdadeiras com um **V** e as falsas com um **F**. Corrija as afirmações falsas.

1. _____ Há poucos feriados no Brasil.

   _____

2. _____ O Carnaval é uma festa de origem religiosa.

   _____

3. _____ Os feriados religiosos brasileiros são relacionados com o islamismo, o judaísmo e o catolicismo.

   _____

4. _____ Tiradentes morreu (*died*) lutando pela independência do Brasil.

   _____

5. _____ Todos os estados do país comemoram o Dia da Consciência Negra.

   _____

6. _____ Salvador tem razões muito especiais para comemorar a herança de Zumbi.

   _____

7. _____ Zumbi viveu no Rio de Janeiro.

   _____

8. _____ O Dia Nacional da Consciência Negra relembra o sofrimento dos negros devido à escravidão e discriminação racial.

   _____

8-23 Tradições de família. Descreva duas tradições de sua família para cada uma das celebrações abaixo.

1. O Ano Novo _____

   _____

2. O Dia da Independência _____

   _____

3. O Dia de Ação de Graças _____

   _____

Para escrever

8-24 Comparação. Escreva dois parágrafos comparando dois feriados. Siga os passos seguintes antes de começar a escrever.

1. Escolha os feriados.

2. Faça uma lista das semelhanças e diferenças.

3. Decida se você quer apresentar todas as diferenças e semelhanças de um feriado e, em seguida, todas as semelhanças de outro, ou se você quer comparar uma idéia de cada vez.

_____

_____

_____

_____

_____

_____

_____

_____

_____

_____

_____

_____

_____

_____

_____

_____

_____

_____

HORIZONTES

8-25 O Centro e o Norte de Portugal. Indique se as afirmações são verdadeiras (**V**) ou falsas (**F**) de acordo com o texto em **Horizontes** nas páginas 324-325 do seu livro.

1. _____ A região Centro de Portugal é muito diversificada em termos geográficos e econômicos.

2. _____ A maior parte da população da região Centro se concentra na Beira Litoral.

3. _____ A Universidade de Coimbra tem menos de cem anos.

4. _____ Há muitas montanhas e serras na região Centro.

5. _____ A Serra da Estrela é hoje um parque nacional.

6. _____ A montanha mais alta da Serra da Estrela tem mais de 2.000 metros.

7. _____ A base econômica da região Centro é a indústria pesada.

8. _____ Na região Centro é importante a produção de laticínios.

9. _____ O Norte é uma região menor do que o Centro.

10. _____ A cidade do Porto é tão grande como a cidade de Lisboa.

11. _____ O Porto fica longe do mar.

12. _____ Vários arquitetos estrangeiros realizaram obras no Porto.

13. _____ O vinho do Porto é um produto consumido exclusivamente em Portugal.

14. _____ As cidades de Trás-os-Montes rivalizam com Lisboa e o Porto em termos de população.

15. _____ Azeite e águas minerais são duas das exportações de Trás-os-Montes.

À PRIMEIRA VISTA

8-26 As festas tradicionais. Listen to the following descriptions and circle the holiday that is being described.

1. a) a Véspera de Natal   b) o Carnaval   c) o Dia da Independência

2. a) o Dia das Mães   b) o Dia das Bruxas   c) a Semana Santa

3. a) o Natal   b) o Ano Novo   c) o Dia de Nossa Sra. Aparecida

4. a) o Dia dos Namorados   b) a Páscoa   c) o Dia de Ação de Graças

8-27 Comemorações. Identify who in the chart celebrates the holidays you will hear named and describe briefly how each holiday is celebrated. Pause the recording at the beep to work at your own pace.

MODELO: You hear: 0. o Dia das Bruxas

You write: *as crianças / Ganham muitos doces.*

DIA	QUEM COMEMORA?	COMO COMEMORAM?
0.	as crianças	Ganham muitos doces.
1.		
2.		
3.		
4.		
5.		
6.		

8-28 Mais uma tradição brasileira. First, read the incomplete text. Then listen as Daniel and Melissa discuss their recent trips to Brazil and fill in the missing information based on what you hear.

Daniel e Melissa foram ao (1) _____ no ano passado. Ela visitou a cidade de Barretos, no estado de

(2) _____ e ele foi a Ouro Preto para o (3) _____. Melissa ficou com a família de

Eliane, sua amiga brasileira, durante um mês. Lá em Barretos, ela teve a oportunidade de assistir um

(4) _____ , que é mais ou menos como os rodeios americanos. A festa de Barretos se chama "A

Festa do Peão". Melissa disse que os brasileiros chamam os *cowboys* de (5) _____ ou peões. Ela

assistiu o rodeio, comeu comidas típicas, como churrasco, e ouviu música (6) _____ , que é o

equivalente a *country music* dos Estados Unidos. Geralmente, duas (7) _____ cantam as músicas

sertanejas. Elas são as duplas (8) _____. Caipira quer dizer "do campo". As festas com rodeios e

músicas caipiras no passado eram festas (9) _____ mas hoje acontecem também em muitas cidades

do Brasil. Melissa, que é originalmente de Memphis, TN, adorou Barretos e a música sertaneja!

ESTRUTURAS

Comparisons of inequality

8-29 Cristina e Rodrigo. You will hear statements comparing Cristina and Rodrigo as they appear in the drawings below. For each statement that is true, check **Verdadeiro**; for each statement that is false, check **Falso**.

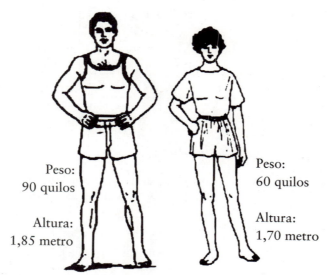

Peso:
90 quilos

Altura:
1,85 metro

Peso:
60 quilos

Altura:
1,70 metro

VERDADEIRO	FALSO
1. _____	_____
2. _____	_____
3. _____	_____
4. _____	_____
5. _____	_____
6. _____	_____

8-30 Dois jogadores. You will hear a comparison of two basketball players who are playing for the Brazilian national team at an international championship in Tokyo. Based on what you hear, complete the chart and the sentences that follow it.

JOGADORES	IDADE	EXPERIÊNCIA	PESO	ALTURA

1. André tem _____ anos e Roberto tem _____ anos. André é muito alto. Ele é _____ do que Roberto.

2. André tem _____ experiência _____ Roberto.

3. André é _____ ágil _____ Roberto.

4. Roberto pesa _____ André.

8-31 Como é que eles são? The chart below contains information about two students. Respond in complete sentences to the questions you will hear, using this information to compare the students. Pause the recording at the beep to answer at your own pace.

MODELO: Quem é mais baixo?

Márcia é mais baixa do que Rafael.

MÁRCIA MORAES	RAFAEL PEREIRA
20 anos	22 anos
1,65 m	1,82 m
super inteligente	inteligente
alegre	sério

Comparisons of equality

8-32 Dois rapazes bem diferentes. Look at the drawing and listen to the statements comparing the two students shown. For each statement that it is true, check **Verdadeiro**; for each statement that is false, check **Falso**.

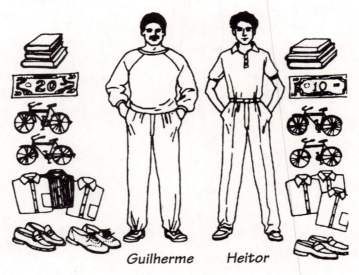

Guilherme   Heitor

VERDADEIRO   **FALSO**

1. _____   _____

2. _____   _____

3. _____   _____

4. _____   _____

5. _____   _____

6. _____   _____

7. _____   _____

8. _____   _____

8-33 Mais comparações. Answer the questions in the recording by comparing the people in the drawing. Pause the recording at the beep to answer at your own pace.

MODELO: Quem é tão alto quanto Artur?

Carlos é tão alto quanto Artur.

8-34 O que eles têm? Answer the questions in the recording by comparing these people's possessions, based on the information in the chart. Pause the recording at the beep to answer at your own pace.

MODELO: Quem tem tantos televisores quanto o Seu José?

Mirela tem tantos televisores quanto o Seu José.

	SEU JOSÉ	**DONA ISIS**	**MIRELA**
casas	1	2	1
carros	1	2	2
televisores	2	5	2
reais (R$)	50.000	9.000.000	50.000

The superlative

8-35 Uma pesquisa. As you hear the results of a survey of students' opinions of one another, check off the results in the chart below. Listen to the recording as many times as necessary.

	O MAIS				O MENOS
	SIMPÁTICO	POPULAR	BONITÃO	ESTUDIOSO	ARROGANTE
Vítor					
Aurélio					
Ângelo					
Sérgio					

8-36 A festa de São João em Recife. First, read the incomplete text below. Then, listen as Ana Mendes talks about the **Festa de São João** in Recife and describes what people do and eat during the São João festival. Finally, complete the sentences with the superlatives Ana uses to describe various aspects of the feast.

1. Os recifenses decoram as ruas com bandeirinhas _____.

2. Em todos os bairros há quadrilhas _____.

3. A quadrilha é uma dança _____ ; os casais que dançam são _____.

4. As comidas típicas de São João são _____.

5. A festa de São João em Recife conserva alegria e tradição e é _____.

6. Muitos artistas _____ participam da festa de São João.

8-37 Não estou de acordo. You disagree with your friend's opinions about various people you both know. Correct your friend, using names provided below. Pause the recording at the beep to answer at your own pace.

MODELO: You hear: João é o mais alto da turma.
You see: Henrique
You say: *Não, Henrique é o mais alto da turma.*

1. Ana
2. Patrícia e Sara
3. Antônio
4. Carlos
5. Pedro e Letícia

8-38 Importantíssimos. Express your agreement with the following statements using the -íssimo forms of the adjectives you hear. Pause the recording at the beep to answer at your own pace.

MODELO: Tiger Woods é elegante.
> *Sim, ele é elegantíssimo.*

Pronouns after prepositions

8-39 Quem vai com quem? Patrícia is on the phone with her friend Lucas, making plans to go to a soccer game. Listen to Patrícia's side of the conversation and fill out the chart indicating with whom the following people are going. Listen to the recording as many times as necessary.

	PATRÍCIA	LUCAS	CARLOS E EDUARDO
1. Carla e Fred			
2. Catarina e Amanda			
3. Irene			

Reflexive verbs and pronouns

8-40 De manhã. Looking at the times given, tell when each person gets up. Pause the recording at the beep to answer at your own pace.

MODELO: You hear: João
> You see: João/7:00
> You say: *João se levanta às sete.*

1. Alice/7:30
2. Felipe e Pedro/8:00
3. eu/9:00
4. meu pai/6:00
5. nós (nos feriados)/10:30

8-41 Meu irmão e eu. A friend is telling you what he does at a summer resort. Tell him that you and your friends do the same thing. Pause the recording at the beep to answer at your own pace.

MODELO: Eu me levanto às sete.
> *Nós nos levantamos às sete também.*

8-42 O balé à noite. Listen to Rita talk about her plans to see a ballet performance tonight. Then complete the following statements, according to what you have heard.

1. Hoje à noite, Rita quer _____ com os amigos dela.

2. Antes do balé, ela _____ para descansar um pouco.

3. Ela fica imaginando como as pessoas _____ para este show.

4. Ela sempre _____ com roupas práticas e simples.

5. Rita gosta de _____ bem com a roupa que usa.

ENCONTROS

8-43 Planos mudados. First, read the statements in your workbook. Then listen to Vívian and Bruno making plans to go out. The first part of their conversation takes place the day before their date and the second just before they're supposed to get together. Listen to the recording as many times as necessary and mark the statements as true or false.

	VERDADEIRO	FALSO
1. Bruno e Vívian planejam se encontrar amanhã.	_____	_____
2. Vívian vai chamá-lo às oito da noite.	_____	_____
3. Bruno vai pegá-la depois de tomar banho e se arrumar.	_____	_____
4. Vívian não está se sentindo bem para sair.	_____	_____
5. Ela não quer se levantar da cama para se encontrar com Bruno.	_____	_____
6. Bruno não lhe desculpa.	_____	_____
7. Bruno vai lhe telefonar no dia seguinte.	_____	_____
8. Vívian está zangada com Bruno.	_____	_____
9. Vívian e Bruno vão se encontrar no dia marcado.	_____	_____

VÍDEO

Vocabulário útil

amar	to love	morrer	to die
o ano que vem	next year	a passagem do ano	New Year's Eve
arranjar	to get, to find	pular ondinhas	to jump over waves
atual	current	restar	to remain
chorar	to cry	o réveillon	New Year's Eve
de paixão	passionately	romântico/a	romantic
o doce	candy, sweets	a simpatia	superstition, good-luck spell
evangélico/a	Evangelical	a terça-feira gorda	Shrove Tuesday, Mardi Gras
os fogos (de artifício)	fireworks	tratar de	to take steps to
extinguir-se	to become extinct		

8-44 As festas. Quais são as festas e os feriados que as seguintes pessoas mais gostam de comemorar? Relacione as pessoas com as ocasiões.

1. _____ Adriana   a. Natal

2. _____ Rogério   b. feriado prolongado

3. _____ Dona Raimunda   c. Festas Juninas

4. _____ Chupeta   d. terça-feira gorda

5. _____ Manuela   e. todos os feriados

6. _____ Mônica   f. Carnaval

7. E você? Qual é o feriado que você mais gosta de comemorar e por quê?

_____

_____

8-45 Os hábitos. Responda às seguintes perguntas sobre como Rogério e Manuela costumam comemorar certos feriados. Use frases completas em português.

1. Rogério:

   a. Com quem o Rogério comemora a passagem do ano?

   _____

   b. O que acontece com ele às dez para a meia-noite?

   _____

2. Manuela:

   a. Com quem e onde Manuela gosta de passar o Réveillon?

   _____

   b. Qual é a única simpatia que ela faz?

   _____

3. Você:

   a. Com quem você passa o Réveillon?

   _____

   b. Onde você geralmente gosta de passar o Réveillon?

   _____

   c. Você faz alguma simpatia?

   _____

8-46 O Dia dos Namorados. O Dia dos Namorados, no dia 12 de junho, é uma data muito especial no Brasil. Ouça os comentários do Chupeta e da Manuela e complete o texto abaixo com as palavras apropriadas.

CHUPETA: No Dia dos Namorados, eu (1) _____ estar com minha namorada, ir ao (2) _____ ,

ficar junto, jantar junto, fazer programas (3) _____ , que é o que a data propõe, né?

MANUELA: O Dia dos Namorados é uma data muito especial, que eu amo de (4) _____ . É, eu nunca

vou esquecer um Dia dos Namorados que eu não tinha namorado, que foi um ano antes de eu (5)

_____ namorar o meu atual namorado, que é o Caio. É, o meu tio me levou pra jantar, pra

sair pra jantar num restaurante (6) _____ que eu gosto muito. E aí falou, "Oh, o ano que

vem eu não (7) _____ te chamar de novo não, hein? Trata de arranjar logo um namorado".

E parece que foi assim, (8) _____ mesmo, porque no ano seguinte eu já

estava (9) _____ o Caio e eu adoro assim passar o dia inteiro com ele.

VOCÊ: Eu _____ o Dia dos Namorados. Acho que este feriado é _____ .

_____ . Adoro _____

_____

8-47 As tradições religiosas. As seguintes pessoas falam das tradições religiosas das suas famílias. Responda às perguntas abaixo com frases completas em português.

1. Rogério:
   a. Qual é o dia da festa São Cosme e São Damião e o que se faz para comemorar essa data?

   _____

   b. O que aconteceu depois que a avó do Rogério morreu?

   _____

   c. Qual foi a única tradição religiosa que restou para a família do Rogério?

   _____

2. Dona Raimunda:
   a. O que Dona Raimunda assiste pela televisão?

   _____

3. Adriana:
   a. O que a família da Adriana faz em termos religiosos?

   _____

   b. Ela considera a família dela muito religiosa?

   _____

4. Você:
   Sua família tem tradições religiosas? Se tem, descreva uma delas.

   _____

   _____

   _____

Lição 9 ◆ O trabalho e os negócios

PRÁTICA

À PRIMEIRA VISTA

9-1 Associações. Associe cada profissão com o respectivo local de trabalho.

1. vendedora   _____ um laboratório

2. cientista   _____ um carro

3. enfermeiro   _____ um banco

4. motorista   _____ uma loja

5. contador   _____ um hospital

6. empregada doméstica   _____ uma casa

9-2 Quem é? Escreva os nomes das profissões descritas abaixo.

1. Ajuda as pessoas com problemas psicológicos e de relacionamento humano.

_____

2. Defende as pessoas com problemas legais perante um/a juiz/juíza.

_____

3. Serve comida em um restaurante.

_____

4. Representa personagens em filmes ou na televisão.

_____

5. Trabalha na escola ou na universidade e tem muitos alunos.

_____

9-3 De que profissional preciso? Decida de que profissional você vai precisar nas seguintes situações.

SITUAÇÃO	PROFISSÃO
1. Você olha pela janela e vê um homem sendo assaltado na rua.	
2. Tem muita água no chão no seu banheiro.	
3. Seu cabelo está muito comprido e feio.	
4. Você está no Egito e não compreende a língua que as pessoas falam.	
5. Você está em um supermercado e quer pagar as compras.	
6. Você está se sentindo muito mal e não sabe o que tem.	

9-4 Entrevista sobre seu trabalho. O repórter de um jornal local quer entrevistar vários estudantes que trabalham e pediu para você responder a estas perguntas por escrito. Se você trabalha, escreva sobre seu trabalho real; se não trabalha, escreva sobre um trabalho que você teve no passado ou um trabalho imaginário.

JORNALISTA: Onde você trabalha?

VOCÊ: _____

JORNALISTA: A que horas você chega ao trabalho?

VOCÊ: _____

JORNALISTA: A que horas você sai do trabalho?

VOCÊ: _____

JORNALISTA: Quantas pessoas trabalham com você?

VOCÊ: _____

JORNALISTA: O que você faz no seu trabalho?

VOCÊ: _____

ESTRUTURAS

Síntese gramatical

1. *Se* **as impersonal subject**

   você/ele/ela verb form + **se** + *singular noun (adverb, infinitive, etc.)*

Fala-se português no Brasil.	*Portuguese is spoken in Brazil.*
Não se aceita dinheiro estrangeiro.	*Foreign money is not accepted.*
Neste restaurante **se come** muito bem.	*One eats well in this restaurant.*

   Você/ele/ela verb form + **se** + *plural noun*

Vendem-se carros.	*Cars for sale.*
Para quem **se mandam** os convites?	*To whom should the invitations be sent?*

2. **More on the preterit and the imperfect**

   Verbs with different meanings in English when the Portuguese preterit is used: **saber, querer, conhecer, poder**

   Expressing intentions in the past: imperfect of **ir** + *infinitive*

Nós íamos sair, mas já era tarde.	*We were going to go out, but it was already too late.*

   Imperfect progressive: imperfect of **estar** + *present participle* (**-ando, -endo, -indo**)

A secretária **estava falando** com um cliente.	*The secretary was talking to a client.*

3. **More on interrogative pronouns**

   a, com, de, para + *interrogative pronouns*

Para quem é este pacote?	*Who is this package for?*
Este catálogo veio **de que** abastecedor?	*This catalogue has come from which supplier?*

   que...? (generic *what...?*), **qual...?** (*which one?*), and **quais...?** (*which ones?*)

Que nome devo apresentar?	*What name should I announce?*
Quais são as ofertas mais favoráveis?	*Which are the most favorable offers?*

4. **Commands**

		VOCÊ O/A SENHOR/A	VOCÊS OS/AS SENHORES/AS	
FALAR:	fal**e**	fal**e**	fal**em**	*speak*
COMER:	com**e**	com**a**	com**am**	*eat*
SAIR:	sai**a**	sai**a**	sai**am**	*leave, go out*

Se as impersonal subject

9-5 Completar. Circule a forma correta para completar cada frase.

1. ...vendedores com experiência.
   a) Procura-se
   b) Procuram-se

2. Nessas lojas... português.
   a) se fala
   b) se falam

3. Disseram-me que... bicicletas aqui.
   a) se aluga
   b) se alugam

4. ...apartamentos com dois quartos e dois banheiros.
   a) Vende-se
   b) Vendem-se

5. ...viver muito bem nesta cidade.
   a) Pode-se
   b) Podem-se

9-6 O que se faz aqui? Escreva o que normalmente se faz nestes lugares.

MODELO: um livraria
     Compram-se livros em uma livraria.

1. um restaurante _____

2. um escritório de advogados _____

3. um jornal _____

4. uma loja de roupas _____

5. o cinema _____

6. a praia _____

9-7 Os anúncios. Você é um estagiário no jornal *Folha de São Paulo*. Escreva um título para cada um destes anúncios usando **se**.

MODELO:

**Aluga-se casa com 3 quartos,
3 banheiros, garagem, cozinha grande
R$ 4.500**

Avenida Ipanema, 1043-Rio de Janeiro
Tel: (212)521-0743

Aluga-se casa

1.

LIQUIDATUDO

Vende pelos preços mais baixos
equipamento de tênis, raquetes e bolas
Rua São Francisco, 792, fone: (250)541-5841

_____

2.

APARTCO LDA., vende escritório
52 m, acarpetado,
dividido em dois espaços
RS $315.000
Rua Bom Jesus, 245-Recife
Tel: (812)359-7538

_____

3.

Técnicos consertam

Geladeiras, freezers, microondas
Máquinas de lavar louça e de lavar roupa
Máquinas de secar
Fone: 234-379221

_____

4.

Vendo Computador

Compatível IBM
Pentium IV, 30 GB
Muitos extras
273-827401 (depois das 20h)

_____

5.

Lavamos tapetes e carpetes

Trabalho garantido
Tel: 375-109213

_____

9-8 Em minha casa. Você descreve os hábitos da sua família a um amigo. Escreva um parágrafo usando a forma impessoal de seis expressões da lista abaixo e/ou outras.

ligar a televisão	comer em restaurantes	ir ao supermercado
chamar o médico	lavar o carro	limpar a casa
comprar o jornal	assistir um filme	ir ao correio
jantar	comemorar (datas especiais)	lavar a roupa

MODELO: *Em minha casa se almoça às...*

_____

_____

_____

_____

_____

_____

_____

_____

More on the preterit and the imperfect

9-9 Quando Madalena estudava no Recife. Complete as frases com formas do imperfeito ou do pretérito dos verbos em parênteses.

1. Quando Madalena estudava no Recife _____ (querer) ir a Caruaru, uma cidade do sertão, mas nunca _____ (poder) ir.

2. Madalena _____ (conhecer) José Carlos em 2003. Eles se _____ (conhecer) bem porque estudavam juntos na Universidade Federal de Pernambuco e conversavam todos os dias.

3. Madalena _____ (saber) do acidente de José Carlos quando um colega de curso lhe _____ (telefonar).

4. Madalena _____ (saber) o endereço do hospital porque _____ (ter) vários amigos que _____ (trabalhar) lá.

9-10 Entrevista. Responda a estas perguntas com frases completas, usando o pretérito ou o imperfeito, conforme o caso.

1. Você conhecia o seu/a sua atual professor/a de Português no ano passado?

   _____

2. Quando e onde você conheceu seu melhor amigo/sua melhor amiga?

   _____

3. Você sabia que o Brasil possui muito minério de ferro (*iron ore*)?

   _____

4. Quando você soube que no Brasil se fala português?

   _____

5. Você queria falar com seus pais no fim de semana passado?

   _____

6. Você pôde falar com eles?

   _____

9-11 As coisas não deram certo. João Medina é um jovem arquiteto. Ontem, ele e seus colegas do escritório estavam acabando um projeto importante e iam fazer certas coisas, mas nem tudo deu certo. O que eles iam fazer?

MODELO: _____ , mas o computador não estava funcionando bem.
   Eles iam preparar a apresentação do projeto, mas o computador não estava funcionando bem.

1. _____ , mas não tinham os materiais necessários.

2. _____ , mas a loja já estava fechada.

3. _____ , mas o diretor não estava no escritório dele.

4. _____ , mas o técnico não atendia o telefone.

5. _____ , mas não conseguiram.

9-12 Um dia no escritório. Você trabalha em um escritório. Descreva o que as pessoas estavam fazendo quando você chegou no trabalho ontem de manhã. Use o imperfeito progressivo nas suas descrições.

MODELO: o diretor de vendas/ler a lista de encomendas
O diretor de vendas estava lendo a lista de encomendas.

1. D. Gabriela/preparar um relatório

_____

2. Alberto e Rosa/falar com dois clientes

_____

3. a secretária/preparar a reunião de amanhã

_____

4. Irene/beber um cafezinho no escritório dela

_____

5. o contador/fazer o balanço das contas

_____

More on interrogative pronouns

9-13 Associações. Uma secretária está treinando outra que acaba de ser contratada. Associe cada pergunta na coluna da esquerda com a resposta correta na coluna da direita.

1. De onde veio esse pacote?

2. Para quem é esta carta?

3. Com quem é a reunião de amanhã?

4. Para que serve este formulário?

5. Para qual diretor devo me apresentar?

6. Com quais firmas vamos trabalhar?

7. Para qual departamento devo me dirigir?

8. Para onde mando as encomendas?

_____ Para a Dra Carla. Fernandes.

_____ Ao Dr. Santos Serra.

_____ Com as internacionais.

_____ De Angola.

_____ Com o diretor geral.

_____ Para o departamento de finanças.

_____ Para fazer as encomendas.

_____ Para os clientes.

9-14 Que? Qual? Quais? Complete os diálogos com a interrogativa mais apropriada.

1. _____ é o maior produtor de café no mundo?

   É o Brasil.

2. _____ são os outros países que produzem café?

   Colômbia, Angola, São Tomé, Timor-Leste, dentre outros.

3. _____ mensagem a Dra. Adriana deixou?

   Que ela não pode vir hoje às três.

4. _____ resposta devemos dar?

   Vamos pensar bem antes de responder.

5. _____ destas firmas você já contatou?

   Todas.

6. _____ é o horário de trabalho?

   Todos os dias das 9.00 às 18.00 com uma hora de intervalo para o almoço.

7. _____ carta você está procurando?

   A carta com o pedido de novos equipamentos.

8. _____ são os melhores produtos?

   São os da Optimus & Cia. e da Benebene Lda.

9-15 Qual é a pergunta? Você está entrevistando um novo engenheiro de informática para sua empresa. Escreva as perguntas para as respostas do candidato.

1. _____?

   Atualmente trabalho na Informasil, uma companhia baiana especializada em informática.

2. _____?

   Nos últimos 10 anos trabalhei com duas companhias de informática e uma de telecomunicações.

3. _____?

   As minhas referências são dos diretores das duas companhias de informática onde trabalhei.

4. _____?

   Além de português, falo espanhol, inglês e japonês.

5. _____?

   O salário que pretendo ganhar corresponde ao anúncio deste emprego.

6. _____?

   Em caso de acidente, por favor mande um aviso para minha esposa.

7. _____?

   Minhas principais preocupações são o trânsito e o horário, porque tenho que pegar meu filho na escola antes de voltar para casa.

Commands

9-16 Qual faz sentido? Leia as seguintes situações e circule a ordem mais lógica para cada uma delas.

1. Você é um/a arquiteto/a que tem que mandar um projeto para a casa de um cliente. Você está falando com o desenhista (*draftsman*) que está fazendo o projeto. Você diz:

   a) Termine hoje.   b) Compre a casa.   c) Não venha amanhã.

2. Nicolau está visitando o sertão nordestino num dia de muito calor e está com muita sede. Ele vai a uma lanchonete e pede:

   a) Me dê uma camisa.   b) Me dê uma água.   c) Me dê dinheiro.

3. Os filhos de seu irmão estão na sala de jantar de sua casa. Você tem louça e copos muito caros e as crianças estão correndo em volta da mesa. Você diz para eles:

   a) Tomem o sorvete aqui.   b) Fechem a porta.   c) Não brinquem aqui.

4. Você vai entrevistar uma pessoa que quer trabalhar na sua companhia. Você cumprimenta o candidato e diz:

   a) Abra a janela.   b) Sente-se, por favor.   c) Não trabalhe mais.

5. Seu professor de Literatura dá tarefa todos os dias. Ao terminar a aula, ele diz:

   a) Façam a tarefa.   b) Não falem.   c) Troquem os livros.

9-17 Não corram em casa. Você está cuidando das crianças de seus vizinhos. Você diz para eles não fazerem estas coisas.

MODELO: Eles abrem a geladeira.
           Não abram a geladeira.

1. Eles saem para a rua.

   _____

2. Eles se deitam no sofá.

   _____

3. Eles brincam com o computador.

   _____

4. Eles escrevem nas paredes.

   _____

9-18 Recomendações do médico. Você é médico e está falando com um paciente que teve um ataque de coração. Escreva suas recomendações para o paciente de acordo com o modelo.

MODELO: caminhar/fazer exercício

Caminhe e faça exercício.

1. dormir/oito horas

_____

2. comer/frutas e verduras/no almoço

_____

3. seguir/a dieta/todos os dias

_____

4. não comer/hambúrguer

_____

5. brincar/com seus netos

_____

6. não trabalhar/mais de seis horas

_____

9-19 Que fazer? Durante uma reunião, seu assistente faz as seguintes perguntas. Responda afirmativamente de acordo com o modelo.

MODELO: Trago o contrato?

Traga, sim.

1. Fecho a porta?

_____

2. Fico aqui?

_____

3. Trago meu laptop?

_____

4. Sirvo o cafezinho agora?

_____

5. Leio minhas notas?

_____

9-20 Por favor... Enquanto você e sua família estão de férias, alguém vai tomar conta da casa de vocês. Sua mãe pede para você escrever uma nota com as seguintes instruções para a pessoa que vai tomar conta da casa: (a) abrir as janelas de manhã; (b) comprar o jornal; (c) levar o cachorro para dar um passeio; (d) pegar a correspondência; (e) fechar as portas e janelas à noite.

1. _____

2. _____

3. _____

4. _____

5. _____

ENCONTROS

Para ler

9-21 À procura de trabalho. Imagine que você está concorrendo ao seu emprego ideal. Que tipos de informação você vai colocar em seu CV? Organize os itens abaixo por ordem de importância (sendo 1 o mais importante). No último espaço escreva uma informação adicional que você vai incluir.

_____ nacionalidade   _____ e-mail

_____ nome   _____ atestado de saúde

_____ educação   _____ profissão/ocupação

_____ idade   _____ passatempo preferido

_____ sexo   _____

9-22 Os anúncios. Leia os anúncios e siga as instruções abaixo.

Secretária executiva bilíngüe

Importante empresa mineira procura secretária executiva bilíngüe (português-inglês), com experiência mínima de 4 anos e com conhecimentos de processador de texto. Indispensável ter excelente relacionamento pessoal e boa apresentação.

As pessoas interessadas devem enviar Curriculum Vitae, foto recente e pretensão salarial para
Escritório de Recrutamento Mineiro, Belo Horizonte, Sala 932

A. Preencha os espaços baseando-se nas informações dadas no anúncio.

1. Posto de trabalho:

   _____

2. Experiência:

   _____

3. Qualidades importantes:

   _____

4. Informação que deve ser mandada por correio:

   _____

5. Deve-se enviar esta informação para:

   _____

B. Indique se cada afirmação abaixo sobre o seguinte anúncio é verdadeira (**V**) ou falsa (**F**). Corrija as afirmações falsas.

Procura-se pessoal
Jovens dinâmicos de ambos os sexos

Requisitos:
- Facilidade de expressão
- Aptidão para vendas
- Boa apresentação
- Disposto a treinamento profissional
- Trabalho não requer tempo integral

Os interessados devem ligar para (22)460-2553
Falar com Chefe de Recursos Humanos
das 9 às 13hrs e das 14 às 18hrs

---

1. _____ Os empregos são só para homens.

   _____

2. _____ As pessoas interessadas devem se expressar bem.

   _____

3. _____ É necessário trabalhar em tempo integral.

   _____

4. _____ Vestir-se bem não é importante para este emprego.

   _____

5. _____ As pessoas contratadas vão ser treinadas.

   _____

6. _____ Os interessados podem telefonar a qualquer hora.

   _____

C. Complete as informações abaixo com base no anúncio seguinte.

> **Loja especializada em computadores e comunicações procura**
>
> # VENDEDORA
>
> *Solteira, até 35 anos, dinâmica, boa apresentação. Experiência em programação, interessada na carreira de vendas de computadores e em viajar para o exterior. Prefere-se candidata com conhecimento de línguas. Enviar curriculum vitae com fotografia para*
>
> **Recrutamento IBM,**
> **Avenida Marginal 536, Pinheiros, São Paulo SP**

1. Emprego oferecido: _____

2. Idade limite: _____

3. Estado civil: _____

4. Requisitos: _____

5. Qualificações preferidas: _____

6. Documentos requeridos: _____

7. Enviar as informações acima para: _____

Para escrever

9-23 Minha profissão ideal. Pense no que seria o seu trabalho ideal e escreva o anúncio para este emprego. Use como modelo os anúncios da atividade 9-22. Não se esqueça de incluir as seguintes informações: requisitos, qualidades, habilitações, descrição do trabalho, endereço, telefone, etc.

9-24 Procura-se. Você é um/a executivo/a que precisa de um/a secretário/a. Faça uma lista dos requisitos do trabalho. Considere aspectos como: experiência, línguas faladas, uso de computador, palavras datilografadas por minuto, personalidade, etc.

1. _____   4. _____

2. _____   5. _____

3. _____   6. _____

9-25 Um anúncio. Você decide colocar um anúncio no jornal para a vaga referida na atividade 9-24. Escreva o anúncio listando os requisitos identificados acima e identificando as responsabilidades do emprego, as condições, os contatos, etc.

HORIZONTES

9-26 A Madeira. Indique se as afirmações que se seguem são verdadeiras (V) ou falsas (F), de acordo com o texto em *Horizontes*, nas páginas 358-359 do seu livro.

1. _____ A Madeira e os Açores são dois arquipélagos que ficam no Oceano Pacífico.

2. _____ Embora integradas na República Portuguesa, as duas regiões têm total autonomia política.

3. _____ As ilhas foram colonizadas com população portuguesa, francesa e belga.

4. _____ Quando os navegadores portugueses chegaram à ilha da Madeira, não encontraram vegetação.

5. _____ As plantações de cana-de-açúcar no Brasil foram o resultado da experiência das plantações na Madeira.

6. _____ O turismo é o setor mais importante da economia da Madeira e Porto Santo.

7. _____ Os hotéis do Funchal, capital da Madeira, são excelentes mas não têm piscina porque o mar é perto.

8. _____ A Madeira é uma ilha de grande beleza com as encostas cheias de flores.

9-27 Os Açores. Preencha os espaços com a informação correta, com base no texto sobre os Açores nas páginas 358-359 do seu livro.

A capital do arquipélago dos Açores é (1) _____ na ilha de (2) _____. Devido à sua situação geográfica, as ilhas têm um clima (3) _____ e o solo é úmido e fértil. Estas ilhas são, na realidade, o topo de uma cadeia de (4) _____ que sobe acima do nível das águas do (5) _____. A base da economia dos Açores é a (6) _____ , mas a pesca também é importante. Os Açores compartilham com os Estados Unidos a tradição de caça à (7) _____. No século XIX, barcos americanos iam caçar baleias perto dos Açores. Muitos pescadores açorianos acabaram imigrando para os Estados Unidos e fundando comunidades portuguesas em (8) _____ e (9) _____ . No século XX, outros açorianos imigraram para a Califórnia e estabeleceram sítios (*farms*) onde criavam gado e desenvolveram a produção de (10) _____.

LABORATÓRIO

À PRIMEIRA VISTA

9-28 Procura-se um profissional. As you listen to these descriptions of various situations, circle the name of the professional best prepared to solve each problem.

piloto	arquiteto	astronauta
encanador	intérprete	enfermeiro
psicóloga	telefonista	recepcionista
engenheiro	médica	secretário
advogada	pescador	atriz
contador	caixa	mecânico

9-29 Meu trabalho. You will hear several people talking about their jobs. Identify their professions by writing the corresponding number next to the appropriate profession.

_____ veterinário/a   _____ ator/atriz

_____ caixa   _____ piloto

_____ cozinheiro/a   _____ enfermeiro/a

9-30 As profissões. Listen to the following job descriptions and write the names of the professions that best match them. Pause the recording at the beep to write at your own pace.

1. _____

2. _____

3. _____

4. _____

ESTRUTURAS

Se as impersonal subject

9-31 Procurando trabalho. Read the statements in your workbook before listening to this telephone conversation. Then indicate whether each statement below is true or false by checking **Verdadeiro** or **Falso**.

	VERDADEIRO	FALSO
1. Precisa-se de um diretor na companhia Cepeda.	_____	_____
2. O anúncio da companhia está no jornal.	_____	_____
3. É necessário ter experiência.	_____	_____
4. Rubens Chaves tem experiência de vendas.	_____	_____
5. Rubens deve falar com o gerente de vendas.	_____	_____

9-32 Onde? Certain activities normally occur in specific places. As you listen to the description of each activity, write its number in the space provided next to the correct response.

_____ banco

_____ loja

_____ biblioteca

_____ cozinha

_____ café

_____ quadra

9-33 Mercado Livre. Say that the following things are sold on the online auction site Mercado Livre. Pause the recording at the beep to answer at your own pace.

MODELO: um microfone

Vende-se um microfone.

roupas

Vendem-se roupas.

More on the preterit and the imperfect

9-34 O novo chefe. First, read the incomplete statements in your workbook. Then, listen to a conversation between two coworkers, Lauro and Beto. Finally, fill in the missing words to complete the sentences in your workbook.

1. Beto _____ o novo diretor ontem.

2. Beto acha que o novo chefe é simpático e que _____ muito de negócios.

3. Lauro _____ ir à reunião, mas não _____.

4. A reunião _____ muito breve.

5. O diretor de vendas já _____ o Seu Veloso antes de trabalhar nessa companhia.

6. O Seu Veloso _____ algumas palavras na reunião.

9-35 Que aconteceu no banco? There has been a robbery at the bank and Ms. Alda Caetano, one of the bank officers, is reconstructing the scene for the police. She is telling them what various people were doing at the time of the robbery. Match each person with the appropriate action, according to the information you hear. Don't worry if you don't understand every word. You may have to listen to the passage more than once.

1. _____ D. Alda Caetano   a. estava trocando um cheque

2. _____ a secretária da D. Alda   b. estava lendo alguns documentos

3. _____ D. Angelina   c. estava procurando uma informação no computador

4. _____ o Seu Martins   d. estava fazendo pagamentos

5. _____ Alex   e. estava falando com o diretor

9-36 No escritório. Using the cues you hear, tell what various employees were doing at the office when the president of the company paid them an unannounced visit. Pause the recording at the beep to answer at your own pace.

MODELO: a recepcionista/atender o telefone
A recepcionista estava atendendo o telefone.

More on interrogative pronouns

9-37 Planejando uma semana de trabalho. Mr. Castro, director of a large paper-goods factory, is talking to his secretary, planning his next work week. Listen to the dialogue and then complete the questions with an appropriate interrogative expression.

1. _____ vem o carregamento de madeira?

2. _____ dia estava marcada a chegada do carregamento?

3. _____ a D. Lúcia vai mandar um fax urgente?

4. _____ a D. Lúcia vai falar na companhia Madeiril?

5. _____ é o Sr. Elísio Vandúnem?

6. _____ dia o Sr. Elísio Vandúnem vai visitar a fábrica?

a. Para que

b. Com quem

c. De onde

d. Em que

e. Para onde

f. De onde

9-38 Não posso acreditar! You are discussing the worrisome state of your company's finances with a partner. He utters incomplete sentences because he is very worried and nervous. You are also upset and keep interrupting him with questions because you cannot believe what you are hearing. Use interrogatives for your questions. Pause the recording at the beep to answer at your own pace.

MODELO: O dinheiro... está...

Onde está o dinheiro?

9-39 Preparando um questionário. You work in marketing for Aerônia, an imaginary Brazilian airline, and you have to draft a set of questions for a promotional contest. The prize is a flight to Manaus. A colleague is assisting you and suggests important aspects of the airline and services. Listen to your colleague's suggestions and write the respective questions. Pause the recording at the beep to write at your own pace.

1. _____?

2. _____?

3. _____?

4. _____?

5. _____?

6. _____?

Commands

9-40 Uma entrevista de trabalho. An acquaintance is advising you what you should and shouldn't do during an upcoming job interview. If the advice is appropriate check **Verdadeiro**; if it is not, check **Falso**.

	VERDADEIRO	FALSO
1.	_____	_____
2.	_____	_____
3.	_____	_____
4.	_____	_____
5.	_____	_____
6.	_____	_____

9-41 No escritório do gerente. Read the statements below before listening to Djalma Peixoto's conversation with the manager of a company. Then, indicate whether each statement below is true or false by checking **Verdadeiro** or **Falso**.

	VERDADEIRO	FALSO
1. O gerente pensa que Djalma é o agente de vendas.	_____	_____
2. Djalma concorreu para a vaga de programador de computadores.	_____	_____
3. Djalma tem pouca experiência, mas quer aprender.	_____	_____
4. O chefe do escritório não acha Djalma competente para o trabalho.	_____	_____
5. O gerente vai falar sobre as condições de trabalho.	_____	_____

9-42 Em um restaurante. You own a small restaurant and are training a young man to assist the waiter and help out in the kitchen. Listen to the cues and tell the new employee what to do. Pause the recording at the beep to answer at your own pace.

MODELO: limpar as mesas rapidamente

Limpe as mesas rapidamente.

9-43 Um dia negativo. Answer in the negative the questions your assistants at the office are asking. Pause the recording at the beep to answer at your own pace.

MODELO: Vamos fechar as janelas?

Não, não fechem.

9-44 Um garçom atencioso. Answer the first three questions of the waiter affirmatively and the last negatively. Say a polite thanks whenever you reply negatively. Pause the recording at the beep to answer at your own pace.

MODELO: Trago o cardápio?

Traga sim, por favor.

Trago a lista dos vinhos?

Não, obrigado, não traga.

ENCONTROS

9-45 Meus pais. Listen as Marília describes herself, her family, and their preferences. Then complete the chart based on the information you hear.

PESSOA	PROFISSÃO	PREFERÊNCIAS

9-46 Um casal jovem. Anita and Rogério are young professionals. Listen to what happened to them last weekend and complete the chart based on what you heard. You may need to listen to the recording more than once.

	PROFISSÃO	PROBLEMA	SOLUÇÃO
Anita			
Rogério			

VÍDEO

Vocabulário útil

cair	to fall (out)	estrear	to open (show)
chateado/a	unhappy, annoyed	particular	private
o dente	tooth	o/a pipoqueiro/a	popcorn seller
a doideira	craziness	planejar	to plan
o/a dono/a	owner	o primeiro grau	elementary education
engraçado/a	funny (strange)	propiciar	to make possible, to promote
ensaiar	to rehearse	provisório/a	temporary
o ensaio	rehearsal	quebrado/a	broken
o espetáculo	show	sobrar	to be in excess
o estágio	internship	tumultuado/a	agitated
o/a estrangeiro/a	foreigner		

9-47 O trabalho. Identifique as palavras ou frases da coluna da direita que se referem às pessoas da coluna da esquerda.

1. _____ Dona Sônia
2. _____ Carlos
3. _____ Sandra
4. _____ Dona Raimunda

a. estagiário
b. pipoqueira
c. se surpreende a cada dia
d. IBGE (Instituto Brasileiro de Geografia e Estatística)
e. 20 horas semanais
f. faz 10 anos
g. prótese
h. adora o trabalho
i. dentista

5. E você? Se você trabalha, você gosta de seu emprego? Por quê ou por que não? Se você não trabalha, você gosta do que você estuda?

_____

_____

_____

9-48 A experiência da Adriana. Adriana fala sobre o seu trabalho e a sua formação profissional. Complete a transcrição das palavras dela.

Eu (1) _____ toda uma formação voltada para ser (2) _____. Então eu fiz um

(3) _____ de três anos, pra dar aula para crianças, pra um curso elementar. Depois eu fiz a

(4) _____ em (5) _____ , né? Então eu (6) _____ dar aulas de Português, de

Literatura. Trabalhei com isso, com (7) _____ , mas eu nunca estava satisfeita com isso. E aí,

quando eu (8) _____ o português como segunda língua, foi ali que eu me (9) _____

profissionalmente.

E você? O que faz você se sentir realizado/a?

_____

_____

9-49 Um dia típico. Qual é a profissão e como é o dia típico de trabalho das seguintes pessoas? Responda com frases completas em português; fale do horário, das atividades, etc.

1. Caio

    _____

    _____

    _____

2. Sandra

    _____

    _____

    _____

3. Adriana

    _____

    _____

    _____

4. E você? Como é seu dia típico de trabalho ou de estudo?

    _____

    _____

    _____

9-50 O mercado de trabalho. De acordo com o Carlos, a Juliana e a Dona Sônia, quais são as características do mercado de trabalho brasileiro? Escreva pelo menos 3 características a que cada um se refere.

1. Carlos
    a) _____
    b) _____
    c) _____
2. Juliana
    a) _____
    b) _____
    c) _____
3. Dona Sônia
    a) _____
    b) _____
    c) _____
4. E você, o que diz? E como é o mercado de trabalho nos Estados Unidos em comparação com a situação no Brasil?

    _____

    _____

Lição 10 ◆ A comida

À PRIMEIRA VISTA

10-1 Associações. Relacione as descrições na coluna da esquerda com as palavras na coluna da direita.

1. _____ Usa-se para fazer hambúrguer.   a. espinafre

2. _____ Popeye é forte porque come esta verdura.   b. pimenta

3. _____ É desta fruta que se faz vinho.   c. manteiga

4. _____ É algo que colocamos na mesa junto com o sal.   d. uva

5. _____ É branca e serve para fazer pão e biscoitos.   e. carne moída

6. _____ É amarela e tem bastante colesterol.   f. farinha

10-2 Os ingredientes. Que ingredientes você usa para preparar os seguintes pratos ou sobremesas? Responda o mais detalhadamente possível.

1. salada de frutas

_____

2. sopa de legumes

_____

3. hambúrguer

_____

4. seu sanduíche preferido

_____

5. bolo de aniversário

_____

6. sorvete de morango

_____

10-3 Os utensílios. Combine os utensílios com as comidas e bebidas. Em alguns casos, as combinações vão ser múltiplas.

1. _____ bife
2. _____ sorvete
3. _____ vinho
4. _____ água
5. _____ chá
6. _____ sopa

a. um prato
b. uma faca
c. um copo
d. uma colher
e. uma xícara
f. uma taça

10-4 Um piquenique muito divertido. Você e alguns colegas estão organizando um piquenique para o próximo fim de semana. Escreva frases completas explicando como cada um de vocês vai contribuir. Use as palavras da lista abaixo e/ou outras.

hambúrguer	cozinhar	salada	sorvete	pão
cerveja	biscoitos	preparar	comprar	frutas
suco	procurar	frango frito	música	levar

MODELO: *Mário vai preparar uma sobremesa deliciosa.*

1. _____

_____

2. _____

_____

3. _____

_____

4. _____

_____

5. _____

_____

6. _____

_____

10-5 Suas preferências. Seu novo amigo brasileiro quer saber quais são seus hábitos e preferências em relação à comida. Responda com o maior número possível de detalhes.

1. O que você gosta de beber nas festas?

   _____

2. Que verduras você compra regularmente?

   _____

3. O que você prefere comer quando come fora?

   _____

4. Que condimentos você usa freqüentemente?

   _____

5. O que você e sua família comem no Dia de Ação de Graças?

   _____

ESTRUTURAS

Síntese gramatical

1. The present subjunctive

	FALAR	COMER	ASSISTIR	DIZER	FICAR
eu	fale	coma	assista	diga	fique
você, o sr./a sra., ele/ela	fale	coma	assista	diga	fique
nós	falemos	comamos	assistamos	digamos	fiquemos
vocês, os srs./as sras., eles/elas	falem	comam	assistam	digam	fiquem

DAR: dê   ESTAR: esteja   HAVER: haja   IR: vá

QUERER: queira   SABER: saiba   SER: seja

10-6 Para completar. Escolha a opção certa para completar cada frase.

1. Gabriel prefere que você...
   a) come em um restaurante.
   b) vá ao supermercado.
   c) compra o peixe.

2. A professora quer que os estudantes...
   a) escutam a música.
   b) praticam os diálogos.
   c) façam a tarefa.

3. Tomara que este prato...
   a) tem pouco colesterol.
   b) tenha poucas calorias.
   c) não é muito salgado.

4. Samuel e você não querem que eu...
   a) compre a sobremesa.
   b) vou à padaria.
   c) tiro a carne do forno.

5. Mamãe quer que nós...
   a) voltamos cedo para casa.
   b) lavamos a louça.
   c) limpemos a cozinha.

6. É muito importante que vocês...
   a) almocem bem todos os dias.
   b) não comem muito doce.
   c) bebem sucos e vitaminas.

The subjunctive used to express wishes and hope

10-7 Cuidando de cachorro. Você está cuidando do Max, o cachorro (*dog*) de seus vizinhos enquanto eles estão viajando. O que eles querem que você faça com o Max?

MODELO: comprar comida para o Max
Eles querem que eu compre comida para o Max.

1. dar comida ao Max duas vezes por dia

_____

2. brincar com ele todos os dias

_____

3. andar com ele

_____

4. pôr água fresca para o Max todas as manhãs

_____

5. dar banho no cachorro no fim de semana

_____

6. comprar biscoitos de cachorro para o Max

_____

10-8 Eles não sabem cozinhar. Sérgio e a irmã dele, Janine, estão falando sobre o jantar que Sérgio e sua esposa Sofia vão oferecer esta noite a um casal de amigos. Complete a conversa entre Sérgio e Janine com as formas apropriadas dos verbos entre parênteses.

JANINE: Você está dizendo que é a primeira vez que vocês vão fazer strogonoff de camarão? E com

convidados! Espero que não (1) _____ (ter) problemas.

SÉRGIO: Sim, espero que tudo (2) _____ (correr) bem, mas você sabe que Sofia não (3) _____

(cozinhar) muito bem e eu muito menos ainda!

JANINE: Mamãe diz que vocês (4) _____ (pôr) muita cebola e alho. Com certeza ela vai chegar

mais cedo para ajudar Sofia.

SÉRGIO: É importante que ela (5) _____ (chegar) cedo. Sofia quer que os Anderson

(6) _____ (comer) um bom strogonoff de camarão.

JANINE: Sérgio, não se preocupe: (7) _____ (pedir) à mamãe que (8) _____ (ajudar) Sofia.

Mamãe vai adorar e assim ela se sente útil.

SÉRGIO: Você tem razão, é bom que mamãe se (9) _____ (sentir) útil.

JANINE: Ligue pra mamãe agora e tenho certeza que ela vai estar aqui em quinze minutos.

SÉRGIO: É pra já!

10-9 Notas para os jogadores. Você é o treinador de um time de futebol e vai escrever pequenos recados para cinco de seus jogadores explicando o que você quer que cada um deles faça.

MODELO: quero/praticar

Quero que você pratique duas horas esta tarde.

1. espero/dormir

_____

2. prefiro/comer

_____

3. preciso/vir

_____

4. quero/trazer

_____

5. tomara que/jogar

_____

10-10 Esperamos que eles gostem. Você e alguns colegas estão preparando um almoço para o Clube de Português. Complete as seguintes frases sobre suas expectativas e desejos em relação aos convidados para o almoço.

MODELO: *Esperamos que eles gostem da comida.*

1. Desejamos _____.

2. Sabemos _____.

3. Preferimos _____.

4. Pedimos _____.

5. Achamos _____.

6. Não queremos _____.

10-11 A disciplina é conveniente. Você trabalha como conselheiro/a residente (*resident advisor*) em um dormitório da sua universidade. Escreva quais são as atividades que você permite que os estudantes residentes façam e quais você proíbe que eles façam. Indique as condições, horários, lugares, etc, relevantes para as atividades. Use as expressões abaixo e/ou suas próprias idéias.

comer	fumar (*to smoke*)	tomar bebidas alcoólicas	convidar pessoas
fazer barulho	fazer festas	assistir televisão	pedir pizza

MODELO: tomar banho
Permito que eles tomem banho entre as seis horas da manhã e as dez horas da noite.
ouvir música
Proíbo que eles ouçam música alta nos quartos.

1. _____

2. _____

3. _____

4. _____

5. _____

6. _____

The subjunctive with verbs and expressions of doubt

10-12 Não, não acredito. Diga que você não acredita nos seguintes estereótipos culturais.

MODELO: Todos os brasileiros jogam futebol muito bem.
Eu não acredito/não acho que todos os brasileiros joguem futebol muito bem.

1. Todos os gaúchos comem carne duas vezes por dia.

_____

2. Todas as crianças americanas querem comer hambúrguer todos os dias.

_____

3. Todos os mexicanos bebem tequila e sabem fazer tortilhas.

_____

4. Todos os cariocas se fantasiam no carnaval.

_____

5. Todos os brasileiros adoram feijoada.

_____

10-13 Minha opinião. Dê sua opinião sobre os seguintes tópicos. Comece cada frase com uma das expressões seguintes: **(não) acredito que, (não) acho que, duvido que, é possível que, talvez.**

MODELO: É importante comer legumes todos os dias.
Acho que é importante comer legumes todos os dias.
Não acho que seja importante comer legumes todos os dias.

1. As comidas rápidas têm muita gordura saturada.

_____

2. É importante ensinar às crianças a seguir uma dieta saudável.

_____

3. É necessário financiar projetos de pesquisa sobre a obesidade.

_____

4. Os vegetarianos são mais saudáveis do que as pessoas que comem carne.

_____

5. Os americanos sabem muito sobre as propriedades dos alimentos.

_____

10-14 Uma mineira fala de seu estado. Tatiana, uma estudante brasileira que está estudando na sua universidade, faz uma apresentação sobre as atrações turísticas de Minas Gerais, o estado natal dela. Complete a apresentação da Tatiana com as formas apropriadas (indicativo ou subjuntivo) dos verbos entre parênteses.

Meu nome é Tatiana de Freitas. Moro em Belo Horizonte, a capital do estado de Minas Gerais. Os turistas que visitam Minas acham que meu estado (1) _____ (ser) um dos mais interessantes do Brasil, mas a pessoas que nunca visitaram Minas duvidam que (2) _____ (ter) lugares tão interessantes. Por isso quero dar a vocês algumas informações sobre meu estado.

As cidades históricas coloniais são as maiores atrações de Minas. Tomara que todos os turistas (3) _____ (poder) conhecer as igrejas barrocas de Ouro Preto, Mariana e outras cidades. Não creio que qualquer outro estado do Brasil (4) _____ (ter) igrejas tão lindas como as de Minas, sobretudo Mariana, que possui as esculturas do famoso Aleijadinho do período colonial. Ouro Preto é uma cidade considerada patrimônio da humanidade pela UNESCO. É impossível que os turistas não (5) _____ (aprender) muitas coisas sobre a história do Brasil quando (6) _____ (visitar) Minas, porque muitos movimentos para a independência do Brasil começaram lá. O estado também é famoso pelas suas montanhas e pelos minérios e pedras preciosas que possui. Para os turistas que (7) _____ (gostar) de jóias, meu estado é um paraíso, e é provável que eles (8) _____ (comprar) pelo menos uma jóia em Minas. A famosa comida mineira é sempre uma delícia para o paladar (*palate*) dos turistas. Espero que todos os turistas (9) _____ (comer) o famoso tutu de feijão com couve e torresmo e (10) _____ (provar) os doces caseiros, que mais parecem sobremesa dos deuses. É provável que os turistas (11) _____ (voltar) a Minas simplesmente porque vão adorar a comida!

More on commands

10-15 As ordens dos pais. Your parents are going out tonight and are telling your brothers what they want them to do. Write down what they are saying.

MODELO: Verônica: fazer as tarefas para amanhã

Faz as tarefas para amanhã!

João: não ficar jogando a noite toda

Não fica jogando a noite toda!

1. Verônica:

arrumar a cozinha _____

não passar horas ao telefone _____

2. João:

servir o jantar _____

não sair depois do jantar _____

3. os gêmeos:

beber leite com o jantar _____

não assistir televisão _____

4. todos:

comer os legumes _____

não ficar acordados (*awake*) até tarde _____

10-16 Sugestões. You are advising some of your relatives and friends on how to deal with the following situations. Tell them what you think they should do.

MODELO: Sara quer aprender a fazer bacalhau à baiana.

Procura uma receita na Internet!

1. Pedro tirou uma nota muito baixa no teste.

_____

2. Seu irmão convidou o chefe dele para um jantar em casa.

_____

3. Vivaldo e Davi querem impressionar as namoradas.

_____

4. Sua prima está muito magra.

_____

5. Raquel e Mila vão jantar num restaurante brasileiro pela primeira vez.

_____

ENCONTROS

Para ler

10-17 Uma dieta saudável. Você segue uma dieta e um estilo de vida muito saudáveis. Seu irmão, pelo contrário, come muito mal, mas quer mudar os maus hábitos dele e pede seu conselho. Dê para ele um exemplo de cada um dos seguintes grupos de alimentos e diga como seu irmão deve preparar esse alimento e quanto deve comer.

MODELO: gorduras

Azeite é uma gordura saudável. Use-o para temperar salada ou para fritar peixe.
Mas você não deve usar muito, porque tem muitas calorias.

1. laticínios

_____

_____

2. pão e cereais

_____

_____

3. frutas

_____

_____

4. legumes e verduras

_____

_____

5. carne e peixe

_____

_____

10-18 A cozinha brasileira. Leia o artigo e siga as instruções abaixo.

A cozinha brasileira

A cozinha brasileira tem tanto características próprias como também dos povos que formam o Brasil. Devido à colonização portuguesa, muitos pratos populares em Portugal passaram para o Brasil, África e Ásia. O bacalhau, por exemplo, foi trazido para o Brasil pelos portugueses e ainda hoje é um prato muito apreciado pelos brasileiros. O pão brasileiro tem sabor[1] do pão português assim como muitas outras comidas do dia-a-dia dos brasileiros. Transportada para o continente americano, a cozinha portuguesa entrou em contato com a cozinha indígena e, em seguida, com a cozinha africana. Mais tarde apareceram no Brasil outras comidas européias e a comida japonesa, todas trazidas por imigrantes.

É claro que muitos dos ingredientes dos pratos portugueses não existiam no Brasil. Além disso, devido à dificuldade dos transportes, esses produtos não chegavam facilmente ao continente americano. Então, alguns ingredientes foram substituídos por outros semelhantes. Ao mesmo tempo, os portugueses experimentaram pratos tradicionais das culturas indígenas e africanas—preparados com produtos desconhecidos na Europa—e a cozinha portuguesa no Brasil passou por um processo de adaptação, várias influências e se transformou na comida que hoje é considerada brasileira.

A cozinha brasileira se caracteriza pelo uso diário de arroz, feijão, carnes e verduras. O prato mais popular, de Norte a Sul do Brasil, é a feijoada, com influências africana e indígena. Mas, como o Brasil é um país de dimensões continentais, é natural que a cozinha varie de região para região. Às vezes, o mesmo prato recebe diferentes nomes, como é, por exemplo, o caso de um creme feito de milho verde fresco. No Sul este creme se chama curau e para os nordestinos é canjica, sendo essencialmente o mesmo prato, mas com pequenas variações.

Pode-se dizer que a variedade é o que melhor define a cozinha brasileira, de acordo com as características geográficas de cada região e com as influências sofridas. A comida do Norte do Brasil tem forte influência indígena. Isso significa que incorpora frutas, raízes e verduras locais. O pato no tucupi, um prato muito popular em Belém do Pará, combina o pato cozido com o tucupi, que é a água extraída da mandioca selvagem durante o fabrico da farinha. A mandioca e a farinha, herdadas dos indígenas, são a base dos pratos tradicionais do Norte. Além disso, os paraenses usam o jambu cozido no pato no tucupi. Esta verdura não é conhecida em muitas partes do Brasil. O Norte do Brasil também é riquíssimo em frutas que os brasileiros estão descobrindo pouco a pouco. O açaí, a fruta mais popular do Norte do Brasil, e também uma das mais importantes fontes econômicas da Ilha de Marajó, só recentemente foi "descoberto" como bebida energética pelos brasileiros de outras regiões, pelos que residem nos Estados Unidos e também pelos americanos. O guaraná, natural da Amazônia, é uma das bebidas mais populares em todo o Brasil e também tem propriedades energéticas. O Nordeste, especialmente a Bahia, tem forte influência africana, uma vez que para o Nordeste foram enviados os maiores contingentes de africanos escravizados até o século XIX. Na comida tradicional baiana não pode faltar o azeite de dendê[2] e leite de coco[3]. Estes ingredientes foram incorporados aos frutos do mar, tão comuns em Portugal, dando um sabor especial à culinária baiana. O inhame, tubérculo considerado alimento sagrado dos orixás africanos, é hoje parte do café da manhã dos pernambucanos.

No Sul do Brasil, devido à influência européia e ao clima mais frio, é comum encontrar salsichas locais tipicamente alemãs em Santa Catarina e massas, queijos e vinhos no Rio Grande do Sul que lembram muito os produtos italianos, em qualidade e sabor. No Rio Grande do Sul, estado vizinho da Argentina, o churrasco ganha lugar de destaque nas celebrações e reuniões de família. A carne desse estado é de primeira qualidade e o churrasco hoje é consumido no Brasil todo. No Centro-Oeste do Brasil, devido à grande extensão de terra fértil dessa região, há também grandes criações de gado e daí a tradição de pratos à base de carne bovina. Ao mesmo tempo, a contribuição japonesa no Paraná e em São Paulo transformou os hábitos alimentares do Brasil no século XX. Os imigrantes japoneses incorporaram uma variada gama de verduras ao cardápio brasileiro, como repolho[4], acelga[5] e brotos de feijão[6]. Podemos mesmo dizer que os brasileiros "aprenderam" a comer verduras com os imigrantes do Japão.

O arroz, tão popular entre os asiáticos e os africanos, é hoje o ingrediente principal na mesa dos brasileiros, acrescentado a um bom feijão. O chocolate, originário das Américas, mais precisamente do México, é muito consumido no Brasil. A Bahia é um dos maiores produtores mundiais de cacau, a matéria prima[7] para fazer o chocolate. O café, ainda hoje um dos principais produtos de exportação no Brasil, é um produto originário da África que se incorporou profundamente nos hábitos dos brasileiros.

Mais recentemente, os brasileiros, principalmente os jovens das grandes cidades, passaram a consumir comidas rápidas nos shoppings. Mesmo assim, a comida rápida muitas vezes tem um toque brasileiro, seja em alguma fruta tropical que foi acrescentada ao prato, seja em algum suco natural que acompanha um sanduíche.

Então, o que é a comida brasileira? Podemos dizer que a comida brasileira é uma mistura de influências européia, indígena, africana e asiática, com características próprias devidas ao clima, à topografia e aos produtos naturais existentes no Brasil.

1. *taste, flavor*   2. *palm oil*   3. *coconut milk*   4. *cabbage*
5. *Swiss chard*   6. *bean sprouts*   7. *raw material*

A. Marque as seguintes afirmações como verdadeiras (**V**) ou falsas (**F**) de acordo com o artigo e corrija as afirmações falsas.

1. _____ A cozinha brasileira é pouco diversificada.

    _____

2. _____ O bacalhau é popular tanto em Portugal quanto no Brasil.

    _____

3. _____ Na cozinha brasileira do período colonial realizou-se uma convergência de influências européias, indígenas e asiáticas.

    _____

4. _____ A feijoada é um prato regional do Sul do Brasil.

    _____

5. _____ O curau e a canjica são, essencialmente, o mesmo prato, preparado com milho verde fresco.

    _____

6. _____ O pato no tucupi é um prato nordestino.

    _____

7. _____ O guaraná e o açaí são frutas originárias do Norte do Brasil.

    _____

8. _____ Comidas de origem alemã e italiana são comuns na região Sul.

    _____

9. _____ Pratos à base de peixe e frutos do mar são a principal contribuição dos imigrantes japoneses à cozinha brasileira.

    _____

10. _____ O café é originário do Brasil.

    _____

B. Procure as seguintes informações no artigo:

1. Quatro ingredientes típicos da cozinha brasileira:

   _____

2. Três alimentos comuns na cozinha afro-brasileira:

   _____

3. Três produtos de origem italiana que são comuns no Sul:

   _____

4. Três verduras que os japoneses levaram para a mesa dos brasileiros:

   _____

5. Bebida muito popular no Brasil que não é originária do Brasil:

   _____

6. Bebida muito popular no Brasil originária do Brasil:

   _____

C. Procure no artigo sobre a cozinha brasileira substantivos (*nouns*) associados com os seguintes verbos:

1. cozinhar: _____

2. imigrar: _____

3. misturar: _____

4. colonizar: _____

5. adaptar: _____

6. alimentar: _____

7. variar: _____

8. influenciar: _____

9. celebrar: _____

10. contribuir: _____

11. exportar: _____

10-19 Você é o que você come. Seu irmão, o mesmo que lhe pediu conselhos sobre uma dieta saudável na atividade 10-17, agora está estudando no Brasil. Ele consultou uma médica brasileira, especialista em alimentação e escreveu para você contando as recomendações dela. Diga quais são essas recomendações, aproveitando as informações sobre a cozinha brasileira apresentadas no artigo na página #. Use verbos e expressões como **recomendar, aconselhar, querer, é importante, é desejável,** etc. Varie os verbos/ expressões.

MODELO: *Ela recomenda que eu coma arroz e feijão com freqüência, porque é saudável e não engorda.*

1. _____

2. _____

3. _____

4. _____

5. _____

Para escrever

10-20 Minha receita preferida. Um/a amigo/a pediu para você uma receita brasileira. Escreva a receita (ingredientes e modo de preparar) para uma entrada, uma sopa, um prato principal ou uma sobremesa. Use o imperativo (**acrescente** o refogado, **sirva** a feijoada, **ferva** os ingredientes) ou o infinitivo (**refogar** o arroz, **fritar** a couve).

_____

_____

_____

_____

_____

_____

_____

_____

_____

_____

_____

_____

_____

_____

_____

_____

10-21 Conselhos. Seu amigo Ricardo gosta muito de uma colega e quer convidá-la para jantar fora. Ele quer sua ajuda para fazer planos para uma noite perfeita. Escreva um e-mail para o Ricardo aconselhando o que ele deve fazer.

a) Aconselhe que Ricardo convide a colega para a casa dele e que cozinhe para ela.

b) Recomende que ele use sua receita preferida (da atividade 10-20).

c) Diga o que você espera que ele faça (ou não faça) antes, durante e depois do jantar.

d) Fale sobre o que você espera que aconteça e sobre o que você duvida que aconteça.

_____

_____

_____

_____

_____

_____

_____

_____

_____

_____

_____

_____

_____

_____

_____

_____

_____

_____

_____

_____

HORIZONTES

10-22 Angola. Indique se as seguintes afirmações são verdadeiras (**V**) ou falsas (**F**) de acordo com as informações no texto sobre Angola em **Horizontes** nas páginas 395-396 do seu livro.

1. _____ Os povos khoisan eliminaram os povos bantu do futuro território angolano.

2. _____ A colonização portuguesa de Angola começou no século XVI e durou até o século XX.

3. _____ A guerra contra o domínio colonial começou no início dos anos sessenta do século XX.

4 _____ Entre 1975 e 2002, Angola passou por um período de desenvolvimento econômico notável.

5. _____ Os Estados Unidos, a União Soviética e Cuba desempenharam um papel importante na guerra civil angolana.

6. _____ O potencial econômico de Angola se deve sobretudo às frutas tropicais e ao cacau.

7. _____ Na África subsaariana, só a Nigéria ultrapassa Angola em produção de petróleo.

8. _____ A exploração dos diamantes contribuiu para a continuação da guerra civil angolana.

9. _____ Os kimbundu são o maior grupo étnico de Angola.

10. _____ Waldemar Bastos é um músico angolano com reconhecimento internacional.

10-23 Mais sobre Angola. Procure no texto as seguintes informações sobre o maior país africano de língua oficial portuguesa:

1. o nome da capital de Angola: _____

2. a data da independência de Angola: _____

3. três recursos naturais importantes: _____

4. o nome do maior grupo étnico do país: _____

5. três nomes de escritores angolanos: _____

LABORATÓRIO

À PRIMEIRA VISTA

10-24 No supermercado. Look at the drawings and listen as this shopper in a supermarket reads her shopping list. If the item depicted is on the list, put a check mark in the space provided next to it.

10-25 Às compras. You and a friend are having company for dinner tonight. Read the statements below before listening to your friend's ideas. Then indicate whether each statement below is true or false by marking the appropriate response.

	VERDADEIRO	FALSO
1. Seu amigo pensa em fazer uma feijoada.	_____	_____
2. Vocês precisam comprar frango.	_____	_____
3. Vocês vão servir dois tipos de vinho.	_____	_____
4. Vocês precisam de carne seca e lingüiça.	_____	_____
5. Vocês vão comprar limões para fazer uma mousse de limão.	_____	_____

10-26 Um jantar especial. O Seu Júlio e a D. Irene are having guests for dinner. Read the statements in your workbook before you listen to a brief description of their preparations for the dinner party. Then, indicate whether each statement below is true or false by marking the appropriate response. Don't worry if you don't understand every word.

	VERDADEIRO	FALSO
1. O Seu Júlio gosta de cozinhar.	_____	_____
2. Amanhã eles vão receber quatro pessoas para o jantar.	_____	_____
3. Eles vão preparar arroz com frango para o jantar.	_____	_____
4. A sobremesa vai ser uma mousse de chocolate.	_____	_____
5. Eles não bebem bebidas alcoólicas.	_____	_____

10-27 O que é? You are helping to set the table for a formal meal. Look at the drawing below and listen to the directions on what to do. For each item you are to place on the table, you will hear a number followed by the item's name in Portuguese. Find each object mentioned in the drawing and then write its corresponding number in the space provided.

ESTRUTURAS

The present subjunctive

10-28 Um convite para jantar. Listen to Paula's conversation with her mother about tonight's dinner party. Then indicate whether the statements in your workbook are true or false by checking **Verdadeiro** or **Falso**.

	VERDADEIRO	FALSO
1. O casal Pereira vai jantar na casa dos Bianchini.	_____	_____
2. A Sra. Bianchini está muito ocupada.	_____	_____
3. A Sra. Bianchini quer que a filha Paula prepare o jantar e limpe a casa.	_____	_____
4. Paula vai fazer compras no supermercado.	_____	_____
5. A Sra. Bianchini precisa de manteiga, camarão e sorvete para o jantar.	_____	_____
6. Ela também precisa de verduras para a salada.	_____	_____

The subjunctive used to express wishes and hope

10-29 Louis e a torta de maçã. Louis is an American exchange student who is living in Curitiba. He wants to prepare a **torta de maçã** (*apple pie*) for his classmates. Some of them have promised to bring the necessary ingredients. Tell what Louis wants each person named to bring, according to the cues provided. Pause the recording at the beep to answer at your own pace.

MODELO: Clarice/farinha

> *Ele quer que Clarice traga farinha.*

10-30 A colaboração é importante. Your friends are going to help you with a fund-raising campaign. Tell each person named what you expect him or her to do, according to the cues. Pause the recording at the beep to answer at your own pace.

MODELO: Lívia/ligar para as pessoas da lista.

> *Espero que Lívia ligue para as pessoas da lista.*

10-31 Os amigos aconselham Frederico. Frederico has just had stomach surgery and is on a strict diet. At the restaurant, you try to dissuade him from his eating and drinking plans. Give your opinion of Frederico's plans using the cues provided. Pause the recording at the beep to answer at your own pace.

MODELO: You hear: Vou comer hambúrguer./Espero que...

> You say: *Espero que você não coma hambúrguer.*

The subjunctive with expressions of doubt

10-32 Marta e Alberto conversam. Listen to this conversation between two friends and to the incomplete statements that follow. Circle the answer that best completes each statement. Don't worry if you don't understand every word.

1. a) um restaurante
   b) casa de Alberto
   c) uma lanchonete da universidade

2. a) comida francesa
   b) comida mexicana
   c) comida baiana

3. a) um prato de peixe
   b) um prato de carne
   c) uma comida portuguesa

4. a) não está com fome
   b) não tem tempo
   c) faz calor

10-33 Num restaurante. Ana Cecília and Melissa are in a restaurant. Listen to the brief introduction, to their conversation, and to the statements that follow. Indicate whether each statement is true or false by checking **Verdadeiro** or **Falso**.

VERDADEIRO	FALSO
1. _____	_____
2. _____	_____
3. _____	_____
4. _____	_____
5. _____	_____

10-34 Sempre há dúvidas. Fabrício is bragging about what he plans to do while traveling. Express your doubts about each of his claims. Pause the recording at the beep to answer at your own pace.

MODELO: Vou a Paris todos os anos.
Duvido que você vá a Paris todos os anos.

More on commands

10-35 Você é o que você come. You're chatting with a friend who has terrible eating habits and a sedentary lifestyle. You would like her to change. Tell her what you think she should do according to the clues you hear. Pause the recording at the beep to answer at your own pace.

MODELO: comer mais fruta
Come mais fruta!

ENCONTROS

10-36 O jantar desta noite. Listen as your friend's mother talks about her neighbors, the Soares family. Then indicate whether the statements that follow are true or false.

VERDADEIRO	FALSO
1. _____	_____
2. _____	_____
3. _____	_____
4. _____	_____
5. _____	_____

10-37 O aniversário de Sílvia. Sílvia's grandmother is planning a dinner party to celebrate Sílvia's birthday. Listen to their conversation and then complete these statements based on what you hear.

1. A avó da Sílvia vai fazer _____.

2. Ela quer que Sílvia _____.

3. Sílvia não acha que Mário e Patrícia _____.

4. A avó da Sílvia pensa que Carlos _____.

VÍDEO

Vocabulário útil

a abóbora	*pumpkin*	o lanche	*snack*
a berinjela	*eggplant*	o macarrão	*pasta, macaroni*
o bobó de camarão	*shrimp and manioc dish*	o miojo	*instant noodles*
o cachorro quente	*hot dog*	o podrão	*street food*
o cheiro	*smell*	o quiabo	*okra*
a dobradinha	*tripe*	rotineiramente	*routinely*
a empada	*savory filled pastry*	o salgado	*appetizer, tidbit*
a esquina	*street corner*	a torta	*pie*
guloso/a	*glutton, big eater*	a tripa lombeira	*tripe*

10-38 Pratos preferidos. As seguintes pessoas falam sobre o que elas costumam comer. Relacione as comidas da coluna da direita às pessoas da coluna da esquerda.

1. _____ Rogério
2. _____ Mariana
3. _____ Carlos
4. _____ Mônica

a. arroz com feijão
b. chocolate
c. tripa lombeira
d. comida pesada
e. cachorro quente
f. bobó de camarão
g. comidas de tradição africana
h. bife e batata frita
i. podrão
j. massa

10-39 Comidas que eles não gostam. Antes de assisitir o video, coloque as letras na ordem certa para formar nomes das comidas que Caio, Mariana, Rogério e Manuela não gostam de comer. Depois assista o vídeo e relacione as palavras com a pessoa apropriada. Finalmente, complete as afirmações abaixo.

	COMIDA	PESSOA
1. blacoe	_____	_____
2. nnaaba	_____	_____
3. rljbiaene	_____	_____
4. abqiuo	_____	_____
5. mpdeaa	_____	_____
6. róbaboa	_____	_____

7. Caio diz que ele é _____ e adora comer _____.

8. Rogério come _____ só na _____ e na _____.

9. Manuela adora o _____, mas não consegue comer _____.

10-40 As refeições. Mônica e Manuela falam sobre as refeições. Responda às perguntas abaixo usando frases completas em português.

1. Quais são as duas refeições que a Mônica sempre faz?

_____

2. Que refeição ela não faz?

_____

3. O que ela geralmente toma de tarde?

_____

4. Além de fazer as três refeições principais, que outra "refeição" a Manuela faz e quando?

_____

5. Qual é a refeição preferida dela?

_____

6. E você? Que refeições você faz todos os dias? Qual delas é sua refeição preferida e porquê?

_____

_____

_____

10-41 Na cozinha. Assista o video e, de acordo com as respostas de cada um, responda às perguntas abaixo em português usando frases completas.

1. Quem detesta cozinhar todos os dias?

_____

2. Quem sabe cozinhar feijoada?

_____

3. Quem comeu miojo durante um ano e por quê?

_____

4. Quem faz capelletti ao molho branco?

_____

5. Quais são os pratos que você sabe fazer?

_____

Lição 11 ◆ A saúde e os médicos

PRÁTICA

À PRIMEIRA VISTA

11-1 O corpo humano. Você está estudando para um teste de anatomia e decide classificar as partes do corpo em três categorias: a cabeça, o tronco e os membros. Complete a tabela abaixo com as palavras da lista.

cintura	nariz	ombro	braço	pé
joelho	perna	pescoço	mão	costas
quadris	testa	cotovelo	boca	olho
orelha	dedo	cabelo	peito	rosto

CABEÇA	TRONCO	MEMBROS

11-2 O que é? A que partes do corpo se referem as seguintes descrições?

1. É o líquido vermelho essencial para viver. _____

2. Digere a comida. _____

3. Permite ouvir música. _____

4. Levam o sangue pelo corpo. _____

5. Precisamos deles para respirar. _____

6. Mantém (*holds*) a cabeça. _____

7. Liga a mão ao braço. _____

8. É uma articulação no braço. _____

9. É uma articulação na perna. _____

10. Podemos ver com estes órgãos. _____

11-3 No consultório médico. Complete a tabela com um sintoma e um remédio para cada doença.

DOENÇA	SINTOMA	REMÉDIO
laringite		
gripe		
indigestão		
anemia		
pressão alta		

11-4 Receitas médicas. Leia sobre os problemas dos seguintes pacientes. Depois, receite um remédio e recomende comportamentos apropriados para cada paciente. Escreva as recomendações nos formulários abaixo. Use o imperativo e o subjuntivo sempre que possível.

1. O paciente está com uma infecção na garganta.

> Dr. _____
>
> Nome _____ Data _____
>
> Endereço _____
>
> Instruções:
>
>
> Assinatura _____

2. A paciente está com uma dor de cabeça muito forte e é alérgica à aspirina.

> Dr. _____
>
> Nome _____ Data _____
>
> Endereço _____
>
> Instruções:
>
>
> Assinatura _____

3. O paciente está muito estressado no trabalho. Não come e não dorme bem.

> Dr. _____
>
> Nome _____ Data _____
>
> Endereço _____
>
> Instruções:
>
>
> Assinatura _____

4. A paciente está gripada e está tossindo muito.

Dr. _____

Nome _____ Data _____

Endereço _____

Instruções:

Assinatura _____

11-5 Perguntas pessoais. Responda às seguintes perguntas sobre sua saúde.

1. Como você está de saúde?

_____

2. Com que freqüência você vai ao médico?

_____

3. Você fuma? Você quer parar *(quit)* de fumar?

_____

4. Você tem alergias? Que tipo de alergia você tem?

_____

5. O que você come para manter-se saudável?

_____

6. O que você faz para estar em boas condições físicas?

_____

ESTRUTURAS

Síntese gramatical

1. **The subjunctive with expressions of emotion**
   Espero que você **se sinta** melhor.   *I hope you feel better.*
   Que pena que você não **possa** ir!   *What a shame you can't go!*

2. **The equivalents of English *let's***
   Vamos/Não vamos + infinitive
   nós form of subjunctive: **Falemos** agora.   *Let's talk now.*

3. *por* and *para*

	POR	**PARA**
MOVEMENT	through or by	toward
TIME	duration	deadline
ACTION	reason/motive	for whom

   POR
   por + o = pelo   por + a = pela   por + os = pelos   por + as = pelas
   - exchange/substitution: Paguei $10.00 **pelo** remédio.   *I paid $10.00 for the medicine.*
   - unit/rate: Caminho 4 km **por** hora.   *I walk 4 km per hour.*
   - instead of: Ele fez o trabalho **por** mim.   *He did the work instead of me.*
   - approximate time: Chegaram lá **pelas** três da manhã.   *They arrived around three a.m.*

   PARA
   - judgment: **Para** mim, a aspirina é melhor.   *For me, aspirin is better.*
   - intention/purpose: Saí **para** comprar aspirina.   *I left to buy aspirin.*

4. **Relative pronouns**
   que   persons or things
   quem   persons only, after a preposition

The subjunctive with expressions of emotion

11-6 Opiniões de minha mãe. Você está na casa da Estela e está ouvindo a seguinte conversa entre Estela e a mãe dela. Complete o diálogo usando formas apropriadas (subjuntivo, indicativo ou infinitivo) dos verbos na lista.

terminar	divertir-se	pensar	sair
estar	ter	ser	ir

ESTELA: Mamãe, José quer que eu (1) _____ à discoteca com ele no sábado.

MÃE: Que bom, Estela, que você (2) _____ com ele e não com Roberto.

ESTELA: Por que, mamãe? Roberto é um menino muito legal.

MÃE: Bom, eu sei que ele (3) _____ um menino legal e responsável, mas você é mais velha do que ele.

ESTELA: Ah, mamãe, não (4) _____ antiquada (*old-fashioned*)! Além disso, no momento, eu estou muito feliz por (5) _____ solteira!

MÃE: É bom mesmo que você (6) _____ seus estudos antes de casar.

ESTELA: Claro, mamãe, não se preocupe. Só espero que você e o papai (7) _____ mais paciência e não (8) _____ muito no meu futuro.

MÃE: Vamos tentar, Estela! Espero que você (9) _____ muito com José no sábado!

11-7 Nas montanhas. Você convidou um/a amigo/a para passar uma semana nas montanhas com você e sua família. Diga-lhe o que seu pai gosta e não gosta que você e seus amigos façam. Escreva frases completas de acordo com o modelo.

MODELO: não gostar/fumar
Ele não gosta que nós fumemos.

1. gostar/caminhar muito

   _____

2. recear/gastar muito/shopping

   _____

3. estar preocupado/ficar doentes

   _____

4. ficar feliz/comer comida saudável

   _____

5. detestar/jogar computador

   _____

11-8 As emoções. Sílvia está falando sobre as emoções dos amigos e parentes dela. Combine os elementos das quatro colunas abaixo para escrever o que ela está dizendo.

MODELO: *Júlia espera que suas amigas façam dieta.*

A	B	C	D
Júlia	se preocupar	eu	ir ao médico
meus pais	esperar	o tio José	sair do hospital
você	se alegrar	nós	comer bem
eu	lamentar	você	fazer ginástica
minha irmã	recear	minha avó	quebrar a perna
	ficar feliz	meus amigos	estar doente

1. _____

2. _____

3. _____

4. _____

5. _____

The equivalents of English *let's*

11-9 Os companheiros de casa. Você e mais dois amigos decidiram alugar um apartamento juntos. Vocês estão conversando para decidir como será o dia-a-dia como companheiros de casa. Decida o que vocês vão fazer escolhendo uma das opções em cada pergunta abaixo. Responda de acordo com o modelo.

MODELO: Vamos arrumar a casa juntos ou um de cada vez?

Arrumemos a casa juntos.

1. Vamos tomar o café da manhã em casa ou na lanchonete?

   _____

2. Vamos limpar o apartamento às sextas ou aos sábados?

   _____

3. Vamos lavar a roupa uma vez por semana ou de duas em duas semanas?

   _____

4. Vamos comer fora duas ou três vezes por semana?

   _____

5. Vamos levantar às sete ou às oito da manhã?

   _____

6. Vamos jogar baralho na sala ou na cozinha?

   _____

11-10 Uma festa no apartamento. Use alguns dos verbos abaixo para dizer o que você e seus companheiros de casa vão fazer em preparação para a primeira festa que vão organizar no novo apartamento.

MODELO: limpar

Limpemos a cozinha e os banheiros.

limpar	jogar fora	fazer	pôr	alugar
comprar	trazer	enviar	arrumar	preparar

1. _____

2. _____

3. _____

4. _____

5. _____

Por and *para*

11-11 Mudando de hábitos. Jorge decidiu levar uma vida mais natural e vai fazer muitas mudanças na sua dieta e na maneira de cuidar da saúde. Diga o que ele vai mudar.

MODELO: remédios tradicionais/remédios naturais

Jorge vai trocar remédios tradicionais por remédios naturais.

HÁBITOS ATUAIS DO JORGE	HÁBITOS FUTUROS DO JORGE
pratos de carne	produtos feitos com soja
café	chás de ervas naturais
batata frita	arroz e verduras
médico da clínica universitária	acupunturista
frutas com pesticidas	frutas orgânicas

1. _____

2. _____

3. _____

4. _____

5. _____

Nome: _____ Data: _____

11-12 Por ou para? Sua amiga Juliana conta o que fez quando ficou doente na semana passada. Complete o relato dela com **para, por** ou contrações de **por** com artigos (**pelo, pela, pelos, pelas**).

Na semana passada, (1) _____ me sentir muito mal, fui ao médico (2) _____ fazer uma consulta.

Eu estava com dor de garganta e febre. O médico era argentino, mas (3) _____ estrangeiro, falava português

muito bem. Depois que ele me examinou, ele me receitou um antibiótico (4) _____ minha doença.

Eu fui (5) _____ a farmácia comprar o antibiótico. Na farmácia, paguei R$35,00 (6) _____

remédios. Depois de sair da farmácia, tomei um táxi (7) _____ ir (8) _____ casa. O táxi passou

(9) _____ centro da cidade. Quando cheguei em casa, tomei o antibiótico e deitei no sofá

(10) _____ descansar.

11-13 Uma viagem à Amazônia. Complete as frases com **para** ou **por** (ou **pelo, pela, pelo, pelas**).

1. Lucas e eu saímos do Rio de Janeiro _____ oito da manhã.

2. Nosso vôo passou _____ São Paulo.

3. Em São Paulo, ficamos esperando o outro avião _____ muito tempo.

4. O vôo era de São Paulo _____ Manaus e a velocidade do avião era mais ou menos de 850 km _____ hora.

5. Quando chegamos a Manaus, fomos direto _____ o hotel e descansamos _____ duas horas antes do jantar.

6. No dia seguinte, fomos _____ um congresso de três dias sobre a saúde no Brasil.

7. Quando o congresso acabou, fomos _____ a floresta amazônica.

8. Passeamos de barco _____ Rio Negro, caminhamos _____ floresta e depois voltamos _____ Manaus.

9. No vôo de volta, passamos _____ Belém e depois seguimos diretamente _____ o Rio de Janeiro.

11-14 Informação pessoal. Responda às perguntas usando **por** e **para**.

1. Quantas vezes por ano você vai ao médico?

_____

2. Você prefere fazer ginástica pela manhã ou pela tarde?

_____

3. Quanto você paga por uma consulta médica?

_____

4. Para que você vai à farmácia?

_____

5. Para quem são as receitas que você está levando para a farmácia?

_____

Relative pronouns

11-15 Auto-retrato (*self-portrait*). Complete as seguintes informações sobre diversos aspectos de sua vida.

MODELO: *Sou uma pessoa que não vai muito ao médico.*

1. Sou de uma família que_____

2. Tenho amigos que_____

3. Tenho hábitos alimentares que _____

4. Respeito pessoas que _____

5. Acredito em uma dieta que_____

6. Não gosto de médicos que _____

11-16 Depois da crise. Você está em um hospital se recuperando depois de uma operação. Um amigo veio fazer uma visita e você está mostrando a ele várias pessoas que você conhece no hospital. Complete as frases abaixo com **que** ou **quem**.

1. Aquela moça _____ está ali é minha enfermeira.

2. O senhor alto e louro _____ está falando com aquela senhora é meu médico.

3. Essas senhoras com _____ a enfermeira está falando trabalham como voluntárias no hospital.

4. O outro médico _____ está com a enfermeira é muito amigo do meu pai.

5. A enfermeira de _____ não gosto muito é aquela ali.

11-17 Álbum de família. Uma amiga brasileira está mostrando um álbum de fotos da família dela para você. Escreva o que ela está dizendo para descrever várias pessoas. Use **que** ou **quem** nas descrições, de acordo com o modelo.

MODELO: tio/mora em São Paulo
        Este é meu tio que mora em São Paulo.
        prima/fui à praia no mês passado
        Esta é minha prima com quem fui à praia no mês passado.

1. irmão/trabalha na Argentina

_____

2. tia/gosto muito

_____

3. primos/fui a Paris no ano passado

_____

4. primo/vai estudar nos Estados Unidos este ano

_____

5. tias/comprei presentes na semana passada

_____

ENCONTROS

Para ler

11-18 O cardápio mais saudável. Indique com um X qual dos dois alimentos é mais saudável.

1. _____ o pão branco   _____ o pão integral
2. _____ o peixe frito   _____ o peixe grelhado
3. _____ a mostarda   _____ a maionese
4. _____ um bolo   _____ uma laranja
5. _____ a manteiga   _____ o azeite
6. _____ o iogurte   _____ o sorvete

11-19 Prevenção de ataques cardíacos. Leia o artigo e siga as indicações abaixo.

Previna ataques cardíacos

Para uma pessoa ter uma vida mais longa e melhor, deve diminuir ou eliminar certos vícios e deve ingerir alimentos mais saudáveis.

1. O cigarro aumenta o ritmo cardíaco em vinte batidas por minuto. O risco continua presente para ex-fumantes durante os primeiros cinco anos. Por isso, evite o cigarro.

2. O colesterol, que se encontra nas gorduras de origem animal, como em manteigas, cremes, carnes enlatadas[1] e carnes com molho, é outro fator de risco para a saúde. As carnes com mais gordura estão na seguinte ordem: carne de porco e cordeiro[2] (20%), carne de vaca e vitela[3] (2-10%), coelho[4] (5-10%) e aves sem pele (2-8%). Também é necessário reduzir o óleo ou substituir os óleos comuns por óleo de milho ou soja.

Comer peixes, verduras e frutas é o recomendado, porque não prejudicam as artérias. Não é bom consumir ovos em excesso, uma vez que a gema[5] tem um alto nível de colesterol. Felizmente, hoje em dia é possível combater o colesterol com remédios eficazes.

3. O aumento de peso[6] e falta de atividade física obrigam o coração a trabalhar mais. Para o coração, nada melhor do que praticar esporte e ter uma dieta saudável. Recomenda-se para as pessoas sedentárias que iniciem algum esporte com moderação. Iniciar com uma partida de tênis extenuante, por exemplo, pode ter efeitos perigosos e, às vezes, fatais. Agitar em excesso o coração causa hipertensão. O coração realiza um trabalho duplo. Mantenha-se ativo, coma bem e cuide do seu peso.

4. O abuso de sal na comida, o álcool e o estresse podem ser causadores de ataques cardíacos. Acostume-se a cozinhar ou comer com pouco sal. Você notará que vai perder peso, e você se sentirá melhor fisicamente. Não cometa excessos com a bebida. Um copo de vinho no jantar não faz mal a sua saúde.

Outro risco para seu coração é o estresse. Este pode ser provocado pelo excesso de trabalho, problemas em casa, no trabalho ou com os estudos. Aprenda a viver com calma e moderação e aprenda a se descontrair. Ignore o que causa ansiedade e, conseqüentemente, o estresse. É muito importante que você tenha em mente que sua vida vale mais do que tudo.

1. *canned*   2. *lamb*   3. *veal*   4. *rabbit*   5. *yolk*   6. *weight*

Verdadeiro ou falso? Indique quais das seguintes afirmações são verdadeiras (**V**) e quais falsas (**F**), de acordo com o artigo. Reescreva abaixo as afirmações falsas, corrigindoas.

1. _____ O ritmo do coração se acelera quando a pessoa fuma.

   _____

2. _____ As carnes que contêm menos colesterol são vitela e carne de porco.

   _____

3. _____ Hoje em dia há remédios que podem controlar o colesterol.

   _____

4. _____ A gema é a parte mais saudável do ovo.

   _____

5. _____ A prática de esportes ajuda a evitar ataques de coração.

   _____

6. _____ O sal e o álcool em grandes quantidades têm efeitos positivos no corpo.

   _____

11-20 Para completar. Usando a informação do artigo, escolha a melhor opção para completar cada frase.

1. Se a pessoa fuma, o...
   a. risco de um ataque cardíaco é menor.
   b. coração bate mais rápido.
   c. risco de um ataque cardíaco é certo em cinco anos.

2. Dentre os alimentos mais recomendados está...
   a. o peixe.
   b. o ovo.
   c. a carne de porco.

3. Os exercícios físicos moderados são bons para...
   a. controlar o apetite.
   b. manter o coração saudável.
   c. aumentar o peso.

4. Para diminuir o estresse é bom...
   a. comer mais sal e não fazer ginástica.
   b. evitar o trabalho.
   c. não dar muita importância aos problemas.

11-21 Você é o médico. Seu paciente se queixa de cansaço, dor no peito, ritmo cardíaco acelerado e respiração difícil. Ele diz que fuma mais de vinte cigarros por dia e come ovos com bacon todos os dias no café da manhã. Analise sua situação e recomende o que ele deve fazer para melhorar a saúde. Use expressões como **É importante que...**, **Não é bom que...**, **Lamento que...**, **Espero que...**, etc.

_____

_____

_____

_____

_____

_____

_____

_____

Para escrever

11-22 Preparação. Leia o texto sobre a importância de uma alimentação correta para as crianças com excesso de peso e siga as indicações abaixo.

Crianças com excesso de peso

Uma criança obesa tem mais probabilidades de tornar-se um adulto obeso. Sem ter que obrigar a criança a fazer dieta ou impor regras estritas, corrija a alimentação dela diminuindo o consumo de açúcar e de gordura.

- Em vez de comprar iogurtes com sabores ou com frutas, que contêm uma maior quantidade de açúcar, escolha os naturais e acrescente pedaços de frutas frescas da temporada.
- Não abuse das frituras tais como batata frita. Acostume a criança a comer verduras e legumes.
- Se a criança adora sorvetes, em vez de comprá-los, faça sorvete em casa, utilizando leite ou suco e frutas frescas. Assim, você controla a qualidade do que a criança come.
- Se a criança não gosta de leite, incorpore-o em saladas, massas, purês e em qualquer prato que permita colocar leite, para que este alimento não falte na dieta dela.

1. Indique o efeito da obesidade infantil.

   _____

2. Diga como modificar a alimentação de uma criança obesa.

   _____

3. Indique como consumir de maneira saudável os seguintes alimentos:

   a. o leite _____

   b. os iogurtes _____

11-23 Mãos à obra. Você é nutricionista e trabalha para o Ministério da Saúde. Você vai escrever uma palestra (*talk*) para um grupo de mães sobre a importância de combater a obesidade infantil. Aproveite o artigo acima para escrever a palestra: a) releia o artigo; b) identifique a idéia principal e os sub-tópicos; c) resuma (*summarize*) a informação do artigo; d) acrescente (*add*) mais dois sub-tópicos; e e) escreva a palestra. As expressões abaixo podem ser úteis.

Para evitar... (*to avoid*)   É importante/necessário que...

Certifique-se que... (*make sure that*)   Espero que...

_____

_____

_____

_____

_____

_____

_____

_____

_____

_____

_____

_____

_____

_____

_____

HORIZONTES

11-24 Cabo Verde. Indique se as afirmações abaixo são verdadeiras (**V**) ou falsas (**F**) de acordo com o texto nas páginas 429-430 do seu livro. Corrija as afirmações falsas.

1. _____ O arquipélago de Cabo Verde se situa a mais de 300 km da costa africana.

   _____

2. _____ O grupo de Sotavento é maior do que o grupo de Barlavento.

   _____

3. _____ A maior concentração de imigrantes cabo-verdianos se encontra no Brasil.

   _____

4. _____ Cabo Verde é independente há mais de trinta anos.

   _____

5. _____ Chove muito em Cabo Verde.

   _____

6. _____ Os emigrantes cabo-verdianos enviam muito dinheiro para seu país de origem.

   _____

7. _____ O crioulo de Cabo Verde é uma mistura do português com as línguas africanas.

   _____

8. _____ O crioulo é a língua oficial do país.

   _____

9. _____ A morna e a coladera são dois pratos tradicionais de Cabo Verde.

   _____

10. _____ A revista *Claridade* teve um papel importante na construção da literatura nacional.

    _____

11. _____ O romance *Chiquinho* foi escrito em crioulo.

    _____

12. _____ Cesária Évora é uma escritora cabo-verdiana famosa.

    _____

LABORATÓRIO

À PRIMEIRA VISTA

11-25 Qual é o problema? At the doctor's office you overhear three people describing their ailments. Identify the part of the body where each person's problem is probably located by circling the appropriate letter.

1. a) a garganta   b) o ouvido   c) a mão

2. a) o estômago   b) os ossos   c) os olhos

3. a) os dentes   b) as veias   c) o joelho

11-26 A saúde de Isabel. While visiting the home of your friend Fernando, you witness his conversation with Isabel and Susana. Read the statements below and then listen to the conversation. Finally indicate whether each statement below is true or false by marking the appropriate response. Don't worry if you don't understand every word.

	VERDADEIRO	FALSO
1. Isabel não se sente bem.	_____	_____
2. Isabel faz ginástica todos os dias.	_____	_____
3. Fernando fuma muito.	_____	_____
4. Fernando acha que sua amiga deve comer comidas mais saudáveis.	_____	_____
5. Susana acha que Isabel deve tomar vitaminas.	_____	_____

11-27 Para ter boa saúde. Indicate whether or not each of these activities is beneficial to your health by checking the appropriate column.

	BOM	RUIM		BOM	RUIM
1.	_____	_____	5.	_____	_____
2.	_____	_____	6.	_____	_____
3.	_____	_____	7.	_____	_____
4.	_____	_____	8.	_____	_____

11-28 Vitaminas. You overhear the following conversation between a customer and the pharmacist at the drugstore. Complete the sentences with the information you hear.

1. A senhora fala com _____.

2. Ela pede_____.

3. O farmacêutico recomenda _____.

4. Ela compra _____.

ESTRUTURAS

The subjunctive with expressions of emotion

11-29 O que a mãe de Sabrina gosta (ou não gosta)? Sabrina, who is spending a semester studying in Belo Horizonte, has just received a letter from her mother. As Sabrina reads the letter out loud, match the appropriate items in both columns according to her family's concerns and emotions.

1. estão felizes _____
2. receia _____
3. está preocupada _____
4. sentem _____
5. não gosta _____
6. acha ótimo _____
7. esperam _____

a. que Sabrina não esteja para o aniversário da avó
b. que Sabrina estude bastante e aproveite bem a viagem
c. que ela tenha muitos amigos
d. que os médicos receitem tantos remédios
e. que Sabrina esteja muito bem
f. que a avó não viva muito tempo
g. que Sabrina saia todas as noites
h. que Sabrina goste do lugar onde está

11-30 Uma visita a um amigo. Maria Isabel is visiting a friend who twisted his ankle. Listen to their conversation and then complete the chart with Maria Isabel's reactions in the appropriate column.

Maria Isabel está contente que...   Maria Isabel sente muito que...

_____   _____

_____   _____

_____   _____

The equivalents of English *let's*

11-31 Vamos mudar! In the college cafeteria you overhear a conversation between Amanda and Luciana. First, read the statements below; then listen to the conversation. Finally, indicate whether the statements below are true or false by checking off the appropriate column.

	VERDADEIRO	FALSO
1. Amanda quer que Luciana comece uma dieta nova.	_____	_____
2. Luciana gosta muito de comer.	_____	_____
3. Luciana quer fazer muita ginástica para emagrecer.	_____	_____
4. Amanda adora fazer ginástica.	_____	_____
5. As meninas têm opiniões diferentes.	_____	_____

Por and para

11-32 Sofia e Dulce querem ir a um forró. Listen as Sofia and Dulce discuss their plans to go to a forró dance party. Then indicate whether the statements that follow are true or false by marking the appropriate response. Don't worry if you don't understand every word.

	VERDADEIRO	FALSO
1.	_____	_____
2.	_____	_____
3.	_____	_____
4.	_____	_____
5.	_____	_____

11-33 Um dia muito especial para Ângela. Listen to this description of the events related to a special occasion involving Ângela. Then complete the statements below based on the information you heard.

1. Ângela está no hospital. Os familiares e amigos cumprimentam Ângela _____ nascimento do bebê.

2. _____ Ângela, o bebê dela é o mais lindo do mundo.

3. Todos levam muitos presentes _____ ela e _____ o bebê.

4. Sua amiga Clara chega ao hospital _____ três da tarde.

5. Clara dá uma roupinha de frio _____ o bebê, caso ele sinta frio.

6. Em poucos dias, Ângela vai voltar _____ casa.

11-34 Presentes para todos. It is Christmas time at the hospital where you work and everyone is exchanging presents. Looking at the drawings, tell who will receive each present.

MODELO: Para quem é o rádio?

É para Susana.

Susana

1.

Paulinho

2.

Carla

3.

Renato

4.

Gilberto

5.

Miriam

6.

você

11-35 Opiniões. You will hear the names of several people and their opinions on various topics. Combine both in a sentence using **para**. Pause the recording at the beep to answer at your own pace.

MODELO: Alice/Esta é a melhor enfermeira do hospital.

Para Alice, esta é a melhor enfermeira do hospital.

11-36 Em um hospital. Listen to these statements about some of the people who work at the hospital where you are visiting a sick friend. Combine the statements you hear with those that appear below using **que**. Pause the recording at the beep to answer at your own pace.

MODELO: You see: A secretária é muito simpática.

You hear: A secretária trabalha na recepção do hospital.

You say: *A secretária que trabalha na recepção do hospital é muito simpática.*

1. O enfermeiro é muito competente.

2. O médico é excelente.

3. O psiquiatra é muito calmo.

4. A recepcionista é portuguesa.

5. O médico mora perto da minha casa.

ENCONTROS

11-37 A doença do meu pai. Listen as a friend tells you about his father's illness. Then listen to the statements that follow and indicate whether each statement is true or false by checking **Verdadeiro** or **Falso.**

VERDADEIRO	FALSO
1. _____	_____
2. _____	_____
3. _____	_____
4. _____	_____
5. _____	_____

11-38 No consultório da Dra. Leila Tavares. You have accompanied Mrs. Marisa Morais to the doctor's office. Listen to her conversation with Dr. Tavares and to the incomplete statements that follow. Circle the letter corresponding to the best completion for each.

1. a) dor de ouvido   b) dor no pulmão   c) dor de estômago

2. a) joelho   b) peito   c) garganta

3. a) antibióticos   b) vitaminas   c) massagens

4. a) tome canja   b) tome uma injeção   c) tome muito líquido

5. a) ir trabalhar   b) descansar   c) fazer análise

11-39 Duas boas amigas. As you listen to this story about two friends, complete the chart below.

	MARINA	BÁRBARA
se levanta		
dieta		
esportes		
interesses		

Vídeo

Vocabulário útil

a academia (de ginástica)	*gym*	a lua	*moon*
o adoçante	*sweetener*	malhar	*to exercise*
a alimentação	*eating, food habits*	na orla	*along the beach*
agravar	*to get/make worse*	a pastilha	*capsule, lozenge*
o chá da vovó	*apple tea*	o/a personagem	*character*
o colesterol	*cholesterol*	prejudicial	*harmful*
a erva	*herb*	preocupar-se	*to worry*
o/a fumante	*smoker*	a riqueza	*wealth*
a hortelã	*mint*	sentir falta	*to miss*
justamente	*precisely*	suado/a	*sweaty*

11-40 Minha saúde. Você se preocupa com a sua saúde? Preste atenção no que os seguintes entrevistados têm a dizer sobre a saúde deles e complete os parágrafos abaixo.

1. Adriana

Em geral eu me preocupo com a minha saúde, sim, né? Eu sempre, _____ , eu faço os _____ que toda mulher tem que fazer. É, qualquer coisa que eu _____ eu geralmente procuro ir ao médico pra ver o que é que é. Eu sou uma pessoa que se preocupa com a saúde para depois aquilo não se _____, né?

2. Caio

Como a minha _____ não é a mais correta pra minha saúde, e eu sei disso, eu procuro sempre estar fazendo uma atividade física, estar malhando, estar fazendo um exercício _____. É, e vou regularmente ao médico. Qualquer... Não vou sem problema, não, mas eu tenho muita preocupação em relação à minha _____. Eu preciso do meu corpo muito bem preparado para que eu _____ interpretar diversos personagens e qualquer _____ e qualquer problema que _____, eu vou ao médico.

3. Dona Raimunda

Me preocupo com a minha saúde porque eu acho que a minha saúde é a minha _____ . De seis em seis meses eu vou ao _____ pra ver como é que está minha _____, pra ver como é que tá o _____, a glicose, isso é sagrado.

4. Rogério

Eu tenho uma preocupação com a saúde e geralmente eu procuro preservar a saúde com alimentação porque eu já cometo um ato que é extremamente _____ à saúde, porque eu sou _____.

5. E você? Você se preocupa com a sua saúde?

_____

_____

_____

11-41 Os hábitos. Ouça os comentários das seguintes pessoas e responda às perguntas abaixo.

A. Rogério:

1. O que ele não come? _____

2. O que ele adora beber? _____

3. Rogério fica doente? _____

4. A qual médico ele costuma ir? _____

5. Baseado no que você sabe sobre o Rogério, faça uma sugestão para a saúde dele.

   Rogério, sugiro que você _____

   _____

B. Dona Raimunda:

1. O que ela não come? _____

2. Quando ela não come doces? _____

3. O que ela coloca no café? _____

4. Baseado no que você sabe sobre a Dona Raimunda, faça uma sugestão para a saúde dela.

   Dona Raimunda, sugiro que a senhora _____

   _____

C. Sandra:

1. O que ela procura não tomar? _____

2. De que ela tem medo e por quê? _____

3. O que ela é contra? _____

4. Por que ela não gosta de academia de ginástica? _____

   _____

5. O que ela faz todos os dias? _____

6. Baseado no que você sabe sobre a Sandra, faça uma sugestão para a saúde dela.

   Sandra, sugiro que você _____

   _____

D. Mônica:

1. De que região vem a Mônica? O que a região tem a ver com a alimentação dela?

   _____

2. O que ela come 4 ou 5 dias por semana? _____

3. Por que ela acha que gaúcho vive tanto? _____

4. De que ela sente falta se ela não come e por quê? _____

   _____

5. Ela se estressa com a alimentação dela? _____

6. Baseado no que você sabe sobre a Mônica, faça uma sugestão para a saúde dela.

   Mônica, sugiro que você _____

   _____

E. Você:

1. O que você come regularmente? _____

2. O que você não come ou não toma nunca? _____

3. Com que freqüência você vai ao médico? _____

4. Baseado no que você sabe sobre a sua própria saúde, faça uma sugestão para melhorar sua saúde.

   É recomendável que eu _____

   _____

11-42 A medicina alternativa. Juliana e Adriana vão fazer uma série de comentários sobre medicina alternativa. Identifique pelo menos duas coisas que cada uma delas faz ou já fez que fazem parte das chamadas medicinas alternativas.

1. Juliana

   _____

   _____

2. Adriana

   _____

   _____

3. E você? Você acredita em medicinas alternativas? Você faz alguma coisa que possa ser chamada de medicina alternativa?

   _____

   _____

   _____

Nome: _____ Data: _____

Lição 12 ◆ As férias e as viagens

PRÁTICA

À PRIMEIRA VISTA

12-1 Associações. Combine as palavras da esquerda com as definições da direita.

1. _____ o avião
2. _____ a sala de espera
3. _____ a mala
4. _____ o ônibus
5. _____ o barco

a. para guardar a roupa quando viajamos
b. para viajar por terra
c. para descansar ou ler, antes do avião decolar
d. para viajar por mar
e. para viajar pelo ar

12-2 As definições e as viagens. Leia cada definição e identifique o objeto descrito.

1. Documento que a pessoa recebe em seu país para poder viajar ao exterior. _____

2. Cartão que a pessoa precisa para embarcar em um avião. _____

3. Documento que as pessoas compram em um banco para usar como dinheiro, quando viajam. _____

4. Lugar onde as pessoas que vêm de outros países declaram o que estão trazendo. _____

5. Tipo de passagem que a pessoa precisa para ir e voltar ao mesmo lugar. _____

12-3 Uma viagem de carro. Complete o seguinte parágrafo sobre uma viagem de carro.

Fernando Telles tem que fazer uma viagem de negócios e decide ir de carro. No dia da viagem, ele põe a bagagem no (1) _____. Depois, entra no carro, senta-se ao (2) _____ , põe o (3) _____ e liga (*starts*) o (4) _____. Ele não pode ver muito bem porque o (5) _____ está sujo. Então, ele o limpa antes de ir para a rodovia. Depois de sair da cidade, Fernando vai a um posto de gasolina para pôr (6) _____ no carro, ar nos (7) _____ e comprar um café.

12-4 Preparação. Sua família vai fazer uma longa viagem de carro este verão. Diga a seu pai o que você fez com o carro para preparar a viagem.

MODELO: lavar/pára-brisas
Lavei o pára-brisas.

1. lavar/carro

_____

2. passar/aspirador/bancos

_____

3. limpar/bagageiro

_____

4. trocar/óleo

_____

5. pôr/ar/pneus

_____

6. encher/tanque de gasolina

_____

12-5 No hotel. Leia as seguintes descrições e escreva as palavras a que se referem.

1. Um quarto para uma só pessoa. _____

2. Lugar aonde o cliente vai para pedir informação quando chega ao hotel. _____

3. Objeto necessário para abrir a porta do quarto. _____

4. Lugar onde os hóspedes guardam objetos de valor. _____

5. Ação de pedir um quarto em um hotel por telefone, fax ou Internet. _____

12-6 Correspondência. Você está escrevendo a uma amiga sobre Carolina e o namorado dela. Complete as frases com as palavras apropriadas.

O namorado de Carolina estuda em São Paulo e os dois falam por (1) _____ freqüentemente.

Mas hoje Carolina escreveu uma (2) _____ a seu namorado. Quando terminou, escreveu o

endereço no (3) _____ e foi ao (4) _____ para comprar (5) _____. Em

seguida, ela colocou a carta na (6) _____.

ESTRUTURAS

Síntese gramatical

1. **Affirmative and negative expressions**

AFFIRMATIVE		NEGATIVE	
tudo	*everything*	**nada**	*nothing*
algum/a	*some, any*	**nenhum/a**	*none, not any*
alguns/algumas	*several*		
alguém	*someone*	**ninguém**	*no one, nobody*
alguma pessoa	*someone*	**nenhuma pessoa**	*no one, nobody*
algo	*something*	**nada**	*nothing, anything*
alguma coisa	*something*	**nenhuma coisa**	*nothing, anything*
todo (-a, -os,-as)	*all, entire, whole*		
todos	*everybody, all*		
ou...ou	*either...or*	**nem...nem**	*neither...nor*
sempre	*always*	**nunca**	*never*
uma vez	*once*		
alguma vez	*sometime, ever*	**jamais**	*never, (not) ever*
algumas vezes	*sometimes*		
às vezes	*at times*		
também	*also, too*	**também não**	*not either, neither*

2. **The indicative and the subjunctive in adjective clauses**

Indicativo (known antecedent)

Tem alguém aqui que **fala** inglês. — *There's someone here who speaks English.*

Estou procurando o piloto que **vai** nesse vôo. — *I'm looking for the pilot who goes on that flight.*

Subjunctive (non-existent or unknown antecedent)

Não tem ninguém aqui que **fale** russo. — *There isn't anyone here who speaks Russian.*

Estou procurando um piloto que **vá** nesse vôo. — *I'm looking for a pilot who goes on that flight.*

3. **The subjunctive in adverbial clauses (a menos que, caso, desde que, embora, mesmo que, para que, por mais que, sem que)**

Vou viajar este ano, desde que tenha dinheiro suficiente. — *I am going to travel this year, as long as I have enough money.*

4. **The past subjunctive**

	VIAJAR	COMER	DIRIGIR	ESTAR
	(viaja~~ram~~)	(come~~ram~~)	(dirigi~~ram~~)	(estive~~ram~~)
eu	viajasse	comesse	dirigisse	estivesse
você, o sr./a sra., ele/ela	viajasse	comesse	dirigisse	estivesse
nós	viajássemos	comêssemos	dirigíssemos	estivéssemos
vocês, os srs./as sras., eles/elas	viajassem	comessem	dirigissem	estivessem

Affirmative and negative expressions

12-7 Atividades. Use as expressões abaixo para dizer com que freqüência você faz as seguintes atividades.

   algumas vezes   sempre   às vezes   nunca   todos os dias

MODELO: chegar atrasado/a no aeroporto
> *Nunca chego atrasado no aeroporto.*

1. viajar de ônibus

   _____

2. viajar sozinho/a

   _____

3. visitar lugar históricos

   _____

4. comer em restaurantes elegantes

   _____

5. passar férias nas montanhas

   _____

6. deitar-se às nove da noite

   _____

12-8 Uma viagem horrível. Ao contrário das expectativas, as coisas correram muito mal durante a sua viagem mais recente. Descreva o que aconteceu, usando palavras e expressões negativas.

MODELO: Nós pensávamos que os vôos sempre chegavam na hora certa.
> *Os vôos nunca chegaram na hora certa.*

1. Pensávamos que no aeroporto alguém ajudava os passageiros.

   _____

2. Queríamos provar alguns pratos regionais.

   _____

3. Também queríamos visitar a floresta.

   _____

4. Pensávamos em conhecer muitos lugares interessantes.

   _____

5. Imaginávamos que tudo ia dar certo durante a viagem.

   _____

12-9 O otimista e o pessimista. Você é otimista e sempre vê o lado positivo das coisas. Seu amigo, ao contrário, é um pessimista terrível que contradiz tudo o que você diz. Escreva o que seu amigo responde quando você descreve para ele seu restaurante preferido.

MODELO: Neste restaurante todos os pratos são muito baratos.

Nenhum prato é barato neste restaurante.

1. Aqui a comida é sempre boa.

_____

2. Todos os garçons e garçonetes são muito amáveis.

_____

3. Eles também servem muito bem.

_____

4. Muitas pessoas famosas vêm a este restaurante.

_____

5. O restaurante está sempre cheio.

_____

12-10 Minha família. Responda às perguntas sobre sua família.

MODELO: Você tem algum tio que fale chinês?

Não, não tenho nenhum tio que fale chinês.

Sim, tenho um tio que fala chinês.

1. Você tem alguma prima que estude espanhol?

_____

2. Seu pai ou sua mãe são brasileiros?

_____

3. Você tem alguém na família que more na América do Sul?

_____

4. Tem alguém na sua família que viaje todos os anos ao Brasil?

_____

5. Você tem algum irmão que conheça São Paulo?

_____

The indicative and the subjunctive in adjective clauses

12-11 Um apartamento à beira-mar. O Sr. Reinaldo Silveira e a D. Lúcia Silveira estão procurando um condomínio para a família. Eles têm dois filhos, uma menina de 2 anos e um menino de 4 anos, e uma babá que toma conta dos filhos e que mora com eles. Os Silveira têm empregos muito estressantes e precisam de um lugar para se descontraírem. Escreva cinco frases descrevendo o tipo de apartamento que eles estão procurando. Depois, decida qual dos dois apartamentos do anúncio é melhor para eles.

MODELO: Eles procuram um apartamento que tenha playground.

1. _____

2. _____

3. _____

4. _____

5. _____

Qual apartamento eles devem comprar? _____

12-12 A universidade. Complete as frases seguintes sobre sua universidade usando as expressões abaixo e/ou outras.

ter ar condicionado	publicar livros	dar dinheiro para a universidade
usar ônibus no campus	morar na universidade	ensinar línguas estrangeiras
servir comida...	ser muito moderno	ser...

1. Não conheço muitos restaurantes no campus que _____

2. O/A reitor/a da universidade procura alguém que_____

3. Temos muitos professores que _____

4. Conheço alguns estudantes que_____

5. Não há muitos prédios que_____

6. Precisamos de professores que _____

12-13 Um cruzeiro. Você está falando com um/a agente de viagens sobre um cruzeiro que você quer fazer. Usando as expressões da lista abaixo e/ou outras, escreva o que o/a agente está dizendo para ajudar você a tomar uma decisão.

sair de Santos	ter janela ou varanda
fazer escala no Rio de Janeiro	ser grande e moderno
passar por Parati e Angra dos Reis	ter shows à noite e piscina

1. Tem muitos navios que _____

2. Este é o navio que_____

3. Os clientes sempre procuram cruzeiros que_____

4. Eles desejam um camarote (*cabin*) que _____

5. Eles preferem um navio que_____

12-14 Uma vida nova. Você ganhou muito dinheiro na loteria e o seu estilo de vida vai mudar! Usando o subjuntivo, escreva algumas das coisas que você quer fazer.

MODELO: ficar num hotel que...

  Quero ficar num hotel que tenha suíte presidencial.

1. comprar um carro que...

_____

2. construir uma casa que...

_____

3. conhecer pessoas que...

_____

4. comer em restaurantes que...

_____

5. trabalhar em um lugar que...

_____

6. visitar países que...

_____

The subjunctive in adverbial clauses

12-15 Hábitos de viagem. Seu amigo Joaquim está explicando o que ele costuma fazer quando viaja. Assinale o verbo correto em cada uma das afirmações dele abaixo.

1. Não gosto de sair de manhã cedo, a menos que não (tenho/tenha) outra possibilidade.
2. Sempre prefiro um assento na janela, caso (haja/há) vistas interessantes.
3. Gosto de viajar de carro, desde que não (é/seja) necessário dirigir muitas horas.
4. Por mais planos que (faço/faça), sempre acontecem situações imprevistas.
5. Posso ficar em qualquer lugar, embora (prefira/prefiro) hotéis grandes e modernos.

12-16 Adriana sonha com um carro. Adriana Martinho deseja muito ter um carro próprio. Ela está imaginando que o pai vai comprar um carro para ela. Fazendo o papel do pai da Adriana, explique por que você vai lhe dar um carro. Comece cada frase com **Compro um carro novo para que...**

MODELO: chegar na hora para suas aulas

  Compro um carro novo para que você chegue na hora para suas aulas.

1. poder procurar um emprego

   _____

2. não me pedir sempre o meu

   _____

3. não perder tempo esperando o ônibus

   _____

4. levar seus amigos à praia

   _____

5. trazer as compras do supermercado

   _____

12-17 Planos para a viagem. Alice e Juca vão casar e estão fazendo planos para uma viagem de lua-de-mel. Complete as frases com formas apropriadas dos verbos da lista.

   dar   atrasar   fazer   estar   haver

1. Eu vou marcar a passagem de avião, desde que você _____ a reserva do hotel.

2. Não podemos sair sem que você _____ o nosso itinerário a seus pais.

3. Mesmo que o tempo não _____ muito bom, podemos nos divertir fazendo compras e dançando na discoteca.

4. A menos que o vôo _____ , vamos passar apenas uma hora no aeroporto de Miami.

5. Precisamos comprar um seguro de viagem, caso _____ algum acidente.

12-18 Quando eu viajo. Complete as seguintes frases sobre seus hábitos e opiniões relacionados a viagens.

1. Prefiro viajar de _____ , desde que _____.

2. Gosto de viajar, embora _____.

3. Por mais que eu viaje, _____.

4. Para que uma viagem corra bem, é preciso _____.

5. Viajar com amigos é ótimo, a menos que _____.

The past subjunctive

12-19 Um agente de viagens bem estranho. Leia o seguinte relato e complete-o com os verbos da lista abaixo.

reservar   procurar   sentar   pagar   fazer   cancelar   ficar

No ano passado liguei para uma agência de viagens para planejar uma excursão ao Pantanal do Mato Grosso do Sul. Depois de falar com o agente, fui à agência buscar a passagem. Mas, quando vi meu itinerário, notei que havia algumas coisas estranhas. No vôo para Campo Grande, eu queria um assento na janela, mas o agente insistiu que me (1) _____ em um assento no corredor na parte de trás do avião. Eu não quis e pedi que me (2) _____ um assento na janela. Depois notei que o agente queria que eu (3) _____ uma semana em Campo Grande, a capital do estado. Eu lhe expliquei que queria fazer ecoturismo no Pantanal e pedi que (4) _____ um quarto para mim numa pousada ecológica e que (5) _____ também passeios de observação de pássaros e animais. O agente me recomendou então que (6) _____ um safári fotográfico. Gostei da idéia, mas, quando ele me disse o preço do pacote e me pediu que (7) _____ em dinheiro, isso me pareceu muito suspeito. Pedi então que ele (8) _____ todas as reservas e decidi ir a outra agência de viagens.

12-20 Um ano no Brasil. Seu amigo Daniel passou um ano estudando no Brasil e morando com uma família brasileira. Complete as afirmações do Daniel sobre as experiências dele.

MODELO: Meus amigos brasileiros não queriam _____ .
Meus amigos brasileiros não queriam que eu voltasse aos Estados Unidos.

1. Minha família brasileira me tratava como se _____.

2. Os professores recomendavam _____.

3. Minha família não permitia _____.

4. Eu queria que meus amigos_____.

5. Depois de seis meses no Brasil, eu falava português como se _____.

12-21 Reações pessoais. Use as expressões abaixo para exprimir seus desejos ou suas reações às seguintes situações.

senti muito	queria	adorei	não acreditei	não queria
pedi	não permiti	gostei	recomendei	fiquei feliz

MODELO: No mês passado, meu irmão comprou um carro novo.

Eu queria que meu irmão comprasse um carro novo.

1. Meus pais cancelaram a viagem da nossa família para o Havaí.

_____

2. Minha amiga me convidou para fazer um cruzeiro com ela.

_____

3. Meu primo ganhou cinco milhões de dólares na loteria.

_____

4. Meu pai fez uma reserva para mim em um hotel cinco estrelas.

_____

5. Meus amigos tiveram um acidente de carro.

_____

6. Meu professor de Matemática disse que eu era um gênio.

_____

ENCONTROS

Para ler

12-22 Muito que fazer. Você vai viajar de avião para o Brasil. Em que ordem você faz as seguintes atividades? Coloque os números abaixo, começando com 1 (a primeira atividade) e terminando com 8 (a última). Depois, reescreva a lista na ordem cronológica.

_____ Procuro o meu assento.   _____

_____ Vou para a sala de espera.   _____

_____ Faço check-in.   _____

_____ Arrumo as malas.   _____

_____ Entro no avião.   _____

_____ Tomo um táxi para o aeroporto.   _____

_____ Compro a passagem para a viagem.   _____

_____ Peço uma revista para a comissária de bordo.   _____

12-23 Viajamos de carro. Leia as seguintes sugestões do Ministério dos Transportes do Brasil para as pessoas que planejam viajar de carro. Depois siga as indicações abaixo.

Viaje duas vezes por esta estrada

Aproveite suas férias, ao máximo sejam elas curtas ou longas. Lembre-se de que a estrada que o trouxe até aqui é o seu caminho de volta e que no final dessa estrada tem muita gente à sua espera. Durante sua viagem, siga nossos conselhos.

Para viagens curtas ou longas:
• Faça manutenção do seu carro.
• Coloque sempre o cinto de segurança.
• Respeite os limites de velocidade.
• Mantenha boa distância de outros veículos.
• Não ultrapasse sem visibilidade.
• Ao menor sintoma de cansaço ou sono, não dirija.
• Use capacete ao dirigir motocicleta.

A vida é a viagem mais bela.

Programa de Redução de Acidentes no Trânsito
Ministério dos Transportes

Complete as frases com as formas verbais apropriadas.

1. É importante que um mecânico ou você _____ manutenção do seu veículo.

2. Segundo os conselhos do governo, é importante que todos _____ o cinto de segurança.

3. Você deve _____ os limites de velocidade.

4. É perigoso que você _____ outro veículo se não há boa visibilidade.

5. O governo recomenda que os motoristas cansados não _____.

6. É recomendável que uma pessoa _____ capacete, caso viaje de motocicleta.

12-24 E você? Lembre-se da viagem mais recente que você fez de carro, sozinho/a ou com família ou amigos. Para onde foi a viagem? Quanto tempo durou? Você e/ou outros motoristas seguiram os conselhos listados acima? Quais? E quais não seguiram e por quê?

_____

_____

_____

_____

_____

_____

_____

Para escrever

12-25 Trabalho e lazer. Dona Teresa Fernandes e Seu Ricardo Fernandes estão em um hotel em São Paulo. Eles vieram de Londrina, no estado do Paraná, e a viagem deles combina trabalho com descanso. A D. Teresa tem uma reunião de negócios e o Seu Ricardo vai participar de um seminário. Depois de concluir os trabalhos, eles vão ficar mais três dias em São Paulo com os filhos Carlinhos e Letícia, que vieram com eles. Leia o anúncio do hotel deles em São Paulo e escreva seis frases explicando o que o Hotel Vilaverde lhes oferece para o trabalho, para o lazer e, especialmente, para as crianças.

Hotel Vilaverde
★★★★★
Como ficar bem em São Paulo
Em sua próxima viagem, hospede-se no Hotel Vilaverde.
Categoria 5 estrelas com preço de 3!
O hotel dispõe de apartamentos de luxo com ar condicionado,
TV a cabo, internet, sala de jogos para jovens
e crianças, sala para ginástica, sauna, piscina, mesas de
bilhar e pingue-pongue, jardins e amplo estacionamento.
Possuímos salas pequenas para reuniões, salas com
computador e projetor para até 50 pessoas e salas para
eventos especiais, como festas de casamento e outras
comemorações com capacidade para até 250 pessoas.
Hospede-se no Hotel Vilaverde para negócios ou lazer em São
Paulo!
Os seus filhos vão adorar este hotel e você vai ter a
oportunidade de passar momentos maravilhosos com eles.
Hotel Vilaverde, a apenas 30 minutos do centro de São Paulo.
Ônibus executivo especial do aeroporto ao hotel várias vezes
ao dia.
**Rua Adonis Barroso, no. 21
Cidade Jardim, São Paulo, SP 79200**
Fone 11- 6231-2929
Fax 11-6231-2928

Para o trabalho

1. _____

2. _____

Para o lazer

3. _____

4. _____

Para as crianças

5. _____

6. _____

12-26 Minhas melhores férias. Seu amigo/Sua amiga vai tirar férias em breve e precisa de recomendações. Escreva-lhe uma carta descrevendo a última viagem de férias que você fez. Explique quando e aonde você foi, com quem, como era o lugar onde você ficou, como eram as pessoas, que lugares você visitou, que meios de transporte você usou, o que você fez enquanto estava lá e quanto tempo você ficou. Explique também porque você gostou da viagem e recomende ao amigo/à amiga que vá ao mesmo lugar. Aconselhe o que ele/ela deve fazer, onde ficar, que lugares visitar, o que fazer/não fazer, etc.

Querid _____ ,

_____

_____

_____

_____

_____

_____

_____

_____

_____

_____

_____

_____

_____

_____

Um grande abraço,

_____

HORIZONTES

12-27 Moçambique. Complete as frases de acordo com o texto em **Horizontes** nas páginas 464-465 do seu livro.

Moçambique fica na costa do (1) _____ e tem uma população aproximada de

(2) _____. A capital de Moçambique é (3) _____.

A língua oficial do país é (4) _____ , mas a população fala muitas outras línguas, sendo que a

maioria delas pertence ao grupo bantu. Há mais falantes de português em (5) _____ do que no

resto do país.

Nos fins do século XIX, Gugunhana foi o último (6) _____ de Gaza. Quando o império de Gaza

foi destruído, Gungunhana foi levado como prisioneiro para os (7) _____.

Moçambique tornou-se independente em (8) _____. Depois da independência, o país sofreu

uma (9) _____ que durou até 1992.

(10) _____ e (11) _____ são duas das espécies de animais selvagens que habitam os

três (12) _____ principais de Moçambique.

A (13) _____ moçambicana é diversa, com comidas de origem africana, portuguesa e indiana.

Paulina Chiziane é uma (14) _____ moçambicana e Malangatana é o (15) _____

mais famoso do país.

LABORATÓRIO

À PRIMEIRA VISTA

12-28 Adivinhe o que é. Listen to these descriptions and identify what mode of transportation is being described by writing the appropriate number in the space provided.

_____ o ônibus   _____ o carro

_____ o avião   _____ a motocicleta

_____ o barco   _____ o trem

_____ a bicicleta   _____ o caminhão (*truck*)

12-29 No aeroporto. At the airport you hear several departure announcements. Fill in each flight number, destination, and gate number. The information is given twice in each announcement. Don't worry if you don't understand every word. Pause the recording at the beep to write at your own pace.

	NÚMERO DO VÔO	DESTINO	PORTÃO DE EMBARQUE
1.			
2.			
3.			
4.			
5.			

12-30 Onde vocês preferem passar as férias? Listen as several students discuss where they would like to go on a vacation combining pleasure with learning. Complete the chart by filling in the place each one hopes to visit, leisure activities each hopes to participate in while there, and the academic discipline each hopes to learn more about. Pause the recording at the beep to write at your own pace.

	LUGAR	ATIVIDADES	MATÉRIA
1.			
2.			
3.			
4.			
5.			

12-31 No aeroporto. First read the incomplete sentences below. Then listen to the conversation between a passenger and an airline employee at the ticket counter. Finally, complete the sentences based on what you hear. You may not understand every word.

1. Estas pessoas estão em um _____.

2. O passageiro prefere viajar em um assento _____.

3. A funcionária dá ao passageiro um assento _____.

4. A bagagem do passageiro é _____.

5. O portão de embarque é _____.

12-32 Uma ligação para o Hotel Tropical. Read the sentences below. Then listen to this telephone conversation between an employee of the Hotel Tropical and a client. Finally, indicate whether each statement in your workbook is true or false by marking the appropriate response. Don't worry if you don't understand every word.

	VERDADEIRO	FALSO
1. O Sr. Novaes reservou uma entrada para o teatro.	_____	_____
2. O Sr. Novaes precisa de um quarto para uma pessoa.	_____	_____
3. Ele precisa de um quarto para o fim de semana.	_____	_____
4. O hotel tem quartos disponíveis.	_____	_____
5. O Sr. Novaes deve chegar ao hotel antes das seis da tarde.	_____	_____
6. O quarto custa R$160.	_____	_____

12-33 Na recepção do hotel. While waiting for a friend in the lobby of a hotel in Rio de Janeiro, you overhear this conversation. Complete the summary by filling in the missing words based on what you hear. You may need to listen to the conversation more than once.

O Seu João Carlos Cunha da Silva fez uma (1) _____ neste hotel para um quarto
(2) _____. O recepcionista do hotel não está encontrando a reserva e procura no setor
especializado. O Seu João Carlos pede para procurar a reserva com (3) _____ da confirmação.
Ele conhece bem o hotel porque já (4) _____ ali no ano passado. O recepcionista encontra a
reserva no nome (5) _____ e dá um (6) _____ para o Seu João Carlos preencher e
assinar. Finalmente, o recepcionista pede ao carregador para levar (7) _____ do Seu João Carlos
até o seu quarto.

12-34 A viagem de Irene. Irene is planning a trip. First, read the statements below, and then listen to her conversation with Augusto. Finally, indicate whether each statement is true or false by checking **Verdadeiro** or **Falso**. Don't worry if you don't understand every word.

	VERDADEIRO	FALSO
1. Irene tem que fazer as malas esta noite.	_____	_____
2. Ela precisa comprar cheques de viagem.	_____	_____
3. Irene trabalha na estação de trem.	_____	_____
4. Ela vai à estação com seu irmão.	_____	_____
5. Irene vai viajar de trem.	_____	_____

12-35 O automóvel. You will hear a series of numbers, each followed by a word identifying a part of a car. Write the number next to the appropriate part of the car illustrated below.

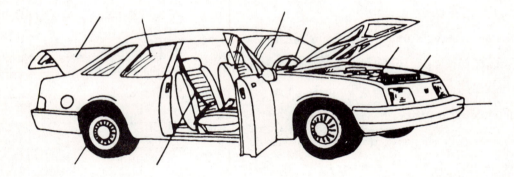

12-36 Um acidente. On the way to class, Artur meets Paulinho. Listen to their conversation and to the questions that follow, and circle the appropriate answer to each. Knowing these words may help you better understand the conversation: **engessado/a** (*in a cast*); **muleta** (*crutches*).

1. a) quebrou um braço   b) quebrou uma perna   c) quebrou um dedo
2. a) um ônibus   b) um táxi   c) uma motocicleta
3. a) ao hospital   b) à sua casa   c) ao seu carro
4. a) de táxi   b) de ambulância   c) de trem
5. a) o motor   b) o pára-brisas   c) uma porta

ESTRUTURAS

Affirmative and negative expressions

12-37 Meios de transporte. Listen as several people discuss various means of transportation. Then indicate with a check mark what means of transportation they use or would like to use and how often they travel.

	MEIO DE TRANSPORTE					FREQÜÊNCIA		
	CARRO	AVIÃO	TREM	METRÔ	ÔNIBUS	SEMPRE	NUNCA	ÀS VEZES
1.								
2.								
3.								
4.								
5.								

12-38 Uma viagem a Natal. Rogério has decided to spend his vacation with relatives in Natal. Listen to his conversation with a travel agent and to the questions that follow. Then, circle the best answer to each question among the choices offered below.

1. a) uma viagem de ônibus   b) uma reserva para o dia 15   c) telefonar para Natal
2. a) que vá na quinta   b) que vá no vôo mais caro   c) que viaje pela TAM
3. a) porque custa menos   b) para passar mais tempo lá   c) porque não pode viajar no dia 15
4. a) não há nenhum vôo   b) custa mais   c) o avião está lotado
5. a) faz escala   b) custa muito   c) sai muito tarde
6. a) com um cheque   c) com cartão de crédito   c) em dinheiro

12-39 Não quero fazer nada. You don't feel like doing anything today. Answer the questions you hear, using double negatives. Pause the recording at the beep to answer at your own pace.

MODELO: Você vai telefonar para alguém?

Não, não vou telefonar para ninguém.

12-40 Não estou de acordo. Using double negatives, contradict the statements you hear about Jorge. Pause the recording at the beep to answer at your own pace.

MODELO: Jorge sempre convida seus amigos.

Não, Jorge não convida nunca os seus amigos.

Indicative and subjunctive in adjective clauses

12-41 Uma viagem. A travel agent is trying to sell you a travel package for a week in a Portuguese-speaking country. Read the incomplete sentences below before listening to his sales pitch and then complete them based on the information you hear. You may want to listen to the passage more than once.

1. O cliente (você) quer _____.

2. O país que o agente de viagem recomenda é _____.

3. O agente recomenda que você _____.

4. O agente espera que você _____.

5. O agente recomenda também que você _____.

6. Segundo o agente de viagens, a comida é _____.

12-42 Como é Alice? Tell what Alice is like using the information you will hear. Begin each sentence with **Alice é uma pessoa que...** Pause the recording at the beep to answer at your own pace.

MODELO: viaja muito

 Alice é uma pessoa que viaja muito.

12-43 O carro do professor. One of your professors is looking for a new car. Use the information you hear to describe the kind of car he is looking for. Begin each sentence with **Ele procura um carro que...** Pause the recording at the beep to answer at your own pace.

MODELO: ser barato

 Ele procura um carro que seja barato.

The subjunctive in adverbial clauses

12-44 Antes da viagem. Listen to the conversation between Caio e Raquel, and then complete the sentences below based on what you heard. Listen to the conversation as many times as necessary.

1. Caio não vai chegar a tempo, a menos que _____.

2. Caio quer levar a informação necessária para que _____.

3. Pode ser difícil fazer check-in sem que Caio _____.

4. Raquel diz ao Caio para lhe telefonar caso _____.

12-45 Contra o perigo nas estradas. You will hear incomplete sentences regarding a new campaign against dangerous driving. Complete the sentences according to the information below. Pause the recording at the beep to answer at your own pace.

MODELO: You hear: As estradas vão continuar sendo perigosas...

You see: a menos que/nós/educar os motoristas

You say: *As estradas vão continuar sendo perigosas, a menos que nós eduquemos os motoristas.*

1. para que/os motoristas/compreender os perigos

2. desde que/ser bem organizada

3. mesmo que/haver pouco trânsito

4. sem que/todos/colocar o cinto de segurança

5. mesmo que/o carro/não ter problemas visíveis

6. por mais que/você/se sentir seguro

The past subjunctive

12-46 No Rio Grande do Sul. First read the statements in your workbook. Then listen to this description of a trip to Rio Grande do Sul. Finally, indicate whether each statement is or false by checking **Verdadeiro** or **Falso**.

	VERDADEIRO	FALSO
1. Estas pessoas estiveram no Rio Grande do Sul na semana passada.	_____	_____
2. Os amigos gaúchos lhes recomendaram que fossem primeiro a Porto Alegre.	_____	_____
3. Eles queriam ficar mais tempo em Porto Alegre.	_____	_____
4. O agente de viagem lhes recomendou uma visita à Serra Gaúcha.	_____	_____
5. Os primeiros vinicultores na Serra Gaúcha foram os imigrantes italianos no século dezenove.	_____	_____

12-47 Mudanças. You are telling a Brazilian friend about a recent trip to Rio de Janeiro. It rained on two of the days you spent there and your tour guide recommended some changes in sightseeing and other plans. Answer your friend's questions about the guide's recommendations. Pause the recording at the beep to answer at your own pace.

MODELO: You hear: O guia recomendou que vocês fossem à praia de São Conrado?

You see: o Museu de Arte Moderna

You say: *Não, ele recomendou que nós fôssemos ao Museu de Arte Moderna.*

1. num restaurante fechado

2. o Convento de São Francisco

3. o Barra Shopping

4. um show no Canecão

5. sentar num barzinho em Ipanema

6. um shopping

12-48 O que ela pediu? Tell what your friend asked you to do by changing the statements you hear to the past tense. Pause the recording at the beep to answer at your own pace.

MODELO: Minha amiga me pede que saia cedo.

Minha amiga me pediu que saísse cedo.

ENCONTROS

12-49 Férias no mar. Listen to this conversation between a travel agent and a client, and to the incomplete statements that follow. Circle the letter corresponding to the best way to complete each statement.

1. a) um barco
2. a) uma viagem de barco
3. a) viajar de trem
4. a) gastar muito
5. a) estudantes

   b) um balcão de companhia aérea
   b) uma viagem de negócios
   b) estar na praia
   b) tirar férias agora
   b) pessoas casadas

   c) uma agência de viagens
   c) um cancelamento
   c) ir de avião
   c) ir a Miami
   c) crianças

12-50 Férias em Natal. Elvira and Manuel are planning a one-week vacation in Natal and are asking their friend, Artur, for some advice. Listen to their conversation and then to the questions that follow and answer the questions in writing, in complete sentences, based on what you heard. Pause the recording at the beep to write at your own pace.

1. _____.
2. _____.
3. _____.
4. _____.
5. _____.
6. _____.
7. _____.

12-51 Na alfândega. Listen to this conversation between a Brazilian customs official and an airline passenger at the airport. Then listen to the statements that follow and indicate whether each is true or false by checking **Verdadeiro** or **Falso**.

	VERDADEIRO	**FALSO**
1.	_____	_____
2.	_____	_____
3.	_____	_____
4.	_____	_____
5.	_____	_____

VÍDEO

Vocabulário útil

acampar	*to go camping*	o edredon	*comforter, quilt*
o albergue	*hostel*	estabelecido/a	*established*
atrair	*to attract*	o lado	*side*
a aventura	*adventure*	místico/a	*mystical*
certinho/a	*just right*	a mordomia	*luxury*
desconhecido/a	*unknown*	a programação	*planning, schedule*
o destino	*destination*	resolver	*to decide*
economizar	*to save*	o risco	*risk*

12-52 As viagens. Chupeta e Manuela falam sobre as viagens deles. Escute o que eles estão dizendo e responda às perguntas abaixo

1. Quais são os lugares aonde Chupeta e Manuela já foram?

   Chupeta: _____

   Manuela: _____

2. Quem consegue viajar mais e por quê?

   _____

3. E você? Você já visitou algum lugar onde Manuela ou Chupeta estiveram? Qual ou quais?

   _____

12-53 A próxima viagem. Adriana quer ir ao Peru. Escute a fala dela e complete o parágrafo abaixo.

O meu (1) _____ desejo agora é (2) _____ o Peru, que é o país do meu namorado. Mas não por ser o país dele, porque eu desde adolescente, eu sempre (3) _____ conhecer o Peru, pela (4) _____ , pelo (5) _____ do país, isso sempre me (6) _____ muito. Então, é o meu próximo (7) _____ .

E você? Qual é um lugar que você sempre desejou conhecer? Dê duas razões.

_____

_____

_____

12-54 Os planos. Manuela e Chupeta falam sobre como planejam as viagens. Responda às perguntas baseando-se nas falas deles.

1. Quem prefere excursões com programação estabelecida quando vai a lugares desconhecidos e por quê?

   _____

   _____

2. Chupeta faz muitos planos quando viaja?

_____

_____

3. Quem gosta de uma programação mais livre em lugares conhecidos e por quê?

_____

_____

4. Quais são algumas das programações que o Chupeta faz quando viaja?

_____

_____

5. Em relação à programação, com quem você concorda mais? Manuela ou Chupeta? Explique.

_____

_____

_____

12-55 Onde ficar. Caio, Juliana, Chupeta e Adriana falam sobre onde gostam de ficar quando viajam. Relacione a pessoa com o comentário abaixo.

     Caio   Juliana   Chupeta   Adriana

1. Fora do Brasil fica em hotel. _____

2. Nunca acampou. _____

3. Não gosta de correr riscos. _____

4. Dentro do Brasil fica com amigos _____

5. Entra no espírito de acampar. _____

6. Já acampou na Ilha Grande. _____

7. Gosta de conforto. _____

8. Fica em albergues. _____

9. Gosta de ter sua caminha com um edredon. _____

10. Gosta de uma mordomia. _____

11. Economiza dinheiro ficando com amigos. _____

12. Acha mais fácil fazer amigos em um camping. _____

E você? Com quem você acha que é mais parecido? _____

Onde você mais gosta de ficar quando viaja e onde você menos gosta de ficar quando viaja? Por quê?

_____

_____

_____

Lição 13 ◆ O meio ambiente

PRÁTICA

À PRIMEIRA VISTA

13-1 Associações. Ligue a palavra ou expressão da coluna direita com a da esquerda.

1. _____ recursos hídricos

2. _____ conservar o meio ambiente

3. _____ meio ambiente

4. _____ efeito estufa

5. _____ desmatamento

6. _____ reflorestamento

7. _____ escassez

a. _____ conseqüência da poluição

b. _____ falta

c. _____ plantar árvores novamente

d. _____ preservar a natureza

e. _____ natureza

f. _____ água

g. _____ cortar árvores da floresta

13-2 Reciclagem. Circule a palavra ou frase que não pertence ao grupo.

1. poluição
   a) poluição do ar
   b) substâncias tóxicas nos rios
   c) resíduos das fábricas
   d) plantar árvores

2. reciclagem
   a) reusar materiais plásticos
   b) eleição do presidente
   c) escrever na frente e no verso do papel
   d) separar vidros de metais, como o alumínio

3. meio ambiente
   a) ecossistema
   b) salário
   c) água doce
   d) recursos naturais

4. Floresta Amazônica
   a) cidades
   b) o pulmão do planeta
   c) maior biodiversidade do mundo
   d) plantas importantes para a medicina

5. política de meio ambiente
   a) trabalho das ONGs
   b) ação dos governos
   c) contribuição de cada pessoa
   d) nadar no mar

6. degradação da natureza
   a) aerosol
   b) computadores
   c) queimadas
   d) banhos demorados

7. preocupações ambientais
   a) buraco na camada de ozônio
   b) rios poluídos
   c) ar poluído
   d) doenças contagiosas

8. conservação do meio ambiente
   a) ecoturismo
   b) usar mais meios de transportes coletivos
   c) transformar florestas em parques nacionais
   d) usar meios de transportes individuais

13-3 O mundo de amanhã: um sonho impossível? Escolha a melhor palavra ou expressão da lista para completar as frases abaixo. Há palavras na lista que você não vai usar.

| satélites | cidades | energia elétrica e solar | biodegradáveis | transportes coletivos |
| reciclar | meio ambiente | poluição | camada de ozônio | lixo urbano |

1. Dentro de alguns anos, os automóveis funcionarão com _____.

2. Muitas cidades americanas usarão mais _____ e o uso excessivo de carros individuais será multado.

3. Todas as pessoas vão respeitar mais o _____ e aprenderão a _____.

4. As empresas públicas e privadas vão reciclar o _____.

5. A _____ dos rios e mares não provocará a extinção dos peixes, porque vamos cuidar do meio ambiente.

6. Todos os detergentes de cozinha serão _____.

13-4 O mundo de hoje. Viver em um mundo onde tudo acontece de maneira rápida tem muitas vantagens, mas também tem suas desvantagens. Escreva sua opinião sobre os assuntos que abaixo.

1. As pessoas na América Latina e na Europa usam meios de transportes coletivos mais freqüentemente. Quais são as vantagens?

   _____

2. Com o rápido aumento da população há o desmatamento das florestas. Quais são as conseqüências?

   _____

   _____

3. O que podemos fazer para diminuir a poluição do ar e da água?

   _____

   _____

4. Qual é a desvantagem de usar computadores para imprimir trabalhos?

   _____

   _____

5. O que é possível fazer para evitar a extinção de algumas espécies de animais?

   _____

   _____

ESTRUTURAS

Síntese gramatical

1. **The future tense**

	NADAR	**CORRER**	**PARTIR**
eu	nadar**ei**	correr**ei**	partir**ei**
você, o sr./a sra., ele/ela	nadar**á**	correr**á**	partir**á**
nós	nadar**emos**	corr**emos**	partir**emos**
vocês, os srs./as sras., eles/elas	nadar**ão**	correr**ão**	partir**ão**

VERBOS IRREGULARES

DIZER   dir**ei**, dir**á**, dir**emos**, dir**ão**

FAZER   far**ei**, far**á**, far**emos**, far**ão**

TRAZER   trar**ei**, trar**á**, trar**emos**, trar**ão**

2. The future subjunctive

	NADAR	CORRER	PARTIR
eu	nadar	correr	partir
você, o sr./a sra., ele/ela	nadar	correr	partir
nós	nadar**mos**	correr**mos**	partir**mos**
vocês, os srs./as sras., eles/elas	nadar**em**	correr**em**	partir**em**

VERBOS IRREGULARES

ESTAR: estiver, estiver, estivermos, estiverem

FAZER: fizer, fizer, fizermos, fizerem

IR/SER: for, for, formos, forem

TER: tiver, tiver, tivermos, tiverem etc.

Quando as autoridades **reciclarem** o lixo urbano as cidades serão mais limpas.

Vamos ter menos problemas ambientais **se pararmos** de desmatar as florestas.

Sempre que você **reusar** materiais de plástico e de vidro você poluirá menos.

3. The conditional

	NADAR	CORRER	PARTIR
eu	nadar**ia**	correr**ia**	partir**ia**
você, o sr./a sra., ele/ela	nadar**ia**	correr**ia**	assistir**ia**
nós	nadar**íamos**	correr**íamos**	partir**íamos**
vocês, os srs./as sras., eles/elas	nadar**iam**	correr**iam**	partir**iam**

VERBOS IRREGULARES

DIZER   dir**ia**, dir**ia**, dir**íamos**, dir**iam**

FAZER   far**ia**, far**ia**, far**íamos**, far**iam**

TRAZER   trar**ia**, trar**ia**, trar**íamos**, trar**iam**

4. Reciprocal verbs and pronouns

SUBJECT PRONOUN	RECIPROCAL PRONOUN	
você, ele/ela	se	*each other/one another*
nós	nos	*each other/one another*
vocês, eles/elas	se	*each other/one another*

Os países que **se** respeitam mantêm boas relações políticas.

Nós **nos** comunicamos por e-mail.

Não **nos** vemos há muito tempo.

Pais e filhos devem entender**-se** bem.

The future tense

13-5 O que nós faremos? Meu companheiro de quarto e eu dividimos as tarefas da casa. Veja o que ele fará esta semana, o que eu farei e o que nós dois faremos. Use formas apropriadas dos verbos entre parênteses.

1. Eu _____ (reciclar) os produtos orgânicos, colocando-os no jardim.

2. Meu colega _____ (coletar) todas as garrafas e latas.

3. Nós _____ (usar) as folhas de papel dos dois lados para imprimir trabalhos.

4. Nós _____ (tomar) banhos mais rápidos.

5. Nós _____ (comprar) detergentes biodegradáveis.

6. Eu _____ (fazer) a minha parte e ele _____ (fazer) a dele.

13-6 Uma cartinha da vovó. Sua amiga Kátia recebe uma carta da avó dela. A avó está preocupada porque Kátia está estudando em São Paulo, uma cidade grande e com alto nível de poluição. Complete a carta usando o tempo futuro dos verbos indicados abaixo. Alguns verbos vão ser usados mais de uma vez.

estar	assistir	haver	viver	estudar
ser	ter	fazer	depender	conseguir

Querida Kátia,

Muitas vezes me pergunto como você (1) _____ dentro de alguns anos. Tudo

(2) _____ , em grande parte, de você mesma. Sei que você (3) _____

na USP nos próximos anos. A USP é uma excelente universidade e você (4) _____

um bom curso, que é de Ecologia Aplicada. O curso de Mestrado é muito bom e você

(5) _____ aulas com professores famosos. O que me preocupa é que São Paulo é

uma cidade muito poluída. Como as pessoas (6) _____ nessa cidade que é tão

grande? Cada vez mais (7) _____ mais poluição, mais pessoas e mais perigo. Eu

conheço bem você e sei que você (8) _____ muito juízo aí em São Paulo. Sei que

você (9) _____ tudo para melhorar São Paulo e todas as cidades do Brasil,

especialmente com o seu diploma de Mestre em Ecologia. Você (10) _____ um bom

emprego e (11) _____ feliz!

Te cuida, minha querida neta.

Um beijo da vó Catarina

13-7 No ano 2050. Escreva cinco frases explicando como—no seu ponto de vista—será a vida no ano 2050. Use os verbos da lista ou outros que você quiser.

poder	viver	destruir	tomar medidas	melhorar	usar	ser
proibir	limpar	faltar	poluir	saber	salvar	ter

MODELO: No ano 2050 poluiremos muito menos o meio ambiente.

1. _____

2. _____

3. _____

4. _____

5. _____

The future subjunctive

13-8 Sonhos. Kelly, uma jovem estudante americana, está falando sobre seus planos para o futuro. Complete as afirmações da Kelly com as formas apropriadas dos verbos entre parênteses.

Já estou quase terminando meus estudos. Quando eu (1) _____ (terminar), quero viajar por um ano ou dois pelo Brasil. Ainda não sei exatamente para qual estado, mas quando eu (2) _____ (ir), quero visitar o Norte do Brasil. Mas não irei sozinha. Assim que meu namorado brasileiro (3) _____ (acabar) o curso de Mestrado aqui nos Estados Unidos, ele voltará ao Brasil. Ou melhor, depois que nós dois (4) _____ (terminar) a faculdade, nós vamos nos casar e iremos para o Brasil juntos. Enquanto eu (5) _____ (estar) na Amazônia, trabalharei com uma ONG para procurar alternativas para os povos da Amazônia e meu namorado trabalhará na área de saúde tropical. Sempre que nós (6) _____ (ter) a oportunidade, vamos viajar para conhecer melhor a Região Norte. Quando eu (7) _____ (poder) realizar meus sonhos serei muito feliz!

13-9 Condições para casar e trabalhar no Brasil. Kelly continua pensando no seu casamento com Felipe, um jovem brasileiro que está estudando nos Estados Unidos. Escreva cinco frases formulando os planos dela.

MODELO: *Nós viajaremos para o Brasil assim que terminarmos nossos estudos.*

Enquanto trabalhar como voluntária não poderei viajar muito.

CONJUNÇÕES	CONDIÇÕES
quando	terminar os estudos
logo que	(não) falar português muito bem
depois que	assumir responsabilidades
enquanto	estar trabalhando numa ONG
assim que	Felipe receber seu diploma
	(não) ganhar dinheiro suficiente
	conseguir um emprego pago
	viver na Amazônia

1. _____

2. _____

3. _____

4. _____

5. _____

13-10 Temas controvertidos. Pense em uma conseqüência que cada um dos problemas seguintes poderá trazer para a humanidade. Use o futuro do subjuntivo nas frases.

MODELO: emissões de dióxido de carbono

Enquanto as emissões de dióxido de carbono continuarem aumentando será muito difícil controlar o efeito estufa.

1. o aquecimento da Terra

_____

2. o desmatamento das florestas

_____

3. os bilhões de habitantes no planeta

_____

4. a escassez de recursos hídricos

_____

5. alimentos geneticamente modificados

_____

The conditional

13-11 O que você faria? Escolha a ação apropriada para cada situação.

1. Você está sozinho/a em sua casa, ouve um barulho e vê que alguém está tentando abrir uma janela.
2. Amanhã é o dia em que sua universidade comemora o Dia da Terra.
3. Você quer fazer turismo ecológico na Ilha do Mel.
4. Seu vizinho quer cortar uma árvore de 300 anos do quintal da casa dele.
5. Seu vizinho trabalha na mesma rua onde você trabalha.

_____ Faria uma reserva numa pousada.

_____ Avisaria o Departamento de Urbanismo da cidade.

_____ Daria uma carona (*ride*) para ele.

_____ Telefonaria para a polícia.

_____ Assistiria as palestras sobre ecologia.

13-12 Um comitê. Você faz parte do comitê ambiental da sua universidade. O que os estudantes poderiam fazer para contribuir para a preservação do ambiente?

MODELO: latas e garrafas de refrigerante

Os estudantes poderiam/Nós poderíamos reciclar latas e garrafas de refrigerante.

1. os papéis _____

2. as luzes do corredor _____

3. os computadores velhos _____

4. o elevador _____

5. os alimentos que sobram nas festas _____

6. o ar condicionado _____

13-13 O grande prêmio da loteria. Imagine que você ganhou cem milhões de dólares na loteria. Você decide guardar metade do dinheiro e usar a outra metade para ajudar a proteger o ambiente. Como você gastaria o dinheiro destinado ao meio ambiente? Escreva uma lista de coisas que você faria nas seguintes áreas.

MODELO: efeito estufa

Eu daria dinheiro para estudos científicos sobre as emissões de dióxido de carbono.

os países em desenvolvimento

1. _____

2. _____

os mares e os rios

3. _____

4. _____

os animais em extinção

5. _____

6. _____

13-14 Quais seriam as nossas obrigações? Maria Luíza está doente e não pode ir à aula durante uma semana. Como bons amigos, vocês lhe disseram que fariam várias coisas para ela. Complete as promessas com formas apropriadas dos verbos abaixo.

   fazer   jogar   reciclar   ir   comprar   dar   visitar   tomar   dirigir

Nós dissemos a Maria Luíza que...

1. ...nós _____ notas para ela durante as aulas.

2. ...nós a _____ todos os dias

3. ...Pedro e Silvana _____ comida para ela na terça-feira.

4. ...eu _____ o lixo fora e _____ os jornais.

5. ...todos os amigos _____ apoio a ela.

Reciprocal verbs and pronouns

13-15 Relações pessoais. Descreva como você e seus amigos se relacionam uns com os outros. Escolha um verbo da lista que melhor complete cada afirmação.

   amar-se   detestar-se   beijar-se   encontrar-se   comunicar-se   respeitar-se

   ver-se   criticar-se   insultar-se   telefonar-se   visitar-se   entender-se

MODELO: Meu irmão Álvaro mora no Brasil. Eu moro em Nova Iorque.
   Nós nos comunicamos por e-mail freqüentemente.

1. Você e Tiago falam por telefone todos os dias. Vocês _____ diariamente.

2. Lélia e Felipe vão se casar. Eles _____ muito.

3. Diogo e Marcelo são irmãos. Eles brigam muito. Eles _____ e _____ freqüentemente, por isso eles não _____ muito.

4. As mulheres brasileiras sempre _____ quando _____.

5. Cibele e Michelle são colegas de quarto. Elas _____ muito bem.

6. Eu estudo com Michelle. Nós _____ todas as terças e quintas.

13-16 História de amor. Você está pensando em seu/sua namorado/a. Descreva cinco ações que aconteceram entre você e ele/ela ou que caracterizam esta relação. Use os verbos abaixo e/ou outros.

   conhecer-se   beijar-se   abraçar-se   querer-se bem   comunicar-se

   telefonar-se   zangar-se   respeitar-se   ver-se   encontrar-se

MODELO: *José e eu nos conhecemos em Miami.*

1. _____

2. _____

3. _____

4. _____

5. _____

ENCONTROS

Para ler

13-17 Turismo rural na Ilha de Marajó. Você está visitando a Amazônia e recebeu informações de como os habitantes da Ilha de Marajó estão resolvendo o problema econômico da região. Leia o seguinte artigo de um jornal de Belém. Depois, indique quais as características (positivas ou negativas) que a Ilha de Marajó possui para as pessoas mencionadas abaixo.

A Ilha de Marajó pertence ao estado do Pará e fica a 4 horas de barco de Belém. Embora a Ilha ainda tenha enormes fazendas com criação de búfalo, a população tem enfrentado muitos problemas econômicos nos últimos anos. A Ilha fica no delta do Rio Amazonas e é cercada pelo Rio Amazonas, Rio Pará e o Oceano Atlântico. A Ilha de Marajó tem muitas praias de areias brancas e limpas, muitos rios e uma fauna e flora muito ricas. É a maior ilha fluvial do mundo, com mais de 50 km quadrados, maior do que muitos países europeus.

Uma das formas de solucionar o problema econômico da região foi transformar as grandes fazendas de criação de búfalo em hotéis-fazendas ou pousadas e investir no turismo rural. Com o turismo rural, o turista entra em contacto com a natureza, de forma simples e natural. As fazendas não são sofisticadas e os hóspedes passam o tempo como as pessoas que lá vivem. As pousadas oferecem as refeições e os passeios. Os passeios são feitos pelos trabalhadores das fazendas. Há passeios a cavalo e de búfalo, canoagem, caiaque, pesca e passeios de manhã pela mata para observar os pássaros. Há passeios à noite para observar animais noturnos como cobras e jacarés.

O turismo rural é uma maneira de preservar o meio ambiente como ele está, sem maiores danos. Enquanto atividade econômica na Ilha de Marajó, o turismo rural substituiu, em parte, a criação de búfalos porque o trabalho tradicionalmente feito pelo caboclo amazônico praticamente não existe mais.

---

1. para as pessoas que aproveitam atividades ao ar livre

   _____

2. para a população local

   _____

3. para as pessoas que gostam de animais

   _____

4. para as pessoas que gostam de muito conforto quando fazem turismo

   _____

5. para as pessoas que têm medo de animais selvagens

   _____

6. para as pessoas que gostam da vida simples do campo

   _____

Para escrever

13-18 Você quer ser o prefeito da cidade. Imagine que você esteja concorrendo às eleições para prefeito/a da sua cidade natal. Primeiro, faça uma lista das suas prioridades nas áreas de turismo ecológico e desenvolvimento sustentável. Em seguida, escreva um breve discurso explicando seu programa eleitoral nessas áreas. O discurso deve explicar também como você espera que os cidadãos e as cidadãs da sua cidade ajudem você a atingir seus objetivos.

Prioridades:

1. _____

2. _____

3. _____

Senhoras e senhores:

_____

_____

_____

_____

_____

_____

_____

_____

_____

_____

_____

_____

_____

_____

_____

_____

_____

HORIZONTES

13-19 Guiné-Bissau e São Tomé e Príncipe. Indique se as afirmações seguintes são verdadeiras ou falsas, marcando V ou F nos espaços abaixo, de acordo com a informação de Horizontes do seu livro (páginas 494-496). Corrija as afirmações falsas.

1. _____ A Guiné-Bissau tornou-se independente em 1970.

   _____

2. _____ A Guiné Portuguesa teve um papel muito importante no tráfico de escravos.

   _____

3. _____ O Partido Africano para a Independência da Guiné e Cabo Verde conquistou a independência da Guiné-Bissau de forma pacífica.

   _____

4. _____ Atualmente, a Guiné-Bissau tem um sistema político de partido único.

   _____

5. _____ Flora Gomes escreveu muitos romances em crioulo da Guiné-Bissau.

   _____

6. _____ Os habitantes da Guiné-Bissau falam vários idiomas.

   _____

7. _____ A Guiné-Bissau é o maior produtor de castanha de caju do mundo.

   _____

8. _____ As ilhas de São Tomé e Príncipe fazem parte da Guiné-Bissau.

   _____

9. _____ Atualmente, o cacau é o produto mais importante de São Tomé e Príncipe.

   _____

10. _____ Os sul-africanos gostam de fazer turismo em São Tomé e Príncipe.

   _____

11. _____ Francisco José Tenreiro foi um importante dramaturgo são-tomense do século XIX.

   _____

12. _____ A hibridez de elementos artísticos europeus e africanos é uma característica do tchiloli.

   _____

LABORATÓRIO

À PRIMEIRA VISTA

13-20 Em defesa do planeta. First, read the statements below. Then listen to the conversation between Luís, who wants to join Greenpeace, and a representative of this organization in Brazil. Finally, indicate whether the statements in your book are true or false by marking **Verdadeiro** or **Falso**. Listen to the recording as many times as needed and don't worry if you do not understand every word.

	VERDADEIRO	FALSO
1. Luís conhece bem os objetivos do Greenpeace.	_____	_____
2. O Greenpeace depende da Nações Unidas.	_____	_____
3. O Greenpeace defende o uso da energia nuclear	_____	_____
4. A organização quer proteger a Amazônia.	_____	_____
5. Luís pede para colaborar como voluntário.	_____	_____

13-21 Nosso planeta. Read the statements below before listening to this conversation. Then indicate whether the statements that follow are part of Gisela's or Rafael's ideas by checking the appropriate column.

	GISELA	RAFAEL
1. Os estudantes deveriam fazer alguma coisa para melhorar o meio ambiente.	_____	_____
2. A Associação de Estudantes vai colaborar com o projeto de reciclagem.	_____	_____
3. É necessário conseguir meios de transporte para levar o lixo.	_____	_____
4. Vai ter muita coisa reciclável no restaurante.	_____	_____
5. Os cartazes vão ser colocados no restaurante.	_____	_____

13-22 As mudanças climáticas. Listen to this conversation between Mário and Felipe. Then answer the questions that follow by choosing the best response from the three choices given for each. You may have to listen to the conversation more than once.

1. a) poluição do ar   b) as mudanças climáticas   c) a previsão do tempo
2. a) na Itália   b) na China   c) no Japão
3. a) mudanças na história   b) fim das secas   c) extinção dos animais
4. a) as mudanças são mínimas   b) as mudanças são normais   c) as mudanças são grandes
5. a) a atividade humana   b) o crescimento do Sol   c) a composição do gelo

13-23 Uma entrevista. Listen to this conversation between an American student in Brazil and her biology teacher. Then, listen to the incomplete statements that follow and complete the sentences according to what you have heard. Listen to the recording as many times as needed.

1. _____

2. _____

3. _____

4. _____

5. _____

6. _____

13-24 Vocabulário da ecologia. Circle the words or expressions related to environment that were mentioned in the conversation you just heard in activity 13-23.

natureza	televisão	reciclar materiais	proteção
computadores	economizar água	áreas verdes	conferências
ecossistema	poluição dos mares	poluição das fábricas	escolas
estrelas	equilíbrio	carros à gasolina	queimadas
conscientização	frágil	instrumentos musicais	Amazônia

ESTRUTURAS

The future tense

13-25 Morretes. You and your friends are in Curitiba, Paraná, visiting some parks. Listen as your tour guide explains tomorrow's activities, when the group will take the train to Morretes. Then indicate whether each statement that follows is true or false by checking **Verdadeiro** or **Falso**. Knowledge of the following vocabulary will help you understand the tour guide's explanations:

o **gesso** (*clay*), o **barreado** (*traditional dish made with beef*), **a banana passa** (*dried banana*), **as balas de gengibre** (*ginger candy*), o **palmito** (*palm tree*).

VERDADEIRO FALSO

1. _____   _____

2. _____   _____

3. _____   _____

4. _____   _____

5. _____   _____

6. _____   _____

7. _____   _____

13-26 Algumas mudanças. You will hear some statements describing plans for future changes in your university's recycling program. Restate each plan using the simple future tense. Pause the recording at the beep to answer at your own pace.

MODELO: Vamos reusar os papéis para imprimir a primeira versão dos nossos trabalhos.

Reusaremos os papéis para imprimir a primeira versão dos nossos trabalhos.

1. _____

2. _____

3. _____

4. _____

5. _____

6. _____

The future subjunctive

13-27 O futuro? You will hear several statements referring to events that have not yet happened. In the appropriate column or columns, transcribe the verbs you hear in each of the statements. Pause the recording at the beep to write at your own pace.

MODELO: *Luís e Catarina viajarão de navio assim que terminarem o semestre escolar.*

INDICATIVO: VIAJARÃO INDICATIVO	SUBJUNTIVO: TERMINAREM SUBJUNTIVO
1. _____	_____
2. _____	_____
3. _____	_____
4. _____	_____
5. _____	_____
6. _____	_____
7. _____	_____
8. _____	_____
9. _____	_____
10. _____	_____
11. _____	_____
12. _____	_____

13-28 Quando eles vão fazer? Tell what Augusto and Suzete Vieira plan to do as soon as certain events happen. Pause the recording at the beep to answer at your own pace.

MODELO: You see: Augusto e Suzete vão a Portugal...

You hear: ter dinheiro

You say: *Augusto e Suzete vão a Portugal quando tiverem dinheiro.*

1. Augusto e Suzete vão viajar...
2. Eles vão comprar uma televisão nova...
3. Eles precisarão de roupa nova...
4. Suzete pedirá um aumento de salário...
5. Ela vai ligar para o Augusto...
6. Eles vão ficar felizes...
7. Augusto descansará mais...

13-29 Se tiverem tempo... Say what the following people will do when, if, as soon as, or while they have the time, according to the model. Pause the recording at the beep to answer at your own pace.

MODELO: You see: nós/logo que

You hear: visitar nossos tios

You say: *Vamos visitar nossos tios logo que tivermos tempo.*

1. os estudantes/se
2. nós/quando
3. Ricardo/assim que
4. eu/enquanto
5. vocês/logo que

The conditional

13-30 As idéias de Cecília e Paulo. Listen to Cecília and Paulo as they discuss what they would do if they had a lot of money. Then indicate whether the statements below are part of Cecília's or Paulo's plans—or both or neither of them— by checking the appropriate column(s) or leaving them blank. Listen to the recording as many times as needed.

	CECÍLIA	PAULO
1. Compraria um carro esporte caríssimo.	_____	_____
2. Teria uma casa grande.	_____	_____
3. Moraria em um apartamento de frente para o mar.	_____	_____
4. Viajaria a muitos lugares.	_____	_____
5. Ajudaria financeiramente as ONGs que atuam no Brasil.	_____	_____
6. Trabalharia no Greenpeace.	_____	_____
7. Daria presentes para sua família.	_____	_____
8. Investiria na bolsa.	_____	_____

13-31 Carlos faria isso. Carlos is always very busy, but you know he would do more things if he had the time. Say that he would do the following things, according to the model. Pause the recording at the beep to answer at your own pace.

MODELO: trabalhar como voluntário limpando as praias

Trabalharia como voluntário limpando as praias.

13-32 Como seria nossa vida? First, read the sentence fragments in your workbook. Then listen to the following incomplete statements and circle the letter corresponding to the most logical way to complete them among the options given below.

1. a. poderíamos chegar mais rapidamente a todos os lugares.

   b. comeríamos melhor.

   c. usaríamos mais os computadores.

2. a. dormiríamos muito mal.

   b. teríamos mais tempo livre.

   c. nos cansaríamos mais.

3. a. teríamos mais tráfico nas ruas.

   b. haveria mais poluição.

   c. respiraríamos um ar mais puro.

4. a. todos seríamos mais felizes.

   b. nos comunicaríamos por telepatia.

   c. viajaríamos ao espaço.

Reciprocal verbs and pronouns

13-33 Um encontro entre dois amigos de infância. You will hear six statements describing Júlio's activities yesterday. After listening to each statement, determine whether or not the actions described in the statement are reciprocal. Check **Verdadeiro** if the actions are reciprocal and **Falso** if they are not.

VERDADEIRO	FALSO
1. _____	_____
2. _____	_____
3. _____	_____
4. _____	_____
5. _____	_____
6. _____	_____
7. _____	_____

13-34 Um casal de namorados. Listen as Gloria talks about Eduardo, how they met, and their relationship. Then complete the following sentences based on what you heard. Don't worry if you do not understand every word.

1. Eduardo e Glória _____ faz três anos durante um feriado religioso.

2. Durante aquelas férias eles _____ todos os dias.

3. Quando eles voltaram para suas universidades eles _____ por e-mail e também

   _____ quase todos os dias.

4. Quando Eduardo e Glória _____ outra vez no dia da formatura de Glória,

   eles _____ e _____.

5. Foi também nesse dia que os pais da Glória e o Eduardo _____ e eles logo

   _____ muito bem.

6. Algum tempo depois Glória e Eduardo _____.

ENCONTROS

13-35 Fernando de Noronha, um paraíso ecológico

A. Read the statements below before listening to a description of Fernando de Noronha and to a conversation between Sarah and Francisco who are planning a trip to the island. Then, mark **Verdadeiro** or **Falso** according to the information you have heard.

	VERDADEIRO	FALSO
1. Sarah e Francisco não podem acampar em Fernando de Noronha.	_____	_____
2. Eles podem ir à ilha de barco.	_____	_____
3. Eles vão pegar um ônibus para o hotel.	_____	_____
4. Sarah não tem dinheiro para a taxa de preservação ambiental.	_____	_____
5. O IBAMA estuda e protege as tartarugas (*turtles*).	_____	_____
6. Sarah e Francisco não estão bem informados sobre a ilha.	_____	_____
7. A ilha só recebe aproximadamente 500 turistas por dia.	_____	_____
8. Sarah e Francisco vão se hospedar em um hotel de luxo.	_____	_____

B. Now write complete sentences to answer the following questions, based on what you have learned about Fernando de Noronha. You may want to listen to the description again.

1. Qual é o meio de transporte que Sarah e Francisco têm que usar para ir a Fernando de Noronha?

_____

2. Onde eles podem ficar hospedados?

_____

3. Qual é o sistema de aquecimento favorável ao meio ambiente que algumas pousadas da ilha usam?

_____

4. O que eles vão poder fazer na ilha?

_____

5. Que tipo de comida eles vão comer?

_____

6. Quantas ilhas eles podem visitar?

_____

13-36 Chico Mendes e a luta pela preservação da Amazônia. You will hear a passage on Chico Mendes, the Brazilian activist whose efforts to protect the rain forest cost him his life. Before listening, review the vocabulary that will help you understand what you hear. After listening, circle the letter that corresponds to the best way to complete each of the statements in your workbook, according to the information you heard. You may need to listen to the recording more than once.

o seringueiro	*rubber tapper*
o/a grileiro/a	*squatter*
desapropriar	*to expropriate*
o castanheiro	*gatherer of Brazil nuts*
o/a posseiro/a	*land title holder*
o/a fazendeiro/a	*rancher*
o/a caboclo/a	*Westernized Brazilian Indian*

1. Chico Mendes nasceu...
   a) no estado do Acre.
   b) no estado do Amazonas.
   c) no estado do Pará.

2. A luta de Chico Mendes era...
   a) para proteger os povos da Amazônia.
   b) para proteger as árvores e os animais da Amazônia.
   c) para proteger a floresta amazônica, os povos e as terras.

3. Chico Mendes defendia...
   a) o uso da terra como os antepassados a usavam.
   b) novos investimentos na região.
   c) o desmatamento das florestas.

4. Chico Mendes protestava...
   a) abraçando as árvores.
   b) usando armas de fogo.
   c) plantando mais árvores.

5. Chico Mendes era...
   a) violento.
   b) fazendeiro.
   c) pacífico.

6. Chico Mendes recebeu...
   a) um prêmio de uma organização não-governamental (ONG).
   b) um prêmio da Organização das Nações Unidas (ONU).
   c) um prêmio do Banco Interamericano de Desenvolvimento (BID).

7. Com seus protestos...
   a) O BID enviou muito dinheiro para a Amazônia.
   b) O BID suspendeu financiamentos para a construção da estrada na Amazônia.
   c) A ONU enviou dinheiro para a Amazônia.

8. Com sua morte, os fazendeiros pensavam que...
   a) protegeriam o meio ambiente.
   b) acabariam com as aspirações de seus seguidores.
   c) teriam muitos problemas.

9. A morte de Chico Mendes...
   a) teve pouca repercussão.
   b) teve repercussão internacional.
   c) teve repercussão apenas no Brasil.

10. Depois da morte de Chico Mendes...
    a) todos os projetos anteriores à sua morte continuaram.
    b) não houve mais ONGs na Amazônia.
    c) o mundo ainda se inspira nele para lutar pela preservação da Amazônia.

VÍDEO

Vocabulário útil

apegado/a a	close to	fazer vela	to sail
botânico/a	botanic	a política	policy
a campanha	campaign	o pôr do sol	sunset
cercado/a	surrounded	remar	to row
a coleta	collection	solucionar	to solve
a dica	hint, pointer	a tomada de consciência	becoming aware
a embalagem	container	a trilha	trail
fazer falta	to be missed or needed	a vizinhança	neighborhood

13-37 Áreas verdes. Mariana, Manuela e Caio falam sobre os parques e a natureza. Ouça os comentários deles e responda às perguntas abaixo.

1. Quem faz ecoturismo e/ou acampa?

   _____

2. O que Mariana diz sobre parques na vizinhança dela?

   _____

3. Quando Manuela vai a parques?

   _____

4. Como Caio se relaciona com a natureza?

   _____

   _____

5. Quem acha que os parques não fazem falta e por quê?

   _____

6. Quem identifica dois parques na cidade do Rio de Janeiro? Quais são os nomes dos dois parques?

   _____

7. E você? Como é o seu relacionamento com a natureza?

   _____

   _____

   _____

13-38 A reciclagem. Adriana e Manuela falam sobre a coleta seletiva de lixo. Preencha as lacunas nos parágrafos abaixo.

Adriana:

Aqui na praia de Icaraí existe um (1) _____ à coleta seletiva de lixo, né? Então você tem várias latas de lixo pra cada tipo de lixo, né? Mas eu não vejo nas casas as pessoas (2) _____ com isso. Então não há uma (3) _____ pra coleta seletiva de lixo, mas as latas estão lá, né? Eu acho que as pessoas (4) _____ e colocam lá na praia, mas nas casas, não.

Manuela:

Bom, na minha (5) _____ existe, sim, coletiva seletiva de lixo, tá? Lá no meu (6) _____ existe uma parte que é de coleta seletiva. E aqui na faculdade, na PUC Rio, também existe uma coleta seletiva de lixo, sim, e eu acho (7) _____. Acho que se pelo menos a gente não consegue (8) _____ o problema, a gente pelo menos minimiza o problema dessa forma.

9. Quais são as diferenças entre a Adriana e a Manuela em relação à coleta seletiva de lixo?

_____

_____

_____

_____

13-39 A preservação do meio ambiente. Rogério, Juliana e Manuela falam sobre como melhorar a preservação do meio ambiente. Ouça a fala de cada um deles e dê um possível título para a campanha de cada um. Depois, escreva uma ou duas frases resumindo as idéias deles. Finalmente, explique suas próprias idéias sobre este tópico.

1. Rogério

   a. Título da campanha:_____

   b. Idéias: _____

   _____

2. Juliana

   a. Título da campanha:_____

   b. Idéias: _____

   _____

3. Manuela

   a. Título da campanha:_____

   b. Idéias: _____

   _____

4. você

   a. Título da campanha:_____

   b. Idéias: _____

   _____

13-40 A natureza no Rio de Janeiro. Chupeta fala sobre a cidade do Rio de Janeiro em termos da natureza e do meio ambiente. Identifique pelo menos quatro boas razões para se viver no Rio, de acordo com ele.

_____

_____

_____

_____

_____

_____

_____

_____

Lição **14** ◆ A sociedade

PRÁTICA

À PRIMEIRA VISTA

14-1 Vocabulário. Ligue as expressões e palavras da esquerda com a palavra ou expressão da direita.

1. a idade _____ número de pessoas

2. o/a chefe de família _____ pessoa do sexo feminino

3. a população _____ número de anos

4. indicadores _____ a casa

5. o domicílio _____ dados estatísticos

6. a mulher _____ pessoa responsável pela família

14-2 Assuntos sociais. Circule a palavra que não pertence ao grupo.

1. A estatística
   a) os dados
   b) a média
   c) a porcentagem
   d) a alfândega

2. O divórcio
   a) a família
   b) os problemas econômicos
   c) o casamento
   d) a cidade

3. A política
   a) o computador
   b) as eleições
   c) o governo
   d) o presidente

4. O analfabetismo
   a) a escola
   b) o domicílio
   c) a educação
   d) os livros

5. As desigualdades sociais
   a) pobreza
   b) a poluição do ar
   c) a distribuição de renda
   d) o salário mínimo

6. A família
   a) os pais
   b) os parentes idosos
   c) o presidente do país
   d) os filhos menores

14-3 O uso da Internet. Marque **Verdadeiro** ou **Falso**, de acordo com as informações no texto "As desigualdades sociais e regionais refletidas na Internet" (página 504 do seu livro).

	VERDADEIRO	FALSO
1. A população pobre tem acesso aos computadores.	_____	_____
2. Os bancos brasileiros têm um avanço tecnológico notável.	_____	_____
3. A maioria da população brasileira não tem acesso ao mundo digital.	_____	_____
4. Uma pequena parte da população brasileira usa um sofisticado sistema de comunicação digital.	_____	_____
5. O Banco do Brasil, as ONGs e o governo estão criando estações digitais para a população rica.	_____	_____

14-4 Contra o sexismo na linguagem. Os/As estudantes brasileiros/as são contra o sexismo na linguagem. Enviaram a seguinte proposta para o Instituto Patrícia Galvão, sediado em São Paulo. Leia a proposta e responda às perguntas abaixo.

Reflexões sobre formas lingüísticas sexistas que devem ser evitadas[1] e exemplos de propostas alternativas

Sobre o masculino usado como genérico

Tradicionalmente, as palavras *homem* e *homens* têm sido usadas com um sentido universal, o-cultando[2] ou desprezando[3] a presença e contri-buição das mulheres.

Propomos a substituição de *homem* e *homens* por *pessoa* ou *pessoas*, *ser humano* ou *seres humanos*, sem dar preferência a masculino ou feminino.

Não	Sim
O homem	Os homens e as mulheres / A humanidade
Os direitos do homem	Os direitos humanos / Os direitos das pessoas
O corpo do homem	O corpo humano
A inteligência do homem	A inteligência humana
O trabalho do homem	O trabalho humano
O homem da rua	O povo da rua / A população da rua
A medida do homem	A medida humana/da humanidade/do ser humano

1. *avoid*
2. *concealing*
3. *disdaining*

---

1. Como o texto caracteriza o uso tradicional das palavras "homem" e "homens"?

   _____

   _____

2. O que os/as autores/as do texto propõem?

   _____

   _____

3. Que adjetivo a proposta sugere para substituir a palavra "do homem" na frase "a inteligência do homem"? _____

4. Qual é a expressão equivalente para "o homem da rua"? _____

5. Existe o mesmo problema em inglês? Qual é a solução para este problema, em inglês?

   _____

   _____

6. Procure na Internet o site do Instituto Patrícia Galvão, uma organização brasileira que defende os direitos da mulher, e identifique dois objetivos desta organização.

   _____

   _____

14-5 O papel das mulheres na minha família. Escreva um parágrafo contrastando as responsabilidades profissionais e domésticas de uma mulher mais velha da sua família (uma das avós, a mãe ou uma tia) com uma mulher mais jovem (uma irmã, uma prima ou você mesma, caso seja mulher).

_____

_____

_____

_____

_____

_____

_____

_____

_____

_____

_____

_____

ESTRUTURAS

Síntese gramatical

1. The past participle

REGULARES			IRREGULARES			
falar	**falado**		abrir	**aberto**	fazer	**feito**
comer	**comido**		cobrir	**coberto**	pôr	**posto**
assistir	**assistido**		dizer	**dito**	ver	**visto**
			escrever	**escrito**	vir	**vindo**

2. **The passive voice**

   ser + past participle (+ por)

   O computador é novo: nunca **foi usado** (**por** ninguém).

   Os dados estatísticos **foram analisados** (**pelos** sociológos).

3. **The present perfect**

eu	tenho	fal**ado**
você, o sr./a sra., ele/ela	tem	co**mido**
nós	temos	assis**tido**
vocês, os srs./as sras., eles/elas	têm	

4. **The past perfect**

eu	tinha/havia	fal**ado**
você, o sr./a sra., ele/ela	tinha/havia	co**mido**
nós	tínhamos/havíamos	assis**tido**
vocês, os srs./as sras., eles/elas	tinham/haviam	

The past participle

14-6 As mudanças na sociedade. Complete o parágrafo com as palavras da lista.

abertas   mudada   excluídas   participado   decididas   interessados

A sociedade está (1) _____. Os pais estão (2) _____ em dialogar mais com os filhos. As mulheres estão mais (3) _____ a participar da vida do país e as portas estão (4) _____ para todos. As mulheres, antes (5) _____ de uma participação ativa na sociedade no passado, hoje estão muito diferentes, tendo (6) _____ em muitas áreas.

14-7 Duas festas diferentes. Descreva o que acontecia numa festa nos anos sessenta e em outra festa no ano de 2007. Use o imperfeito e as formas corretas dos particípios indicados abaixo e/ou outros.

ligado/desligado   interessado em...   preocupado com...   proibido

permitido   aceso/apagado   vestido...   calmo/agitado

MODELO: a televisão

ANOS SESSENTA   ANO DE 2007

A televisão estava desligada.   A televisão estava ligada.

1. os convidados _____

2. as luzes _____

3. as mulheres _____

4. os vizinhos _____

5. as portas _____

14-8 Sim, está feito. Sua família acabou de alugar um condomínio por duas semanas. Antes da viagem, sua mãe faz algumas perguntas. Responda às perguntas dela e reafirme que tudo está sob controle.

MODELO: Você informou o endereço do apartamento aos seus amigos?

Sim, eles estão informados.

1. Ana, você apagou a luz do seu quarto?

_____

2. Luís, você trocou as toalhas do banheiro?

_____

3. Carlos, você arrumou seu quarto?

_____

4. Vocês puseram as malas no bagageiro?

_____

5. Marcela, você fez a lista de compras?

_____

The passive voice

14-9 Quem fez o quê? Reescreva as frases seguintes usando a voz passiva.

MODELO: Os filhos arrumaram a cama.

A cama foi arrumada pelos filhos.

1. Os adolescentes assistiram o filme de terror.

_____

2. Corri a maratona.

_____

3. Elegemos muitas senadoras em 2006.

_____

4. As mulheres ganharam vários presentes.

_____

5. O policial ajudou aquela senhora.

_____

6. As pessoas mudaram muitos hábitos do passado nos últimos anos.

_____

14-10 Informações importantes. Usando a voz passiva e formas apropriadas dos verbos da lista, dê informações sobre as pessoas, lugares e obras abaixo.

MODELO: Luiz Inácio Lula da Silva

Luiz Inácio Lula da Silva foi eleito presidente do Brasil em 2002 e em 2006.

compor   fundar   eleger   inaugurar   publicar   gravar

1. Brasília _____

2. O romance *Grande Sertão: Veredas* _____

3. A Universidade de São Paulo _____

4. Os primeiros discos de Chico Buarque _____

5. Benedita da Silva _____

6. As *Bachianas brasileiras* de Villa-Lobos _____

The present perfect

14-11 Os brasileiros e os esportes. Complete as seguintes afirmações sobre as contribuições que os brasileiros têm dado para o mundo dos esportes. Use o presente perfeito dos verbos entre parênteses.

1. O Brasil _____ (participar) de muitas Copas do Mundo de futebol.

2. Vários jogadores de futebol _____ (fazer) muito sucesso nos clubes europeus.

3. Rubens Barrichello e Antônio Massa _____ (pilotar) na Fórmula 1.

4. O time de basquete masculino _____ (obter) muitas vitórias.

5. Infelizmente, os atletas brasileiros não _____ (conseguir) muitas medalhas de ouro nas Olimpíadas.

6. E nós, o que _____ (fazer)?

14-12 Mudanças na sociedade. Você quer saber como a sociedade brasileira tem mudado nos últimos anos. Você tem curiosidade sobre vários itens e os mostra para o Tiago, seu amigo brasileiro. Escreva o que Tiago falou para você.

MODELO: as mulheres/trabalhar em cargos importantes
As mulheres têm trabalhado em cargos importantes.

1. os homens/ajudar as mulheres na cozinha

_____

2. mais crianças desfavorecidas/ir à escola

_____

3. os idosos/participar das eleições

_____

4. o desemprego/aumentar

_____

5. a criminalidade/diminuir

_____

6. os jovens/beber mais

_____

7. eu/trabalhar como voluntário

_____

14-13 Minha família e eu. Responda às seguintes perguntas sobre você e sua família.

1. O que você tem feito ultimamente?

   _____

2. Para onde seus pais têm viajado?

   _____

3. Você tem lido o jornal local ultimamente?

   _____

4. Você tem dialogado com seus pais?

   _____

5. Seu irmão (sua irmã, seu/sua primo/a) tem saído com você?

   _____

6. Você tem gasto muito dinheiro nas últimas semanas?

   _____

The past perfect

14-14 Tarde demais. Escreva o que já tinha acontecido antes das seguintes atividades do Daniel no Brasil.

MODELO: Quando Daniel viajou para o Brasil, ele já _____ com colegas brasileiros. (estudar)
Quando Daniel viajou para o Brasil, ele já tinha estudado com colegas brasileiros.

1. No Brasil, Daniel foi ao supermercado no sábado às 11:00 da noite, mas a loja já _____ (fechar).

2. Ele já _____ (assistir) muitos jogos de futebol pela TV antes de ir ao Maracanã.

3. Ele só _____ (ver) o Ronaldinho pela TV.

4. Antes de irem ao jogo, Daniel e os colegas _____ (ir) à praia e _____ (comer) churrasco na churrascaria "O Porcão".

5. Daniel e eu já _____ (ver) o show do Gilberto Gil anos atrás, mas Daniel adorou ver o Gil no palco de novo.

6. Antes de Daniel ir embora, eu _____ (dizer) para ele que se divertiria muito no Brasil.

14-15 O que vocês tinham feito? Na semana passada, o professor do Daniel pediu que os colegas da aula de Português fizessem uma pesquisa sobre o papel da mulher na sociedade brasileira durante os últimos trinta anos. Escreva o que você, Daniel e seus colegas fizeram para obter a informação antes de ir para a aula ontem.

MODELO: Pedro/fazer entrevistas...

  Pedro tinha feito entrevistas em vários escritórios. ou

  Pedro havia feito entrevistas em vários escritórios.

1. eu/procurar informações...

  _____

2. Alice e Daniel/ler vários artigos sobre...

  _____

3. Daniel/falar com...

  _____

4. você/assistir...

  _____

5. nós/consultar...

  _____

6. Pedro e eu/receber informações...

  _____

14-16 O que as mulheres tinham feito? No mesmo curso mencionado na atividade 14-15, vocês aprenderam também como as mulheres tinham contribuído para a sociedade e cultura brasileiras entre os anos 1910 e 1950.

1. algumas mulheres/escrever livros

  _____

2. Anita Malfatti/pintar quadros famosos

  _____

3. outras mulheres/ser políticas

  _____

4. a maioria/trabalhar como professora

  _____

5. a militante comunista Olga Benário/morado na Alemanha e na União Soviética antes de morar no Brasil

  _____

ENCONTROS

Para ler

14-17 Você concorda ou discorda? Escreva frases que defendam ou ataquem as seguintes afirmações. Justifique sua reação.

1. Todas as quintas-feiras, as mulheres devem ter o direito de entrar de graça nas discotecas.

_____

_____

2. Um homem deve sempre abrir a porta para as mulheres.

_____

_____

3. Uma mulher deve mudar de sobrenome quando casa.

_____

_____

4. Em muitos países, o serviço militar é obrigatório para os homens e não para as mulheres.

_____

_____

14-18 Eles e elas fazem as mesmas coisas? Leia o artigo abaixo que trata das mudanças no papel dos homens e das mulheres que têm ocorrido na sociedade brasileira. Depois, responda às perguntas que abaixo.

ESPECIAL

Vida a dois

Tarefas divididas

No Brasil, o papel das mulheres não tem mudado muito nas áreas rurais e nas pequenas cidades. Mas nos grandes centros urbanos, como São Paulo, Rio de Janeiro, Belo Horizonte e outras cidades, já faz algumas décadas que as mulheres abandonaram o tradicional papel de dona de casa, mãe, esposa e empregada doméstica, para ingressar em áreas que, por séculos, têm sido quase que exclusivas dos homens. Ir à universidade, preparar-se academicamente, competir no campo profissional são algumas áreas em que as mulheres têm atuado e competido com os homens. Por outro lado, os homens também têm demonstrado uma tendência favorável às mudanças.

Segundo alguns analistas no campo das relações entre casais, hoje em dia, os homens cada vez mais se interessam que o casamento ou relacionamento funcione e se mantenha por toda a vida. No aspecto sentimental, o homem quase não se expressava antigamente; geralmente ele optava por reservar seus sentimentos e preocupações e não compartilhá-los com sua companheira. Sem dúvida, o homem hoje procura canais e modos para expressar seus sentimentos, frustrações, alegrias e problemas. Por ser uma experiência relativamente desconhecida para a mulher, esta se surpreende e se confunde quando o homem se expressa, e sobretudo quando chora, tentando manifestar suas emoções mais íntimas.

Da mesma forma, no que diz respeito ao lar, os homens querem participar mais ativamente de mais aspectos da vida familiar, como a educação dos filhos, e de assuntos domésticos, como a limpeza da casa e da roupa, a preparação da comida, etc.

O ponto positivo de tudo isto é que agora, mais do que antes, o homem parece ter compreendido que sua contribuição em casa não é exclusivamente econômica. Provavelmente até sem querer, a mulher foi a principal responsável por esta mudança de papéis na sociedade.

A. Tomando como base o artigo...

    1. indique três papéis da mulher na sociedade até poucos anos atrás.

    _____

    2. indique mudanças na atitude e comportamento (*behavior*) do homem que têm afetado positivamente a vida familiar nas seguintes áreas:

        a) vida doméstica: _____

        b) filhos: _____

        c) relação entre o casal: _____

B. Complete as frases seguintes de acordo com o artigo:

    1. A mulher deve ir à universidade para_____.

    2. No passado, os homens casados _____.

    3. As mulheres acham estranho quando os homens _____.

C. Em minha opinião, as mulheres podem ter filhos e uma vida profissional ativa quando os maridos

_____

_____

14-19 A vida das mulheres. O que as mulheres americanas têm feito nos últimos tempos, dentro e fora do lar? E os homens? Escreva dois breves parágrafos sobre o assunto. Pense nos seguintes pontos:

1. O papel das mulheres e dos homens em casa. *As mulheres têm trabalhado sozinhas na limpeza da casa e na cozinha? Quem tem cuidado dos filhos? Os homens têm assumido responsabilidades domésticas? Quem tem pago as contas da casa? Como os casais têm dividido as despesas?*

2. O papel das mulheres e dos homens no trabalho. *O que as mulheres têm feito para merecer mais respeito no trabalho? As mulheres e os homens têm tido as mesmas oportunidades para cargos de chefia nas empresas? As mulheres têm recebido o mesmo salário que os homens?*

_____

_____

_____

_____

_____

_____

_____

_____

_____

_____

Para escrever

14-20 Uma mulher bem sucedida. Seu professor de Comunicação 101 deu um trabalho para os estudantes: eles devem entrevistar uma mulher brasileira bem sucedida em qualquer ramo profissional. Use o artigo abaixo como base para escrever uma entrevista imaginária com Zilda Arnes.

Quem vê Zilda Arnes Newmann pode pensar que ela é apenas em uma simpática avó que fica cuidando dos netinhos em casa. Porém, Zilda Arnes é uma das maiores autoridades em saúde infantil do mundo e foi indicada pelo governo brasileiro para receber o Prêmio Nobel da Paz em 2001.

Zilda Arnes nasceu no estado de Santa Catarina em 1934 e é irmã do ex-arcebispo de São Paulo, Dom Paulo Evaristo Arnes. Mãe de cinco filhos, ela é médica pediatra e sanitarista, fundadora e diretora da Pastoral da Criança, órgão de saúde pública infantil. Este programa é um dos maiores do mundo, dedicado à saúde infantil e à nutrição. A Pastoral da Criança, que tem mais de 145.000 voluntários, reduziu a mortalidade infantil em mais da metade em mais de 31.000 comunidades urbanas e rurais do Brasil. A Pastoral serve de modelo para vários países das Américas e da África.

Com muitos prêmios nacionais e internacionais, uma das mais importantes homenagens a Zilda Arnes é, sem dúvida, a sua nomeação pela *Pan American Health Organization* como "Heroína da Saúde Pública das Américas". Ao mundo, ela transmite a mensagem de que o trabalho voluntário engrandece o ser humano e que todas as crianças têm direito à vida. Ela dedicou sua vida ao trabalho na área da saúde infantil para realizar seus sonhos como médica, mulher e cidadã: Zilda Arnes é a avó de todas as crianças do Brasil!

MODELO: Você: *Onde a senhora nasceu?*

Zilda Arnes: *Nasci em Santa Catarina.*

VOCÊ: _____

ZILDA ARNES: _____

VOCÊ: _____

ZILDA ARNES: _____

VOCÊ: _____

ZILDA ARNES: _____

VOCÊ: _____

ZILDA ARNES: _____

VOCÊ: _____

ZILDA ARNES: _____

14-21 Uma biografia. Para sua aula de Psicologia, o professor quer que você escreva a biografia de uma pessoa bem sucedida (conhecida ou não) que tenha influenciado você e servido como modelo para sua vida. Escreva a biografia desta pessoa em três parágrafos.

Parágrafo 1: Escreva a informação pessoal da pessoa: nome, lugar e data de nascimento, profissão, lugar onde trabalha e porque esta pessoa é importante para você.

Parágrafo 2: Atividade atual: o que a pessoa tem feito ultimamente?

Parágrafo 3: Os planos desta pessoa a curto e a longo prazo (*short and long term plans*).

_____

_____

_____

_____

_____

_____

_____

_____

_____

_____

_____

_____

_____

_____

_____

_____

_____

_____

_____

HORIZONTES

14-22 Timor-Leste. Indique se as afirmações seguintes são verdadeiras (V) ou falsas (F), de acordo com a informação em Horizontes nas páginas 523-24 do seu livro. Corrija as afirmações falsas.

1. _____ Timor-Leste tem uma população de mais de cinco milhões de habitantes.

_____

2. _____ Os timorenses vivem em uma ilha.

_____

3. _____ Antigamente, Timor-Leste se chamava Timor Português.

_____

4. _____ A independência de Timor-Leste foi proclamada em 25 de abril de 1974.

_____

5. _____ A Indonésia teve um papel positivo no estabelecimento do estado timorense.

_____

6. _____ As Nações Unidas ajudaram a restaurar a independência de Timor-Leste.

_____

7. _____ Tétum e português são as únicas línguas faladas em Timor-Leste.

_____

8. _____ A maioria da população de Timor-Leste professa o islamismo.

_____

9. _____ Os timorenses são altamente alfabetizados.

_____

10. _____ Há muitas montanhas no interior de Timor-Leste.

_____

11. _____ O país tem reservas importantes de petróleo e gás.

_____

12. _____ O cultivo de café tem sido a base mais bem sucedida da economia timorense.

_____

À PRIMEIRA VISTA

14-23 Pontos de vista diferentes. Look at the chart below and then listen to the different points of view that Helena and her grandmother express in their conversation. Finally, complete the chart with a word or phrase indicating their differences of attitude and opinion. Listen to the recording as many times as needed.

TÓPICO	AVÓ	HELENA
as mulheres		
os homens		
cuidado dos filhos		
tarefas domésticas		

14-24 A mulher na sociedade brasileira. You will hear a brief description of changing roles of women in Brazil, followed by several statements. Indicate whether each statement is true or false by checking **Verdadeiro** or **Falso**.

VERDADEIRO	FALSO
1. _____	_____
2. _____	_____
3. _____	_____
4. _____	_____
5. _____	_____

14-25 A universidade virtual. Listen to this description of some services provided by some universities in Brazil. Then fill in the blanks with the information you heard. You may need to listen to the passage more than once.

1. Opções para os estudos à distância:

   a) antes: _____

   b) agora: _____

2. _____ universidades brasileiras oferecem educação à distância.

3. Duas universidades referidas no texto que oferecem cursos à distância são _____

   _____ e _____.

4. O curso de mestrado oferecido pela UFPR não é _____ : é _____

5. No programa de mestrado da UFPR, os estudantes usam os computadores para _____

   _____

   _____.

6. A Unisul começou no ano de _____ e já tem mais de _____ estudantes.

7. Na Unisul, os estudantes usam os _____ para se
   comunicarem com seus professores e colegas.

8. A universidade virtual é conveniente para o/a estudante porque ele/ela _____

   _____.

9. Os principais aspectos positivos da educação virtual são _____

   _____.

14-26 O perfil dos estudantes da universidade virtual. Listen to the description of students who undertake distance learning in Brazil. Then complete the chart based on the information you heard. Don't worry if you do not understand every word.

1. Razão para estudar na universidade virtual	
2. A profissão da maioria dos estudantes	
3. O papel das empresas	
4. O significado de "ESAB"	
5. Porcentagem de estudantes do sexo masculino e feminino entre 22-30 anos	
6. Porcentagem de estudantes do sexo masculino acima de 36 anos	
7. Porcentagem de estudantes do sexo feminino acima de 36 anos	

ESTRUTURAS

The past participle

14-27 O que José viu? Listen to José's description of what he saw when he got home yesterday and match the number of each description with the appropriate illustration.

a. _____   b. _____   c. _____   d._____

14-28 A peça de teatro. You are double-checking what other students are telling you about the preparations for a Brazilian play your school is putting on. After each report, confirm the information you heard, using **estar** and the past participle.

MODELO: Escolheram a roupa dos atores.
Então a roupa já está escolhida?

The passive voice

14-29 Mulheres na sociedade brasileira. Listen to the following statements about women in Brazilian society and then rewrite them, using the passive voice. Pause the recording at the beep to write at your own pace.

MODELO: O povo brasileiro sempre elege algumas senadoras.
Algumas senadoras são sempre eleitas pelo povo brasileiro.

1. _____.

2. _____.

3. _____.

4. _____.

14-30 Depois do furacão. Listen to these descriptions of the effects of a hurricane (**o furacão**) and restate them using the passive voice.

MODELO: O furacão destruiu as casas.
As casas foram destruídas pelo furacão.

The present perfect

14-31 Não tenho tido notícias do Henrique. Listen to the following conversation between André and Carla. As they talk, determine whether or not either of them uses the present perfect in their portions of the conversations. Check **Verdadeiro** if they do and **Falso** if they don't.

	VERDADEIRO	FALSO
1. André:	_____	_____
2. Carla:	_____	_____
3. André:	_____	_____
4. Carla:	_____	_____
5. André:	_____	_____
6. Carla:	_____	_____

14-32 As atividades de Sílvia. Listen as a friend tells you what Sílvia has done during the last two weeks. Following his description, the speaker will name several activities. Tell whether Sílvia has or hasn't done each activity, based on what you heard. You may need to listen to the passage more than once. If necessary, take some notes.

MODELO: ficar em casa
   Ela tem ficado em casa.

14-33 Voluntários na universidade. You and your friend are participating in a volunteer program for your education class. Your supervisor wants to know what type of volunteer work the two of you have done lately. Tell the supervisor what you have done, using the present perfect in your answers. Pause the recording at the beep to answer at your own pace.

MODELO: atender o telefone
   Temos atendido o telefone.

The past perfect

14-34 Paulo Coelho e Raul Seixas. Listen to this account of the friendship between two well-known Brazilians. Then indicate whether each of the statements following the description is true or false by checking **Verdadeiro** or **Falso**. Listen to the recording as many times as needed. Don't worry if you do not understand every word.

VERDADEIRO	FALSO
1. _____	_____
2. _____	_____
3. _____	_____
4. _____	_____
5. _____	_____

14-35 Antes de estudar na universidade. Tell whether or not you had done each of the following activities by the time you started studying at the university. Pause the recording at the beep to answer at your own pace.

MODELO: dirigir um carro

Quando comecei a estudar na universidade, eu já tinha dirigido um carro. ou

Quando comecei a estudar na universidade, eu ainda não tinha dirigido um carro.

ENCONTROS

14-36 Marina Silva. Read the statements below and then listen to the biography of Marina Silva. Finally, indicate whether the statements below are true or false by checking **Verdadeiro** or **Falso**. Listen to the passage as many times as needed.

	VERDADEIRO	FALSO
1. Marina Silva aprendeu a ler quando era adolescente.	_____	_____
2. A família de Marina é do Acre.	_____	_____
3. Marina foi eleita deputada depois de ser senadora.	_____	_____
4. Marina foi vice-ministra do Meio Ambiente.	_____	_____
5. Marina foi eleita senadora antes de completar 40 anos.	_____	_____
6. Marina publicou um livro sobre o meio ambiente.	_____	_____

14-37 Mudanças na população brasileira. Listen to the information on the Brazilian population changes in recent decades and complete each statement according to what you hear.

1. A população _____ idosa do Brasil aumentou.

2. Famílias com _____ eram comuns no início do século XX.

3. Nos últimos vinte anos, o número médio de pessoas por família foi reduzido _____.

4. Há _____ meninas do que meninos estudando.

5. Em 1999, a proporção de mulheres com o ensino médio concluído era de _____ percentuais acima da população masculina.

6. Como as mulheres têm interesse em ingressar no _____ , aumenta a taxa de escolarização das mulheres.

7. O número de pessoas à procura de trabalho também subiu e manteve-se _____ na população feminina do que na masculina.

8. A remuneração média de trabalho das mulheres ainda é _____ à dos homens.

9. O salário médio das mulheres em 1995 representava _____ % do salário recebido pelos homens e, em 1999, era de _____%.

10. Como se pode concluir, muitas mudanças têm ocorrido na sociedade brasileira, mas as mulheres ainda têm uma longa batalha pela frente, com respeito à _____.

VÍDEO

Vocabulário útil

o compromisso	*commitment*	inserido/a	*involved*
a conscientização	*consciousness raising*	a instituição	*institution*
o costume	*custom*	lento/a	*slow*
curtir	*to enjoy*	lidar com	*to deal with*
deixar	*to allow*	a manutenção	*maintenance*
desgastado/a	*eroded, damaged*	o marido	*husband*
doar	*to donate*	o movimento	*movement*
o/a empresário/a	*businessman/woman*	o passo	*step*
o estado	*state*	privilegiar	*to privilege*
a estrutura	*structure*	surgir	*to appear, to emerge*
a formação	*education*	o valor	*value*

14-38 As mudanças de costumes. Rogério, Manuela e Juliana falam sobre as mudanças que têm ocorrido na sociedade brasileira. Identifique os principais pontos nas opiniões de cada um deles e descreva-os usando pelo menos quatro frases completas. As expressões abaixo podem ser úteis para descrever a opinião de cada um dos entrevistados:

De acordo com Rogério..., Na opinião da Manuela..., Juliana acha que...

1. Rogério

_____

_____

_____

_____

_____

2. Juliana

_____

_____

_____

_____

_____

3. Manuela

_____

_____

_____

_____

_____

4. você

E no seu país? Os costumes têm mudado na sociedade do seu país? Qual é a sua opinião das mudanças dentro da sua sociedade? Há alguma semelhança com o Brasil ou apenas diferenças? Comente usando frases completas.

_____

_____

_____

_____

_____

14-39 A democracia no Brasil. Caio e Carlos falam sobre o sistema democrático e sobre os movimentos sociais no Brasil. Ouça os comentários deles e responda às perguntas abaixo.

1. Qual é a opinião do Caio sobre a democracia no Brasil? Usando frases completas, descreva as idéias principais dele.

_____

_____

_____

_____

_____

2. Carlos fala sobre o governo brasileiro e um movimento muito importante dentro do Brasil. Ele fala de ONGs e do MST. O que é uma ONG e o que é o MST? Qual é a impressão do Carlos em relação ao MST? Responda usando frases completas.

_____

_____

_____

_____

_____

3. Qual foi a sua impressão dos comentários do Carlos e do Caio? O que os comentários deles podem nos dizer sobre o Brasil?

_____

_____

_____

_____

4. Qual é a sua impressão do sistema político e do governo do seu país?

_____

_____

_____

_____

Lição 15 ◆ A ciência e a tecnologia

PRÁTICA

À PRIMEIRA VISTA

15-1 Associações. Em que aula os assuntos abaixo provavelmente seriam discutidos?

1. _____ Informática   a. transportes de alta velocidade

2. _____ Educação   b. computadores

3. _____ Biologia   c. programação da TV a cabo

4. _____ Engenharia   d. clonagem de animais

5. _____ Comunicação   e. ensino à distância

15-2 O mundo de hoje. Responda às perguntas sobre sua experiência com as seguintes tecnologias e dê sua opinião a respeito das vantagens e desvantagens delas.

1. Você tem telefone celular? _____

    Vantagem: _____

    Desvantagem: _____

2. Na sua casa, vocês usam TV a cabo com mais de 100 canais? _____

    Vantagem: _____

    Desvantagem: _____

3. Quantas televisões há na sua casa? _____

    Vantagem: _____

    Desvantagem: _____

4. Você usa o banco 24 horas (*ATM*)? _____

    Vantagem: _____

    Desvantagem: _____

5. Quantas pessoas têm tocador de MP3 na sua família? _____

   Vantagem: _____

   Desvantagem: _____

6. Você tem câmera digital? _____

   Vantagem: _____

   Desvantagem: _____

15-3 O mundo de amanhã. Escolha a palavra da lista que melhor complete cada frase. Use cada palavra somente uma vez.

| cidades | a Internet | robôs | carros automáticos | satélites | bicicletas |
| telefones | estrelas | voz | ensino à distância | radares | portas eletrônicas |

1. Dentro de alguns anos, vamos usar apenas _____.

2. Todas as casas estarão conectadas com _____.

3. O tráfico aéreo será totalmente controlado por _____.

4. As pessoas não terão que se preocupar com a limpeza da casa, porque este trabalho será feito

   por _____.

5. Em todos os _____, poderemos ver as pessoas que estão nos telefonando.

6. O _____ substituirá totalmente a sala de aula e o contato com o professor.

15-4 Assuntos para discussão. Pense em uma conseqüência que estes fenômenos já têm ou poderão ter nos seres humanos.

1. uso generalizado de robôs

   _____

2. microcomputadores individuais

   _____

3. manipulação genética

   _____

4. telefones com vídeo

   _____

ESTRUTURAS

Síntese gramatical

1. **Uses of the impersonal infinitive**

   Integrar novas tecnologias na educação é importante.
   É bom **usar** a Internet para acompanhar as notícias.
   Ao chegar no laboratório, Marília ligou o computador imediatamente.

2. **The personal infinitive**

	NADAR	CORRER	PARTIR	ESTAR
eu	nadar	correr	partir	estar
você, o sr./a sra., ele/ela	nadar	correr	partir	estar
nós	nadar**mos**	correr**mos**	partir**mos**	estar**mos**
vocês, os srs./as sras., eles/elas	nadar**em**	correr**em**	partir**em**	estar**em**

PERSONAL INFINITIVE	SUBJUNCTIVE
É importante **usarmos** o computador. em nossas aulas.	É importante que **usemos** o computador em nossas aulas.
Telefonei para os técnicos **virem** aqui.	Telefonei para que os técnicos **viessem** aqui.
Os estudantes não vão fazer nada até o professor **chegar**.	Os estudantes não vão fazer nada até que o professor **chegue**.

3. **Present and future *if*-clause sentences**

   O professor **fica/vai ficar/ficará** furioso se vocês não **desligarem** os celulares na aula.
   Se todas as salas de aula **tivessem** computadores, os estudantes **aprenderiam** mais rapidamente.

4. **Diminutives and augmentatives**

   DIMINUTIVES: INHO/A

livro → livrinho	menina → menininha	pouco → pouquinho	meu bem → meu
benzinho flor → florzinha	cartão → cartãozinho	café → cafezinho	Luiz → Luizinho

   AUGMENTATIVES: ÃO/ONA

valente → valentão/valentona	livro → livrão	mesa → mesona	pé → pezão
nariz → narigão	barulho → barulhão	homem → homenzarrão	

Uses of the impersonal infinitive

15-5 Sua opinião. Combine a palavra ou expressão da esquerda com a direita, de acordo com o significado.

1. _____ ter muitos alimentos modificados geneticamente no futuro.

2. _____ tirar boas notas sem estudar.

3. _____ saber usar novas tecnologias para conseguir um bom emprego.

4. _____ assistir videoconferências através do ensino à distância.

5. _____ ler todos os jornais eletrônicos todos os dias.

a. É difícil...
b. É possível...
c. É normal...
d. É perigoso...
e. É impossível...
f. É bom...
g. É recomendável...

15-6 Você sabia que...? Complete as frases logicamente com um infinitivo impessoal.

| salvar | correr | chegar | visitar | praticar | pagar |
| assistir | ver | usar | dormir | trabalhar | almoçar |

1. _____ um arquivo (*file*) no computador evita muitos problemas.

2. _____ o telefone celular na sala de aula é muito rude.

3. _____ as contas pela Internet facilita a vida das pessoas.

4. _____ TV sem controle remoto é coisa do passado.

15-7 Condições. Complete cada frase com a palavra ou expressão mais apropriada. Não repita nenhuma palavra.

| para | ao | sem | antes de | depois de |

1. _____ ver que o computador congelou (*froze*), Carlinhos ficou preocupado.

2. _____ almoçar, Alice vai comprar um MP3.

3. _____ comprar o MP3, ela vai analisar os preços de muitas lojas.

4. _____ viajar a muitos países é preciso ter tempo e dinheiro.

5. _____ querer, apaguei um arquivo importante no computador.

The personal infinitive

15-8 O que vai acontecer? Preencha os espaços com o infinitivo pessoal dos verbos entre parênteses.

1. O professor falou para nós _____ (ir) à sala de bate-papo para _____ (praticar) português.

2. A NASA quer ver os astronautas _____ (ir) a Marte.

3. Para mim é uma surpresa os MP3 _____ (ser) tão populares entre os estudantes universitários.

4. O futuro tecnológico mostra que será possível para nós todos _____ (viajar) para outros planetas.

5. Fomos a uma loja de computação para um técnico _____ (analisar) a memória do meu computador.

15-9 A professora de Informática disse para nós... Escreva o que a professora disse para vocês fazerem (ou não fazerem) no curso dela.

MODELO: o próximo teste

Ela disse para estudarmos para o próximo teste.

1. telefones celulares

_____

2. Internet

_____

3. videoconferência

_____

4. mensagens eletrônicas

_____

5. as perguntas do teste

_____

6. os blogs da última semana

_____

7. o livro de computação

_____

15-10 Imaginemos. Preencha os espaços com formas de infinitivo pessoal dos verbos entre parênteses e depois complete cada frase de maneira lógica.

MODELO: Para todos os meus amigos se _____ (encontrar),

Para todos os meus amigos se encontrarem, vou organizar uma grande

festa no próximo fim de semana.

1. Para nós _____ (ser) mais felizes,

_____.

2. Para os doentes de Alzheimer um dia _____ (poder) se curar,

_____.

3. Até as populações de todo o mundo _____ (conseguir) acesso aos computadores,

_____.

4. Para todas as cidades do futuro _____ (ter) o mesmo nível de desenvolvimento, os arquitetos e engenheiros...

_____.

5. Eu queria um carro novo para Júlia e eu _____ (sair) juntos/as e...

_____.

Present and future *if*-clause sentences

15-11 Se... Ligue as orações da coluna da esquerda com as da coluna direita e escreva frases completas.

MODELO: 0. Se alugássemos um filme pela Internet... x. não precisaríamos sair de casa.

y. não precisaremos sair de casa.

Se alugássemos um filme pela Internet, não precisaríamos sair de casa.

1. Se nós passarmos muito tempo trabalhando com computadores...

2. Se os meus amigos não tivessem celulares...

3. Se os pais puderem definir as características genéticas dos filhos...

4. Se os pais de filhos pequenos não controlassem o uso do computador...

5. Se eles não comprarem um carro novo...

a. os pais escolherão o que preferirem.

b. não vão poder viajar.

c. nós não vamos ter tempo ao ar livre.

d. EU falaria muito menos com eles.

e. as crianças teriam acesso a sites perigosos.

1. _____

2. _____

3. _____

4. _____

5. _____

15-12 O que aconteceria se...? Complete as frases logicamente.

1. Se eu não usasse a Internet...

   _____

2. Se as pessoas não tivessem carro nos Estados Unidos...

   _____

3. Se os aviões a jato não existissem...

   _____

4. Se nós não comprássemos comida congelada...

   _____

5. Se a Microsoft não existisse...

   _____

6. Se meus amigos não tivessem computadores...

   _____

15-13 O que vai acontecer? Imagine duas conseqüências (uma afirmativa e uma negativa) para cada uma das seguintes situações. Siga o modelo.

MODELO: meu computador/funcionar

Se meu computador não funcionar, não poderei fazer a tarefa.

Se meu computador funcionar, vou fazer o trabalho para o curso de Comunicação.

1. meu amigo/telefonar

   a. _____

   b. _____

2. os cientistas/pesquisar

   a. _____

   b. _____

3. nós/manipular os genes

   a. _____

   b. _____

4. os aviões/voar

   a. _____

   b. _____

5. eu/ter muito dinheiro no futuro

   a. _____

   b. _____

Diminutives and augmentatives

15-14 Qual é o tamanho? Decida quais palavras da lista são diminutivos e quais aumentativos e transcreva-as na tabela abaixo.

livrinho   Luizão   luzinha   Paulinho   hotelzão   homenzinho

computadorzão   lapisinho   jantarzão   dinheirão   aviãozinho

DIMINUTIVOS	AUMENTATIVOS	

15-15 O que significa? Complete as frases com os diminutivos das palavras entre parênteses e explique o significado de cada diminutivo, de acordo com o contexto (tamanho, sarcasmo, ênfase, afeição ou polidez).

1. Preciso acordar bem _____ (cedo) para ir ao laboratório. _____

2. Que _____ (menina) linda é esta criança! _____

3. A Leninha sabe falar duas ou três _____ (palavras). _____

4. Li um _____ (livro) de 650 páginas _____

5. Mas que _____ (filme) ruim! _____

6. Meu _____ (bem), eu te amo tanto! _____

7. Rafaela fez umas _____ (compras); ela é uma consumista incrível! _____

15-16 Qual é o aumentativo? Escolha a palavra mais adequada da lista abaixo para completar cada frase.

homenzarrão   carrões   dinheirão   narigão   carrão

mesona   valentona   filmão   casarão   computadorzão

1. Elvis Presley tinha muitos _____.

2. Pinóquio tinha um narizinho que se tornou um _____.

3. Eles construíram aquele _____ para duas pessoas morarem lá!

4. Com o _____ que gastaram, poderiam ter construído três casas.

5. Rita disse que assistiu um _____ ontem.

6. Aquele jogador de basquete é um homem bem alto e forte, é um _____.

ENCONTROS

Para ler

15-17 Um parque tecnológico. O desenvolvimento econômico e tecnológico são prioridades no Brasil. Leia o seguinte artigo sobre um parque tecnológico em São José dos Campos e siga as indicações abaixo.

O Parque Tecnológico da Universidade do Vale da Paraíba (Univap) tem a missão de atuar efetivamente na interação universidade-empresa. A área tem aproximadamente 19.000 m2 com 6.000 m2 de área verde, às margens do Rio Paraíba. O Parque Tecnológico da Univap tem infra-estrutura para empresas e instituições que se dedicam às tecnologias do futuro, com o objetivo de desenvolver a ciência e a tecnologia para o benefício da região e do Brasil. O Parque pode ser utilizado por pequenas, médias e grandes empresas que desenvolvam projetos ou usem extensivamente tecnologias dirigidas para as seguintes áreas:

Tecnologia da informação

Eletrônica e telecomunicações

Tecnologia de materiais

Tecnologia aeroespacial

Energia e meio ambiente

Biotecnologia

Bioinformática

Desenvolvimento de software

Outras tecnologias

O Parque possui escritórios, laboratórios, auditórios, salas de reuniões, biblioteca setorial e uma infra-estrutura completa de serviços de telecomunicações, Internet/Intranet de alta velocidade, video-conferência, correio eletrônico, TV via satélite, etc. Além disso, há também os serviços de apoio, como bancos, correios, lanchonetes, copiadoras, etc.

O Parque Tecnológico da Univap está localizado no Vale do Paraíba, um grande pólo industrial, abrigando as principais empresas e centros de base tecnológicos instalados no Brasil. A cidade de São José dos Campos tem empresas como a Panasonic, Lg Phillips, Kodak, General Motors, Petrobrás, Ericsson e outras. A cidade é o maior centro de pesquisas de alta tecnologia do Brasil, é pólo automobilístico e metalúrgico e tem o maior complexo aeroespacial da América Latina, a Embraer.

São José dos Campos, com cerca de 600 mil habitantes, fica a 84 km de São Paulo e 330 km do Rio de Janeiro e possui muitas áreas verdes e excelentes escolas e universidades.

Indique:

1. três características positivas do Parque Tecnológico da Univap:

   _____

   _____

2. três tipos de empresas que podem atuar no Parque Tecnológico da Univap:

   _____

3. três tipos de tecnologias que podem ser desenvolvidas ou usadas no Parque:

   _____

   _____

4. três grandes empresas que atuam em São José dos Campos:

   _____

5. três características positivas que uma empresa procura em uma cidade e que São José dos Campos tem:

_____

_____

6. Pergunta pessoal: Você trabalharia em São José dos Campos ou no Parque Tecnológico da Univap?

_____ Por quê? _____

_____

7. Se você tivesse que levar sua família (esposo/a e filhos pequenos) para morar em São José dos

Campos, o que você diria a eles?

_____

_____

15-18 Você quer ser o governador do seu estado. Imagine que você é candidato a governador do seu estado. Faça uma lista dos três principais investimentos na área das tecnologias e das ciências que serão desenvolvidos no seu mandato, se você for eleito. Escreva um breve discurso, colocando suas idéias para um programa específico que você quer levar para seu estado.

Prioridades na área tecnológica:

1. _____

2. _____

3. _____

Prioridades na área científica:

1. _____

2. _____

3. _____

Companheiros e companheiras:

_____

_____

_____

_____

_____

_____

_____

_____

_____

_____

_____

_____

Para escrever

15-19 Preparação: as redes computadorizadas. Vivemos na era da informação. Leia este artigo sobre a possibilidade de ser atacado pelo "terrorismo" cibernético. Depois, siga as indicações abaixo.

Ameaça iminente de terrorismo cibernético

Não há dúvida de que a vida em nosso planeta tem melhorado consideravelmente com o avanço tecnológico dos últimos anos. Indiscutivelmente, as tarefas e rotinas diárias ficaram mais fáceis, os meios de transporte por terra, água e mar são mais rápidos e seguros, as comunicações através de correio eletrônico nos oferecem uma grande quantidade de informação em nossa própria casa, e os avanços no cuidado da saúde têm prolongado a vida e a atividade dos seres humanos de maneira extraordinária.

Desta forma, o ser humano depende cada vez mais da tecnologia, e em particular da informática. Esta realidade indiscutível se aplica com maior força às nações mais industrializadas do mundo, onde tanto as vantagens como as desvantagens das tecnologias de informação são observadas todos os dias. As desvantagens preocupam enormemente as autoridades das grandes potências, que temem desastres de conseqüências imprevisíveis. Imagine os efeitos de um ataque cibernético na estrutura tecnológica do seu país. O que aconteceria se um gênio da informática se infiltrasse nas redes de comunicação do seu país e as paralizasse? O governo do seu país estaria preparado para enfrentar o terrorismo cibernético? Ataques deste tipo não só afetariam a infra-estrutura das comunicações, mas também a segurança do país. Esta preocupação tem motivado os Estados Unidos a criar comissões de especialistas que ajudem a prevenir e, na pior das hipóteses, fazer frente aos ataques terroristas perpetrados através da cibernética.

Os avanços tecnológicos, sem dúvida, criaram tanto este novo tipo de guerra quanto as estratégias que usaremos para enfrentá-la. Segundo os especialistas, o terrorismo cibernético é um perigo cada vez mais real e imediato para os Estados Unidos.

Alguns centros de pesquisa já descreveram o resultado de ataques potenciais sobre estruturas privadas e públicas: os serviços de emergência serão paralizados; os canais de TV serão usados para ameaças ao público e ao governo; o trajeto dos trens e aviões será modificado para provocar acidentes; as contas bancárias serão falsificadas e enormes danos ocorrerão no sistema elétrico. Os especialistas afirmam com bastante segurança que a próxima guerra não será feita com balas e armas de fogo, mas com a informação. O pior é que a guerra cibernética está ao alcance de todos. Os soldados desta guerra cibernética são anônimos e só precisam de um telefone celular, um *modem* e um computador.

Já existe pelo menos um antecedente: há alguns anos, a Bolsa de Valores de Nova Iorque recebeu uma advertência de um pirata cibernético alemão, que afirmava aos encarregados da segurança de Wall Street que ele havia conseguido controlar os sistemas informatizados de manutenção climatizada das salas onde estão os super computadores. Felizmente, nada aconteceu naquele dia. Mas será que a próxima ameaça será igualmente inconseqüente?

Depois de ler o artigo, você—um cidadão comum—fica extremamente preocupado com os efeitos que um ataque cibernético poderia ter no seu país e, particularmente, na sua comunidade. Escreva uma carta para o jornal local explicando suas preocupações (pontos 1 e 2 abaixo) e sugerindo algumas estratégias (3).

1. Os riscos para um cidadão comum no trabalho, na escola, em casa, nas ruas e estradas, etc.

2. Os problemas que algumas instituições teriam (por exemplo, os hospitais, a polícia, as escolas, os supermercados, etc.).

3. Algumas recomendações realistas para o governo federal e local para prevenir um desastre como o descrito no artigo.

HORIZONTES

15-20 Comunidades de língua portuguesa nos Estados Unidos. Assinale as respostas corretas, de acordo com o texto em Horizontes (páginas 553-555 do seu livro).

1. A mais antiga comunidade de língua portuguesa nos Estados Unidos é a comunidade
   a) brasileira
   b) portuguesa
   c) angolana
   d) moçambicana

2. Contribuíram para a fundação da cidade de Nova Iorque
   a) brasileiros
   b) portugueses
   c) angolanos
   d) caboverdianos

3. João Rodrigues Cabrilho era
   a) brasileiro
   b) timorense
   c) caboverdiano
   d) português

4. Cabrilho chegou a
   a) Massachusetts
   b) Califórnia
   c) Nova Iorque
   d) Miami

5. Um grande número de portugueses chegou aos Estados Unidos no século
   a) XXI
   b) XIX
   c) XVIII
   d) XVII

6. Hoje, muitos luso-americanos estão concentrados no estado
   a) da Flórida
   b) de Illinois
   c) do Texas
   d) de Massachusetts

7. Os caboverdianos se estabeleceram principalmente:
   a) na Flórida e em Nova Jérsei
   b) em Massachusetts e Rhode Island
   c) em Massachusetts e Nova Iorque
   d) em Rhode Island e Nova Jersey

8. De acordo com o censo demográfico americano do ano 2000, há nos Estados Unidos
   a) noventa mil caboverdianos
   b) mais de oitenta mil caboverdianos
   c) cerca de cem mil brasileiros
   d) mais de cento e oitenta mil brasileiros

9. Estima-se que nos Estados Unidos há
   a) mais de um milhão de brasileiros
   b) dois milhões de brasileiros
   c) menos de um milhão de brasileiros
   d) mais de dois milhões de brasileiros

10. Os brasileiros estão concentrados principalmente
    a) na Flórida e em Rhode Island
    b) na Flórida e na Carolina do Sul
    c) na Flórida, em Massachusetts e em Nova Jérsei
    d) na Flórida e na Califórnia

11. Os brasileiros começaram a imigrar em massa para os Estados Unidos nos
    a) anos oitenta
    b) anos noventa
    c) anos setenta
    d) anos sessenta

12. Uma das artes que o brasileiro trouxe aos Estados Unidos é
    a) o berimbau
    b) a capoeira
    c) o teatro
    d) o atabaque

LABORATÓRIO

À PRIMEIRA VISTA

15-21 Adivinhações. Listen to these definitions and identify the word that is being defined by writing the appropriate number in the space provided.

_____ telefone celular   _____ satélite

_____ correio eletrônico   _____ máquina fotográfica digital

_____ microcomputadores   _____ caixa automático

_____ educação virtual   _____ blog

15-22 As biotecnologias. First read the questions and alternatives in your workbook. Then, listen to the statements about the following people and circle the best answer to each question.

1. Onde estão estas pessoas?
   a) no laboratório de línguas   b) no laboratório de computação   c) no laboratório de biologia

2. Que tipo de experimentos elas fazem?
   a) experimentos com pessoas   b) experimentos lingüísticos   c) experimentos agrícolas

3. O que estes cientistas querem descobrir?
   a) a cura para a AIDS   b) a cura para a doença de Alzheimer   c) novos alimentos

4. Com que eles trabalham?
   a) com células estaminais   b) com genes   c) com embriões

5. O que eles desejam produzir?
   a) plantas resistentes a doenças   b) vacinas contra as doenças   c) espécies resistentes à seca

ESTRUTURAS

Uses of the impersonal infinitive

15-23 Lídia esqueceu a senha (*code*) secreta. Tell what happened to Lídia, using **ao** + the infinitive. Pause the recording at the beep to answer at your own pace.

MODELO: Lídia chegou no banco e foi para o caixa automático.

Ao chegar no banco, Lídia foi para o caixa automático.

15-24 Presente ou futuro? Listen to the statements and decide if the actions are already happening or if they will happen one day in the future. Write the statements in the chart according to where they belong. Pause the recording at the beep to write at your own pace.

	PRESENTE	FUTURO
1.		
2.		
3.		
4.		
5.		

The personal infinitive

15-25 Opções. Circle the letter corresponding to the most appropriate answer to each question you hear. Review the answers before listening to the recording.

1. a) Terem conforto em casa.
   b) Trabalharem 12 horas por dia.
   c) Não usarem a Internet.

2. a) Dizem para não virmos à aula
   b) Dizem para ouvirmos música.
   c) Dizem para estudarmos.

3. a) Depende de não caminharmos.
   b) Depende de usarmos o computador o dia inteiro.
   c) Depende de equilibrarmos trabalho, alimentação, ginástica e diversão.

4. a) É provável conhecermos os habitantes de Marte.
   b) É provável descobrirmos a cura para a AIDS.
   c) É provável acabarmos com a educação virtual.

5. a) Para não usarem Internet sem fio (*wireless*) no campus.
   b) Para não abrirem uma conta eletrônica na universidade.
   c) Para imprimirem menos e reciclarem papel.

15-26 Presentes para todos. Elisa and Roberto are going to buy Christmas gifts for their children and for their nieces and nephews. All of them want only electronics! Listen to the information about gift recipients and choose the most appropriate item in each case. Review the gift options listed below before listening to the recording.

1. a) telefone   b) televisão   c) computador

2. a) MP3   b) DVD   c) gravador

3. a) calculadora   b) rádio   c) máquina fotográfica digital

4. a) microfone   b) telefone celular   c) impressora

5. a) vídeos franceses   b) documentários em italiano   c) dicionário eletrônico de inglês

Present and future *if*-clause sentences

15-27 Inovações e e-lixo. Read the sentences below. Then listen to the passage and complete the sentences according to what you have heard. You may listen to the recording as many times as needed. Don't worry if you don't understand every word.

1. Se eu _____ um microcomputador, poderei _____ em qualquer lugar.

2. Se as pessoas quiserem, podem _____ nos aeroportos.

3. Se nós não tivermos cuidado, _____ com novos equipamentos.

4. Se o mercado de consumo não absorvesse as tecnologias de ponta, a inovação _____
   _____.

5. Se o e-lixo não fosse queimado, não _____ à camada de ozônio.

6. Se a ONU continuar suas iniciativas, o e-lixo _____.

7. Os países mais pobres não receberiam o e-lixo se _____.

8. Se o problema do e-lixo _____
   _____.

Diminutives and augmentatives

15-28 Qual é o tamanho? You will listen to a series of statements. Mark the appropriate column or columns, according to what you hear.

DIMINUTIVO	AUMENTATIVO
1. _____	_____
2. _____	_____
3. _____	_____
4. _____	_____
5. _____	_____

15-29 Que exagero! You have a tendency to exaggerate when you describe your actions or possessions. Answer each question you hear, restating the respective key word first in the augmentative form and then in the diminutive form, according to the model. Pause the recording at the beep to answer at your own pace.

MODELO: You read: filme

You hear: Você assistiu um filme ontem?

You say: *Assisti um filmão; não foi um filminho.*

1. carro

2. discos

3. mesas

4. dor

ENCONTROS

15-30 A realidade virtual. Listen to this conversation between members of two generations. You may read the related statements before listening to the recording. Finally, complete the statements based on what you have heard.

1. A avó não entende o que é _____.

2. O neto dela dá um exemplo usando a _____ da avó quando ela era criança.

3. Henrique diz que o capacete que é usado para ver e ouvir é parecido com o capacete que os

   _____ usam.

4. Para tocar os objetos, a pessoa precisa usar _____.

5. A avó prefere ler um bom livro ou _____.

6. Em algumas universidades, os estudantes de Medicina usam _____
   nas aulas práticas.

VÍDEO

Vocabulário útil

abrangente	*comprehensive*	**loucamente**	*crazily*
analfabeto/a	*illiterate*	**mexer com**	*to affect, to mess with*
a célula-tronco	*stem cell*	**o poder**	*authority*
a coordenação	*coordination*	**a postura**	*position*
a cura	*cure*	**a qualidade**	*quality*
o desenho animado	*cartoon*	**o usuário**	*user*
dilatar	*to expand*		

15-31 O computador. As seguintes pessoas vão descrever para que elas usam o computador. Relacione a pessoa com a frase correta.

1. _____ D. Sônia
2. _____ Chupeta
3. _____ Mariana

   a. usa nos fins de semana
   b. quem usa é o filho
   c. olha sites de compra
   d. tem um "office-marido" que usa por ela
   e. faz pesquisas para o colégio
   f. não tem muito tempo para usar o computador
   g. usa para e-mail
   h. não tem computador em casa
   i. sempre lê o jornal na Internet

4. E você? Para que você usa o computador? Responda com frases completas.

_____

_____

_____

15-32 Acesso à Internet. Ouça os comentários do Rogério e responda às perguntas abaixo.

1. Qual é a opinião do Rogério em relação ao acesso à Internet no Brasil? Resuma o comentário dele.

_____

_____

_____

_____

_____

_____

_____

2. O que você acha do acesso à Internet no seu país?

_____

_____

_____

_____

15-33 As biotecnologias. Ouça os comentários da Dona Sônia e da Manuela e siga as instruções abaixo.

1. Quais são os prós e os contras da clonagem, de acordo com a Dona Sônia?

_____

_____

_____

_____

2. Preencha as lacunas no parágrafo abaixo de acordo com a fala da Manuela.

No que se refere a essas biotecnologias, esses avanços tanto da (a) _____ como da

(b) _____ , eu acho que eles serão muito bons pra sociedade. Eu acho que vai dar uma

(c) _____ de vida, uma expectativa de vida, uma (d) _____ muito grande para

as pessoas que têm problemas, que têm sofrido com algumas circumstâncias da vida. E eu acho que

essas biotecnologias podem ajudá-las a sair dessa situação de crise, de problema. Eu acho só que tem

que ter muita (e) _____ , né, nestes casos. Tem que ter uma (f) _____ muito

firme e muito (g) _____ do que se está fazendo, do que se está produzindo, com quem se

está lidando. Porque lidar com seres humanos, com seres vivos, é uma coisa delicada.

3. O que você acha da clonagem e dos avanços da biotecnologia em geral?

_____

_____

_____

_____

15-34 Os vídeo games e a violência. Juliana e Chupeta falam sobre a violência e os vídeo games. Os dois são da mesma opinião ou não? Quais exemplos cada um deles dá quando discute a idéia dos vídeo games? Responda usando frases completas. Depois dê sua própria opinião sobre esta questão.

Juliana e Chupeta:

_____

_____

_____

_____

_____

_____

Você:

_____

_____

_____

_____

_____

_____

Expansão gramatical

Síntese gramatical

1. **The present perfect subjunctive**

eu	tenha	falado
você, o sr./a sra., ele/ela	tenha	comido
nós	tenhamos	dormido
vocês, os srs./as sras., eles/elas	tenham	escrito

2. **The conditional perfect**

eu	teria	falado
você, o sr./a sra., ele/ela	teria	comido
nós	teríamos	dormido
vocês, os srs./as sras., eles/elas	teriam	escrito

3. **The pluperfect subjunctive**

eu	tivesse	falado
você, o sr./a sra., ele/ela	tivesse	comido
nós	tivéssemos	dormido
vocês, os srs./as sras., eles/elas	tivessem	escrito

4. ***If*-clause sentences with the perfect tenses**

CONDITION (*IF*-CLAUSE)	RESULT
PLUPERFECT SUBJUNCTIVE	CONDITIONAL PERFECT (PAST RESULT)
Se tivesse dormido mais horas	não teria acordado tão cansada.
	CONDITIONAL (PRESENT RESULT)
	não estaria tão cansada agora.

5. The future perfect

eu	terei	falado
você, o sr./a sra., ele/ela	terá	comido
nós	teremos	dormido
vocês, os srs./as sras., eles/elas	terão	escrito

6. The future perfect subjunctive

eu	tiver	falado
você, o sr./a sra., ele/ela	tiver	comido
nós	tivermos	dormido
vocês, os srs./as sras., eles/elas	tiverem	escrito

The present perfect subjunctive

EG-1 Identificação. Escolha a opção mais apropriada para completar cada frase.

1. Espero que você (tenha conseguido/tenha envelhecido) mais informações sobre o desmatamento na Amazônia.
2. Tomara que as organizações ecológicas (tenham promovido/tenham recebido) ações para controlar as queimadas.
3. Não creio que este problema (tenha emagrecido/tenha aumentado).
4. É possível que nós não (tenhamos falado/tenhamos estudado) o suficiente para o exame.
5. Espero que os arquitetos (tenham terminado/tenham descoberto) o projeto da ponte.

EG-2 Reações. Reaja às notícias que um amigo conta para você, usando as expressões da lista.

Que bom que...	É pena que...	Espero que...	Que horror que...
Não acredito que...	É fantástico que...	Duvido que...	Sinto muito que...

MODELO: Comi vinte hambúrgueres em uma hora.
Duvido que você tenha comido vinte hambúrgueres em uma hora.

1. Juca e Dalila compraram um carro elétrico.

_____

2. Clarice não conseguiu a bolsa de pesquisa que tinha pedido.

_____

3. Decidi me candidatar para a Faculdade de Medicina.

_____

4. Você e eu fomos escolhidos para representar nossa universidade no congresso de jovens líderes.

_____

5. Renata e Sílvia foram eliminadas do campeonato de tênis.

_____

6. Henrique participou de um protesto contra o uso de alimentos geneticamente modificados.

_____

EG-3 Uma visita a Minas Gerais. Você está escrevendo para uma amiga que passou duas semanas em Minas Gerais. O que você espera que ela tenha feito?

MODELO: tutu de feijão

Espero que você tenha comido tutu de feijão.

1. Ouro Preto

   _____

2. as esculturas de Aleijadinho em Congonhas

   _____

3. Belo Horizonte

   _____

4. turismo ecológico

   _____

5. cerâmicas do Jequitinhonha

   _____

The conditional perfect and the pluperfect subjunctive

EG-4 Associações. O que as seguintes pessoas teriam feito nestas situações?

1. Se eles tivessem visto fogo em um edifício...

2. Se o carro deles tivesse quebrado...

3. Se tivessem precisado de informações para um projeto...

4. Se eles tivessem tido febre e dor de cabeça...

5. Se eles tivessem querido comprar camisas...

_____ a. teriam ido para a cama.

_____ b. teriam ligado para os bombeiros (*fire department*).

_____ c. teriam ido a uma loja.

_____ d. teriam pesquisado na Internet.

_____ e. teriam procurado um mecânico.

EG-5 Problemas na cidade. No ano passado, uma cidade que você conhece enfrentou problemas sérios de crime e poluição do meio ambiente. Escreva frases explicando o que você teria feito para resolver os respectivos problemas.

1. poluição do ar

   _____

2. assaltos a mão armada

   _____

3. engarrafamentos (*traffic jams*)

   _____

4. roubo de carros

   _____

EG-6 Lamento! Responda com frases afirmativas ou negativas. Comece cada resposta com **Lamento que...**

MODELO: Wander e eu vimos uma nave extraterrestre e nossa vida mudou radicalmente.
Lamento que nós tivéssemos visto uma nave extraterrestre.

1. Os rapazes beberam muita cerveja e sofreram um acidente.

   _____

2. Lúcia não estudou para o exame final e tirou uma nota baixa.

   _____

3. Jaime usou drogas no ano passado e teve problemas com a polícia.

   _____

4. Você comeu carne estragada (*spoiled*) e ficou muito doente.

   _____

5. Eu não joguei na loteria, mas meus tios jogaram e ganharam muito dinheiro.

   _____

If-clause sentences with the perfect tenses

EG-7 No Rio de Janeiro. Seus amigos visitaram o Rio de Janeiro, mas não prepararam a viagem com cuidado e não conseguiram aproveitar bem todas as atrações da cidade. Explique o que eles teriam feito se tivessem organizado melhor a visita.

MODELO: ter mais tempo/visitar Petrópolis
Se eles tivessem tido mais tempo, teriam visitado Petrópolis.

1. pesquisar na Internet/saber o que fazer

   _____

2. perguntar a amigos brasileiros/encontrar um hotel bom e barato

   _____

3. fazer uma excursão organizada/ver mais lugares interessantes

   _____

4. ir ao Jardim Botânico/ter uma experiência inesquecível

   _____

5. comprar ingressos/assistir um show no Canecão

EG-8 Possibilidades. Complete as seguintes frases.

1. Se eu tivesse estudado mais _____.

2. Se meus pais tivessem morado no Brasil _____.

3. Se eu tivesse conhecido Einstein _____.

4. Se eu tivesse vivido no século XV _____.

5. Se eu tivesse viajado pelo espaço _____.

The future perfect and the future perfect subjunctive

EG-9 Até quando? Quando você terá feito as seguintes coisas? Responda de acordo com o modelo.

MODELO: acabar a tarefa de Português

Terei acabado a tarefa de Português até o meio-dia.

1. comprar um carro novo

_____

2. terminar o curso universitário

_____

3. visitar São Paulo

_____

4. comer feijoada

_____

5. assistir um filme no cinema

_____

EG-10 Antes do fim do século. O que terá acontecido no nosso planeta antes de 2100? Quais serão os resultados desses acontecimentos? Escreva cinco frases sobre os aspectos abaixo.

MODELO: o entretenimento

Os cinemas terão desaparecido e as pessoas assistirão filmes somente em casa.

1. a política

_____

2. a economia

_____

3. o meio ambiente

_____

4. os esportes

_____

5. as ciências

_____

EG-11 O que acontecerá? Complete as frases indicando as conseqüências destes acontecimentos e ações.

1. Quando o semestre tiver acabado, _____.

2. Assim que eu tiver ganho bastante dinheiro, _____.

3. Depois que Rita e Susan tiverem viajado ao Brasil, _____.

4. Se o Seu Carlos tiver conseguido um emprego, _____.

5. Enquanto não tivermos vendido o carro, _____.

EG-12 Uma viagem bem planejada. Sua família gosta de fazer planos de viagem bem detalhados. Escreva as previsões que vocês estão fazendo antes da próxima viagem.

MODELO: se/nós/chegar no aeroporto

Se tivermos chegado no aeroporto antes das duas, vamos ter que esperar muito.

1. logo que/o avião/decolar

_____

2. assim que/nós/chegar no hotel

_____

3. quando/a mamãe e o papai/descansar

_____

4. se/eu/conseguir ingressos

_____

5. depois que/nós/explorar a cidade

_____

Laboratório

The present perfect subjunctive

EG-13 As instruções da Dona Cláudia. D. Cláudia Martins, a physical fitness instructor, couldn't be in class today, but left instructions for her students. Say what she expects her students to have done before their next meeting. Pause the recording at the beep to speak at your own pace.

MODELO: O Seu Pereira/caminhar dois quilômetros

Ela espera que o Seu Pereira tenha caminhado dois quilômetros.

1. Anita/correr meia hora

2. Felipe e Roberto/fazer os exercícios

3. a Dona Laura/nadar vinte minutos

4. Edneuza/levantar e abaixar os braços trinta vezes

5. os alunos/seguir suas instruções

EG-14 Tomara que tenham preparado tudo. You are having an important meeting in your office and you hope that everything has been done according to your instructions. Use **tomara que** in your statements. Pause the recording at the beep to speak at your own pace.

MODELO: comprar as bebidas

   Tomara que tenham comprado as bebidas.

1. procurar uma mesa grande

2. trazer um bom número de copos

3. arranjar cadeiras confortáveis

4. organizar a agenda

5. arrumar a sala

If-clauses with the conditional perfect and the pluperfect subjunctive

EG-15 O campo e a cidade. Listen to this brief description and to the statements that follow. Indicate whether each statement is true or false by checking **Verdadeiro** or **Falso**.

VERDADEIRO	FALSO
1. _____	_____
2. _____	_____
3. _____	_____
4. _____	_____
5. _____	_____
6. _____	_____

EG-16 O que teria acontecido? Listen to what Geraldo did not do and look at the consequences. Say what would have happened if he had done each action. Pause the recording at the beep to answer at your own pace.

MODELO: You hear: Geraldo não saiu.

   You see: Ele não foi ao cinema.

   You say: *Se Geraldo tivesse saído, ele teria ido ao cinema.*

1. Ele não encontrou Luísa.

2. Ele não falou com ela.

3. Luísa não o convidou para um concerto.

4. Ele não ouviu seu cantor preferido.

5. Ele não viu os amigos dele no concerto.

EG-17 O que você teria feito? Listen to the following questions and say what you would have done if you could start your life over. Pause the recording at the beep to answer at your own pace.

MODELO: You see: Se eu pudesse recomeçar minha vida...

   You hear: Você teria estudado a mesma matéria ou outra?

   You say: *Se eu pudesse recomeçar minha vida, também teria estudado Psicologia/não teria estudado Psicologia, teria estudado Antropologia.*

The future perfect and the future perfect subjunctive

EG-18 Um projeto importante. First, read the statements in your workbook. Then listen to the conversation between Luís and Sandra, who are working on a new advertising campaign for a corporate client, and indicate whether each statement is true or false by marking **Verdadeiro** or **Falso**.

	VERDADEIRO	FALSO
1. A equipe precisa acabar o projeto até sexta-feira.	_____	_____
2. Luís acha que não terá recebido os desenhos a tempo.	_____	_____
3. Sandra diz que o diretor vai precisar de uma semana para fazer a revisão.	_____	_____
4. Luís conferirá a documentação das imagens se Ricardo tiver completado a pesquisa necessária.	_____	_____
5. Sandra vai dormir logo que o projeto tiver sido enviado.	_____	_____

EG-19 Uma aventura no futuro. You are writing an avant-garde film script and you are telling a friend about a sequence featuring your protagonist. Pause the recording at the beep to speak at your own pace.

MODELO: quando/ela/acordar/receber um telefonema

Quando ela tiver acordado, vai receber um telefonema.

1. assim que/ela/acabar a conversa/sair de casa

2. quando/ela/sair de casa/começar a caminhar rapidamente

3. depois que/ela/caminhar durante dois minutos/entrar em uma loja

4. quando/ela/entrar na loja/a câmara/continuar filmando a rua deserta

5. depois que/ela/ficar cinco minutos na loja/nós/ouvir um grito terrível

6. se/eu/conseguir financiamento para o filme/convidar você para o papel principal

Appendix 1 ◆ Practice for Speakers of Spanish

Lição preliminar

ESTRUTURAS

Numbers from 0 to 99

There are some differences between Portuguese and Spanish in the use of words meaning *a/an* or *one* and *two*.

◆ In Portuguese, *a/an/one* is rendered as either **um** (masculine) or **uma** (feminine), whereas in Spanish there are three possibilities: **uno, un** (both masculine), and **una** (feminine).

◆ The Portuguese **um** is used as both an indefinite article and a pronoun, while Spanish makes a distinction between **un** (indefinite article) and **uno** (pronoun).

Mário é **um** estudante muito inteligente.

Mario es **un** estudiante muy inteligente.

Mário is a very intelligent student.

Ele é **um** dos estudantes mais inteligentes da universidade.

Él es **uno** de los estudiantes más inteligentes de la universidad.

He is one of the most intelligent students at the university.

Entre **um** e outro existe muita diferença.

Entre **uno** y otro existe mucha diferencia.

There is a big difference between one and the other.

◆ As with the Spanish **una**, use the Portuguese **uma** both as an article to accompany feminine nouns and as a pronoun to substitute for them.

Maria é **uma** estudante muito inteligente, tal como Susana.

María es **una** estudiante muy inteligente, tal como Susana.

Maria is a very intelligent student, just like Susana.

Uma e outra tiram notas muito boas.

La **una** y la otra sacan notas muy buenas.

One and the other get very good grades.

Continued

◆ Unlike Spanish, Portuguese has two words signifying *two*: **dois** (masculine) and **duas** (feminine).

dois livros	*two books*
dos libros	
duas cadeiras	*two chairs*
dos sillas	

PS-1 O curso de Português. Mariana and Lucas are talking about a class Mariana is taking this semester. Fill in the blanks in their conversation with numbers in Portuguese. The numbers are given in parentheses after each blank.

MARIANA: Vou fazer (a) _____ (1) curso de Português com (b) _____ (1) dos melhores professores da
universidade

LUCAS: Como ele se chama?

MARIANA: Não sei. Mas ele é (c) _____ (1) homem simpático e inteligente. E o curso de Português é
(d) _____ (1) dos mais famosos do departamento.

LUCAS: Há quantas horas de aula por dia?

MARIANA: (e) _____ (2) horas por dia, (f) _____ (4) vezes por semana.

LUCAS: É muito!

MARIANA: Mas, o curso é interessante.

LUCAS: Tudo bem, então. Ai, já são (g) _____ (10) horas da manhã! Vou para a biblioteca. Preciso ler
(h) _____ (32) obras de autores de língua portuguesa.

MARIANA: É muito!

LUCAS: Mas, as obras são interessantes.

Pronúncia

As vogais abertas "e" e "o"

Brazilian Portuguese has some vowel sounds that do not exist in Spanish, such as the open vowels **e** and **o**. In Portuguese, the distinction between an open vowel and a closed one can affect the meaning of a word. For example, it is responsible for the difference between the words **avô** (*grandfather*) and **avó** (*grandmother*). **Repita as seguintes palavras.**

avô   avó

Now listen to and repeat other words that change meaning depending on whether the vowel is open or closed. **Repita as seguintes palavras.**

ele (*he*)	ele (*the letter "l"*)
pê (*the letter "p"*)	pé (*foot*)
almoço (*lunch*)	almoço (*I eat lunch*)
gosto (*taste*)	gosto (*I like*)

PS-2 Vogais abertas e fechadas (*e*). Among the words you will hear, some have an open **e** and others have a closed **e**. Repeat them and check the appropriate column. **Repita as seguintes palavras.**

	OPEN E	CLOSED E
1.	_____	_____
2.	_____	_____
3.	_____	_____
4.	_____	_____
5.	_____	_____
6.	_____	_____
7.	_____	_____
8.	_____	_____
9.	_____	_____
10.	_____	_____

PS-3 Vogais abertas e fechadas (*o*). Among the words you will hear, some have an open **o** and others have a closed **o**. Repeat them and check the appropriate column. **Repita as seguintes palavras.**

	OPEN O	CLOSED O
1.	_____	_____
2.	_____	_____
3.	_____	_____
4.	_____	_____
5.	_____	_____
6.	_____	_____
7.	_____	_____
8.	_____	_____
9.	_____	_____

Lição 1

ESTRUTURAS

The verb *gostar de*

◆ The Portuguese verb **gostar** (*to like*) is not used in the same way as the Spanish verb **gustar**. In Portuguese, the verb **gostar** is always accompanied by the preposition **de**. In Spanish, the verb **gustar** is used in a way similar to the English expression *to be pleasing (to someone).*

Eu **gosto de** café.

A mí **me gusta** el café.   *I like coffee.*

Eu **gosto das** aulas de Português.

A mí **me gustan** las clases de portugués.   *I like Portuguese classes.*

Eles **gostam de** comida portuguesa.

A ellos **les gusta** la comida portuguesa.   *They like Portuguese food.*

Nós **gostamos das** aulas de Antropologia.

A nosotros **nos gustan** las clases de antropología.   *We like anthropology classes.*

PS-4 Os colegas da Zília. Zília is a new student in a large class and she is trying to understand what her classmates like and dislike. At the end of the month she writes a list with her observations. Complete Zília's observations with appropriate forms of **gostar de**.

1. Marília _____ aulas de Física e de Informática.

2. Todos os estudantes _____ professora de Inglês.

3. Eliane e Maira _____ aula de Matemática.

4. Eu não _____ professor de Psicologia.

5. Nós todos _____ festas.

6. O João _____ aula de História.

7. O Eduardo _____ aulas de História e de Química.

8. Eu _____ livro de Sociologia.

9. A Lúcia não _____ pizza.

10. Felipe, Kátia e Tomás não _____ professor de Química.

11. Felipe, Kátia e Tomás _____ aulas de Literatura.

Articles

◆ In Portuguese there are eight articles, whereas in Spanish there are nine.

	PORTUGUESE	**SPANISH**
definite	o, a, os, as	el, los, la, las
indefinite	um, uma, uns, umas	un, una, unos, unas
neuter		lo

◆ Both **el** and **lo** in Spanish correspond to **o** in Portuguese.

O estudante trabalha na biblioteca.

El estudiante trabaja en la biblioteca.

O bom é trabalhar.

The student works at the library.

Lo bueno es trabajar.

O lápis e **o** livro estão na mesa.

Working is a good thing.

El lápiz y **el** libro están en la mesa.

The pencil and the book are on the table.

O mais difícil é encontrar tempo para descansar.

Lo más difícil es encontrar tiempo para descansar.

The most difficult thing is finding time to rest.

PS-5 Os planos. João and Lucas are talking about their plans for the first week of the semester. Complete their conversation with **o, a, os, as, um, uma, uns,** or **umas.**

JOÃO: Quantas aulas temos na segunda?

LUCAS: (1) _____ de Física e (2) _____ de Biologia.

JOÃO: Temos que comprar alguma coisa?

LUCAS: Não, nós temos (3) _____ livros de que precisamos.

JOÃO: E na terça, precisamos fazer (4) _____ perguntas ao professor de Antropologia. (5) _____ difícil vai ser encontrar tempo para preparar (6) _____ perguntas.

LUCAS: Na quarta, vou almoçar no restaurante da universidade, mas à noite vou a (7) _____ restaurante na cidade.

JOÃO: Na quinta, vou à livraria comprar (8) _____ livros do curso de Antropologia.

LUCAS: E na sexta estamos livres. (9) _____ melhor da semana vai ser descansar.

Pronúncia

Os ditongos nasais

The Portuguese diphthong **-ão** (written **-am** when unstressed) corresponds to the Spanish verb endings **-an, -án,** and **-on**. It also corresponds to Spanish noun endings **-ón** and **-ión**. Listen to and repeat the following Portuguese words. As you practice, compare the Portuguese words with their Spanish cognates. **Repita as seguintes palavras.**

PORTUGUESE	SPANISH
compr**am**	compr**an**
comprar**ão**	comprar**án**
comprar**am**	comprar**on**
s**ão**	s**on**
cora**ção**	cora**zón**
li**ção**	lecci**ón**

The Portuguese diphthong **-õe** is often heard in the plural ending **-ões**. It corresponds to Spanish word endings **-ones** and **-iones**. Listen to and repeat the following Portuguese words. As you practice, compare the Portuguese words with their Spanish cognates. **Repita as seguintes palavras.**

PORTUGUESE	SPANISH
lim**ões**	lim**ones**
cora**ções**	cora**zones**
opini**ões**	opin**iones**
tradi**ções**	tradi**ciones**
situa**ções**	situa**ciones**
li**ções**	lec**ciones**

PS-6 Os ditongos. Listen to the tape and circle the word that you hear.

1. almoçam   almoçarão
2. corações   coração
3. dançam   dançarão
4. opiniões   opinião
5. descansam   descansarão
6. lições   lição

Lição 2

ESTRUTURAS

Ser e estar

The use of verbs **ser** and **estar** is very similar in Spanish and in Portuguese. See the following examples of identical usage in both languages.

◆ **Ser** is used with adjectives to describe lasting qualities of a person, a place, or a thing.

Ela **é** inteligente e simpática.

Ella **es** inteligente y simpática.　　　　*She is intelligent and nice.*

◆ **Ser** is used to express nationality and **ser + de** is used to express origin.

Rosa e Vanda **são** peruanas.

Rosa y Vanda **son** peruanas.　　　　*Rosa and Vanda are Peruvian.*

Elas **são** de Lima.

Ellas **son** de Lima.　　　　*They are from Lima.*

◆ **Ser** is also used to express possession.

Estes livros **são** meus.

Estos **son** mis libros.　　　　*These are my books.*

◆ **Ser** is used to express the time of an event.

O exame **é** às três.

El examen **es** a las tres.　　　　*The exam is at three o'clock.*

◆ **Estar** + *adjective* comments on something. It expresses a change from the norm, a condition, and/or how one feels about the person or object being discussed.

O Roberto **está** magro.

Roberto **está** flaco.　　　　*Roberto is thin. (He has lost weight.)*

◆ Some adjectives have one meaning with **ser** and another with **estar**.

A sopa de legumes **é** boa.

La sopa de legumbres **es** buena.　　　　*The vegetable soup is good (it's wholesome).*

A sopa de legumes **está** boa.

La sopa de legumbres **está** buena.　　　　*The vegetable soup is good (it's particularly tasty today).*

There is, however, one important divergence between the Portuguese and Spanish uses of **ser** and **estar.** While Spanish speakers use **estar** to express geographical location and location of structures viewed as permanent, Portuguese speakers use **ser** in all such cases.

Onde **é** a biblioteca?

Donde **está** la biblioteca?　　　　*Where is the library?*

Massachusetts **é** nos Estados Unidos.

Massachusetts **está** en los Estados Unidos.　　　　*Massachusetts is in the United States.*

O hotel **é** perto daqui.

El hotel **está** cerca de aquí.　　　　*The hotel is close to here.*

PS-7 Muitas perguntas. Mary is a new student at a large university. She meets Laurie, a sophomore, and asks her many questions. Complete their conversation with appropriate forms of **ser** and **estar**.

MARY: Quando (1) _____ as aulas de Português?

LAURIE: Às segundas, quartas e sextas.

MARY: Quem (2) _____ o professor?

LAURIE: (3) _____ uma professora. O nome dela é Janaína. Ela (4) _____ excelente!

MARY: Onde (5) _____ o Departamento de Português?

LAURIE: (6) _____ perto da biblioteca.

MARY: A professora (7) _____ no departamento agora?

LAURIE: Acho que ela (8) _____ , sim, mas todos os professores (9) _____ em uma reunião.

MARY: E o laboratório de línguas, onde (10) _____?

LAURIE: (11) _____ na biblioteca.

MARY: Uma última pergunta: e onde (12) _____ os livros de Português?

LAURIE: Os livros (13) _____ na livraria.

MARY: Puxa! Muito obrigada por todas essas informações.

LAURIE: De nada.

Pronúncia

Os sons do "b" e do "v"

For speakers in most parts of the Spanish-speaking world, there is no distinction between the *b* and the *v* sounds, that is, between what is called in Spanish *b grande* (b) and *b chica* (v). This distinction does exist in Brazilian Portuguese. Listen to and repeat the following Portuguese cognates of some common Spanish words. **Repita as seguintes palavras.**

livro (*libro*)	palavra (*palabra*)	dever (*deber*)	vamos (*vamos*)	vaca (*vaca*)
baile (*baile*)	básico (*básico*)	rebelde (*rebelde*)	bairro (*barrio*)	bebida (*bebida*)

PS-8 Os sons do "b" e do "v". Listen to the recording and circle the word that you hear.

1. bacia   vazia
2. bacilo   vacilo
3. bago   vago
4. bate   vate [*prophet*]
5. bebido   vivido
6. bela   vela
7. bem   vem
8. bento   vento
9. boa   voa
10. bobó   vovó

Lição 3

ESTRUTURAS

The verb *ir*

- Even though the use of the verb **ir** in Portuguese is very similar to the use of **ir** in Spanish, there are some important differences.
- Spanish speakers always add an **a** between the verb **ir** and the infinitive when expressing future actions. This never happens in Portuguese.

  Vou descansar.

  Voy a descansar.   *I am going to rest.*

  Eles **vão** comer.

  Ellos **van a** comer.   *They are going to eat.*

- To express *to go* in the future, Spanish speakers conjugate the verb **ir** in the present and add the infinitive of **ir**. This never happens in Portuguese. Portuguese speakers use the verb **ir** alone, conjugated in the present; future meaning is inferred from the context.

  Na próxima semana **vou** ao Brasil.

  La próxima semana **voy a ir** a Brasil.   *Next week I'm going to Brazil.*

  Amanhã eles **vão** à biblioteca.

  Mañana **van a ir** a la biblioteca.   *Tomorrow they are going to the library.*

- Portuguese speakers do not use the reflexive form **irse** like Spanish speakers do. In Portuguese, the closest form to the Spanish **irse** is **ir-se embora**, which is, however, more commonly used in its nonreflexive form, **ir embora**.

  Vou embora.

  Me voy.   *I'm going (away).*

  Eles **vão embora** para o Chile no ano que vem.

  Se van a Chile el próximo año.   *They're going away to Chile next year.*

PS-9 As férias. Mário and Luís are planning their spring break. Complete their conversation with appropriate forms of the verb **ir** or the expression **ir embora**.

MÁRIO: Quando (1) _____ ser as próximas férias?

LUÍS: No fim de março.

MÁRIO: Você (2) _____ fazer algo especial?

LUÍS: Não sei exatamente. Mas, quero (3) _____ daqui!

MÁRIO: Lucas e eu (4) _____ ao Brasil. Por que não (5) _____ os três juntos: Lucas, você e eu?

LUÍS: Ótima idéia! Mas, eu (6) _____ precisar de mais dinheiro.

MÁRIO: Como você (7) _____ conseguir mais dinheiro em tão pouco tempo?

LUÍS: Acho que (8) _____ pedir a meus pais.

MÁRIO: Lucas e eu também (9) _____ pedir a nossos pais.

LUÍS: (10) _____ começar a fazer nossos planos?

MÁRIO: (11) _____ sim. (12) _____ jantar juntos essa noite?

LUÍS: (13) _____ sim.

Pronúncia

Os sons do "r" e do "j"

As you have learned in **Lição 2**, the Brazilian Portuguese **r** at the beginning and at the end of words is pronounced, in most regions of Brazil, like the English *h* in *hot*. The pronunciation of the r at the end of words and syllables varies, depending on where the speaker is from. The double **rr** is also pronounced like the English *h* as in *hot*. These Brazilian Portuguese sounds correspond to the Spanish sound *j* in *jamón* as pronounced in many Spanish-speaking countries. On the other hand, as you have learned in the **Pronúncia** section of this lesson, the Brazilian Portuguese **j**, in any position, is pronounced like the English *s* in *measure* or *leisure*.

PS-10 Os sons do "r" e do "j". Listen to the recording and first repeat and then circle the words that you hear. **Repita as seguintes palavras.**

1. rato   jato
2. remela   janela
3. romana   Joana
4. berro   beijo
5. ferrão   feijão
6. (eu) rogo   (eu) jogo
7. cará   cajá

Lição 4

ESTRUTURAS

Present tense of stem-changing verbs

As you have learned in **Lição 4** of your textbook, Portuguese has a quite large number of stem-changing verbs. There are two patterns of irregularity that have counterparts in Spanish.

◆ Portuguese closed **o** and closed **e** change to open "**o**" and open "**e**" in stressed syllables of present-tense verb forms. In cognate Spanish verbs, this pattern corresponds to the change of **o** to **ue** and **e** to **ie**.

PORTUGUESE		SPANISH	
PODER		**PODER**	
eu	p<u>o</u>sso	yo	p<u>ue</u>do
tu	p<u>o</u>des	tú	p<u>ue</u>des
você			
o senhor/a senhora	p<u>o</u>de	él/ella/usted	p<u>ue</u>de
ele/ela			
nós	podemos	nosotros/as	podemos
vocês			
os senhores/as senhoras	p<u>o</u>dem	ellos/ellas/ustedes	p<u>ue</u>den
eles/elas			
ALMOÇAR		**ALMORZAR**	
eu	alm<u>o</u>ço	yo	alm<u>ue</u>rzo
tu	alm<u>o</u>ças	tú	alm<u>ue</u>rzas
você			
o senhor/a senhora	alm<u>o</u>ça	él/ella/usted	alm<u>ue</u>rza
ele/ela			
nós	almoçamos	nosotros/as	almorzamos
vocês			
os senhores/as senhoras	alm<u>o</u>çam	ellos/ellas/ustedes	alm<u>ue</u>rzan
eles/elas			
QUERER		**QUERER**	
eu	qu<u>e</u>ro	yo	qu<u>ie</u>ro
tu	qu<u>e</u>res	tú	qu<u>ie</u>res
você			
o senhor/a senhora	qu<u>e</u>r	él/ella/usted	qu<u>ie</u>re
ele/ela			
nós	queremos	nosotros/as	queremos

Continued

| vocês os senhores/as senhoras eles/elas | querem | ellos/ellas/ustedes | qu**ie**ren |

COMEÇAR		**COMENZAR**	
eu	começo	yo	com**ie**nzo
tu	começas	tú	com**ie**nzas
você o senhor/a senhora ele/ela	começa	él/ella/usted	com**ie**nza
nós	começamos	nosotros/as	comenzamos
vocês os senhores/as senhoras eles/elas	começam	ellos/ellas/ustedes	com**ie**nzan

◆ In **-ir** verbs, these correspondences are present only in the **tu, você,** and **vocês** form:

PORTUGUESE		**SPANISH**	
DORMIR		**DORMIR**	
eu	durmo	yo	duermo
tu	d**o**rmes	tú	d**ue**rmes
você o senhor/a senhora ele/ela	d**o**rmes	él/ella/usted	d**ue**rme
nós	dormimos	nosotros/as	dormimos
vocês os senhores/as senhoras eles/elas	d**o**rmem	ellos/ellas/ustedes	d**ue**rmen

PREFERIR		**PREFERIR**	
eu	prefiro	yo	prefiero
tu	pref**e**res	tú	pref**ie**res
você o senhor/a senhora ele/ela	pref**e**re	él/ella/usted	pref**ie**re
nós	preferimos	nosotros/as	preferimos
vocês os senhores/as senhoras eles/elas	pref**e**rem	ellos/ellas/ustedes	pref**ie**ren

Nome: _____ Data: _____

PS-11 As famílias. João e Janaína are talking about their families. Complete their conversation with appropriate forms of the verbs in parentheses.

JOÃO: Minha família sempre (1) _____ (almoçar) em um restaurante brasileiro que fica em Somerville.

JANAÍNA: Conheço esse restaurante, mas (2) _____ (preferir) um que fica em Cambridge.

JOÃO: Você e sua família (3) _____ (poder) vir almoçar conosco na semana que vem?

JANAÍNA: Seria ótimo. A que horas vocês (4) _____ (preferir)?

JOÃO: Nós (5) _____ por volta do meio-dia. O restaurante (6) _____ (começar) a servir nesse horário. O que você acha?

JANAÍNA: Acho perfeito, mas o problema é que temos uma filha adolescente. E como você sabe, quando (7) _____ (poder), os adolescentes (8) _____ (dormir) até tarde.

JOÃO: Então, a que horas ela (9) _____ (preferir) almoçar no domingo?

JANAÍNA: Nós todos (10) _____ (dormir) até umas nove e ela (11) _____ (dormir) até umas onze. Acho que à uma da tarde seria perfeito. Ela (12) _____ (dormir) até tarde, mas quando (13) _____ (começar) a se arrumar, é muito rápida. Eu acordo cedo, mas (14) _____ (começar) a me arrumar tarde.

JOÃO: Vou ligar para minha esposa e ver se ela (15) _____ (poder) na semana que vem. Minha família (16) _____ (querer) muito conhecer a sua.

JANAÍNA: Vou também confirmar com meu marido. Seria realmente uma ótima oportunidade, pois meu marido também (17) _____ (querer) conhecer vocês. Bem, até mais tarde.

JOÃO: Até mais tarde.

Pronúncia

Os sons do "s" e do "z"

There is a very common sound in Portuguese that does not exist in Spanish: the **z** sound, like the *z* in the English word *zero*. As you have learned in the **Pronúncia** section of this lesson, when the Portuguese letters **s** and **z** are between vowels they sound like the *s* or the *z* in the English words *disease* and *zebra*. The **z** at the beginning of a word or syllable is pronounced the same way.

PS-12 Os sons do "s" e do "z". Listen to the recording and first repeat and then circle the word that contains the z sound like that in the English word *zoo*. **Repita as seguintes palavras.**

1. casa   caça
2. doce   doze
3. roça   rosa
4. asa   assa
5. Zeca   seca
6. acetona   azeitona
7. resumir   reassumir
8. ração   razão
9. lousa   louça
10. preza   pressa

Lição 5

ESTRUTURAS

Demonstrative adjectives and pronouns

◆ The masculine plural forms of demonstrative adjectives differ in Portuguese and in Spanish.

PORTUGUESE	SPANISH	
estes livros	**estos** libros	*these books*
esses quartos	**esos** cuartos	*those rooms*
aqueles homens	**aquellos** hombres	*those men (over there)*

◆ Both in Portuguese and in Spanish, masculine and feminine demonstrative adjectives are distinct from neuter demonstrative pronouns, which stand alone and do not vary in gender or number.

PORTUGUESE	SPANISH	
isto	**esto**	*this (thing)*
isso	**eso**	*that (thing)*
aquilo	**aquello**	*that (thing over there)*

◆ The following table compares all demonstratives in Portuguese and in Spanish.

	PORTUGUESE	SPANISH
masculine singular	este, esse, aquele	este, ese, aquel
masculine plural	estes, esses, aqueles	estos, esos, aquellos
feminine singular	esta, essa, aquela	esta, esa, aquella
feminine plural	estas, essas, aquelas	estas, esas, aquellas
neuter pronouns	isto, isso, aquilo	esto, eso, aquello

PS-13 Perguntas e respostas. Answer the following questions according to the model.

MODELO: Você quer este travesseiro?
> *Não, quero aquele.* or
> *Não, quero esse.*

1. Você vai lavar este tapete?

   Não, _____

2. Vocês vão dar estes cobertores?

   Não,_____

3. Vocês vão passar este aspirador?

   Não,_____

4. Você vai usar esta almofada?

   Não,_____

5. Vocês vão secar esta louça?

   Não,_____

6. Vocês vão arrumar esta sala?

   Não,_____

7. Você vai limpar este banheiro?

   Não,_____

8. Você vai jogar fora esta toalha?

   Não,_____

Pronúncia

A letra "ç" (c cedilha)

As you have learned in the **Pronúncia** section of this lesson, the Portuguese letter "ç" (**c cedilha**) is used before the vowels **a, o,** and **u** to indicate a sound similar to the *ss* in the English word *assist*. The ç is never used at the beginning of a word. It often corresponds to the Spanish letter **z**.

PS-14 C cedilha. Listen to and repeat the following Portuguese words. As you practice, compare the Portuguese words with their Spanish cognates. **Repita as seguintes palavras.**

PORTUGUESE	SPANISH
almoço	almuerzo
açúcar	azúcar
braço	brazo
cabeça	cabeza
conheço	conozco
coração	corazón
esforço	esfuerzo
março	marzo
pedaço	pedazo
raça	raza

Lição 6

ESTRUTURAS

Direct object nouns and pronouns

◆ The forms of direct object pronouns are very similar in Portuguese and in Spanish.

PORTUGUESE	SPANISH	
me	me	*me*
te	te	*you* (sing., familiar)
o	lo	*you* (sing., formal), *him, it* (masc.)
a	la	*you* (sing., formal), *her, it* (fem.)
nos	nos	*us*
vos	os	*you* (formal and familiar, plural)
os	los	*them* (masculine)
as	las	*them* (feminine)

◆ Both in Spanish and in spoken Brazilian Portuguese, the direct object pronoun is placed before the conjugated verb. In formal written Brazilian Portuguese, the pronoun may follow the verb in affirmative sentences and in questions not introduced by a question word. The pronoun is attached to the verb with a hyphen.

PORTUGUESE

Roberto **me levou** à praia.
Roberto **levou-me** à praia.

Você os **conhece** há muito tempo?
Você **conhece-os** há muito tempo?

SPANISH

Roberto **me llevó** a la playa.

¿**Los conoces** hace mucho tiempo?

Robert took me to the beach.

Have you known them for a long time?

◆ As in Spanish, in Portuguese the pronoun always precedes the verb in negative sentences, in questions introduced by a question word, after conjunctions such as **que** or **quem,** and after certain adverbs such as **ainda** (*todavía*), **tudo** (*todo*), and **também** (*también*), among others.

Não **te** compreendo.
No **te** comprendo.

I don't understand you.

Onde você **as** comprou?
¿Donde **las** compraste?

Where did you buy them?

Acho que **me** ouviram.
Creo que **me** oyeron.

I think they heard me.

Ainda **o** temos.
Todavía **lo** tenemos.

We still have it.

Continued

◆ In Brazilian Portuguese compound verb forms, composed of a conjugated verb and an infinitive or a participle, the direct object pronoun may be placed before both verbs, between them, or after both. Spanish puts direct object pronouns either before both verbs or after both verbs, but never between verbs.

Nós **as tínhamos visto** ontem.

Nosotros **las habíamos visto** ayer.   *We had seen them yesterday.*

Você **está me vendo** agora?

¿Me **estás viendo** ahora?   *Are you seeing me now?*

Chico **vai levar-nos** no carro dele.

Chico **va a llevarnos** en su carro.   *Chico will take us in his car.*

◆ In Spanish, it is very common to begin a sentence with a direct object pronoun. In Brazilian Portuguese, this occurs commonly only in spoken discourse.

Me viu na praia ontem.

Me vio en la playa ayer.   *He/She saw me at the beach yesterday.*

Te levou ao cinema?

¿**Te llevó** al cine?   *Did he/she take you to the movies?*

PS-15 Tantas roupas! You have inherited a box of very nice clothes from your great-grandparents and want to share them with a friend. Your friend is asking you which of these heirlooms you want to keep for yourself. Answer his or her questions according to the model.

MODELO: Você quer a saia de lã?

Eu a quero, sim. ou

Eu quero, sim. ou

Não quero, você pode levá-la.

1. Você quer o chapéu de seda?

   _____

2. Você quer o casaco de pele?

   _____

3. Você quer os sapatos de crocodilo?

   _____

4. Você quer o colar de pérolas?

   _____

5. Você quer as camisas de linho?

   _____

6. Você quer a bolsa francesa?

   _____

7. Você quer as gravatas italianas?

   _____

8. Você quer os brincos de ouro?

   _____

9. Você quer o cinto de couro?

   _____

Pronúncia

O "f" português e o "h"espanhol

In many Portuguese/Spanish cognates, the silent letter **h** in Spanish corresponds to the letter **f** in Portuguese.

Eles estão **falando** sobre os **filhos**.

Ellos están **hablando** sobre los **hijos**.   *They are talking about the children.*

PS-16 O *f* e o *h*. Listen to and repeat the following Portuguese words. As you practice, compare the Portuguese words with their Spanish cognates. **Repita as seguintes palavras.**

PORTUGUESE	SPANISH
almofada	almohada
fazer	hacer
falar	hablar
farinha	harina
ferro	hierro
figo	higo
filho	hijo
fio	hilo
folha	hoja
fome	hambre
forno	horno

Lição 7

Indirect object nouns and pronouns

◆ The forms of indirect object pronouns are very similar in Portuguese and in Spanish.

PORTUGUESE	SPANISH	
me	me	*to/for me*
te	te	*to/for you* (sing., familiar)
lhe	le	*to/for you* (sing., formal), *him, her, it*
nos	nos	*to/for us*
vos	os	*to/for you* (plural)
lhes	les	*to/for them*

◆ As in Spanish, the indirect object pronoun in spoken Brazilian Portuguese is usually placed before the conjugated verb, but it follows the verb (attached with a hyphen) when there is no subject expressed at the beginning of a sentence.

PORTUGUESE   **SPANISH**

Daniel **me deu** um colar.   Daniel **me dio** un collar.   *Daniel gave me a necklace.*

Deram-me um colar.   **Me dieron** un collar.   *They gave me a necklace.*

◆ As in Spanish, in Portuguese the pronoun always precedes the verb in negative sentences, in questions introduced by a question word, after conjunctions such as **que** or **quem**, and after certain adverbs such as **ainda** (*todavía*), **tudo** (*todo*), and **também** (*también*), among others.

Não **te** disse nada.

No **te** dije nada.   *I/he/she did not tell you anything.*

Quem **lhe** telefonou?

¿Quien **le** habló por teléfono?   *Who called you/him/her?*

Ainda **nos** devem dinheiro.

Todavía **nos** deben dinero.   *They still owe us money.*

◆ In Brazilian Portuguese compound verb forms, composed of a conjugated verb and an infinitive or a past participle, the indirect object pronoun tends to be placed between the verbs. Spanish places indirect object pronouns either before both verbs or after both verbs, but never between verbs.

PORTUGUESE   **SPANISH**

Carlos **pode me mostrar** isso.   Carlos **puede mostrarme** eso.

                Carlos **me puede mostrar** eso.   *Carlos can show me this.*

Vou lhe mandar os livros.   **Voy a mandarle** los libros.   *I'll send you/him/her*

                Le voy a mandar los libros.   *the books.*

◆ In Spanish, it is very common to begin a sentence with an indirect object pronoun. In Brazilian Portuguese, this occurs commonly only in spoken discourse.

Me disse a verdade.

Me dijo la verdad.   *He/She told me the truth.*

Te enviei um cartão postal.

Te envié una tarjeta postal.   *I sent you a postcard.*

PS-17 A reunião com o treinador. You and a friend are discussing what you are going to do in your next meeting with your soccer coach. Explain your plans according to the model.

MODELO: fazer perguntas sobre as datas dos jogos
Vamos lhe fazer perguntas sobre as datas dos jogos.

1. pedir para não jogar no próximo domingo

    _____

2. perguntar os resultados do último jogo

    _____

3. oferecer-nos para participar do próximo treinamento

    _____

4. mostrar as fotos do jogo do mês passado

    _____

5. dar um presente

    _____

6. explicar que não podemos treinar no verão

    _____

Pronúncia

As terminações –(ç)ão e –(c)ión

In many Portuguese/Spanish cognates, the Spanish ending **-(c)ión** corresponds to the Portuguese ending **-(ç)ão**.

Qual é a **condição** do **avião**?

Cuál es la **condición** del **avión**?   *What is the condition of the plane?*

PS-18 As terminações. Listen to and repeat the following Portuguese words. As you practice, compare the Portuguese words with their Spanish cognates. **Repita as seguintes palavras.**

PORTUGUESE	SPANISH
avião	avión
condição	condición
descrição	descripción
decisão	decisión
diversão	diversión
educação	educación
lição	lección
natação	natación
promoção	promoción
reunião	reunión
seleção	selección

Lição 8

ESTRUTURAS

Comparisons of inequality

There are some important differences in the ways speakers of Portuguese and Spanish make comparisons of inequality.

◆ In Portuguese, expressions **mais...(do) que** or **menos...(do) que** are used to express comparisons of inequality with nouns, adjectives, and adverbs. Unlike in Spanish, in Portuguese either **do que** or **que** may be used to express *than*.

Ela era {**mais/menos**} alegre que ele.

Ella era {**más/menos**} alegre que él. *She was a {more/less} happy person than he.*

Saía {**mais/menos**} do que ele.

Salía {**más/menos**} que él. *She went out {more/less} than he did.*

◆ As in Spanish, Portuguese speakers use **de** instead of **(do) que** before numbers.

Há **mais de** dez mil pessoas no desfile.

Hay **más de** diez mil personas en el desfile. *There are more than ten thousand people in the parade.*

No ano passado havia **menos de** cinco mil.

El año pasado había **menos de** cinco mil. *Last year, there were fewer than five thousand.*

◆ Some Spanish adjectives have both regular and irregular comparative forms. In Brazilian Portuguese, the same adjectives have only irregular forms.

PORTUGUESE			SPANISH	
bom	**melhor**	bueno	**más bueno/mejor**	*better*
ruim/mau	**pior**	malo	**más malo/peor**	*worse*
pequeno	**menor**	pequeño	**más pequeño/menor**	*smaller*
grande	**maior**	grande	**más grande/mayor**	*bigger*

◆ In Spanish, **mayor** and **menor** can refer to age. In Portuguese, these words refer only to size.

Minha casa é **maior** do que a casa de Maria.

Mi casa és **más grande** que la casa de María. *My house is bigger than Maria's.*

Meu irmão **mais velho** se chama Carlos.

Mi hermano **mayor** se llama Carlos. *My older brother's name is Carlos.*

PS-19 Depois da viagem. Imagine que você acaba de voltar de uma viagem ao Brasil. Conte suas impressões comparando o Brasil aos Estados Unidos.

MODELO: feriados religiosos (quantidade)

Há menos feriados religiosos nos Estados Unidos do que no Brasil.

1. população (tamanho)

_____

2. estados (quantidade)

_____

3. Nova York x Rio de Janeiro (tamanho)

_____

4. igrejas barrocas (quantidade)

_____

5. o estado do Amazonas x o estado de Massachusetts (tamanho)

_____

6. o presidente do Brasil x o presidente dos Estados Unidos (idade)

_____

Comparisons of equality

There is only one small difference between comparisons of equality in Portuguese and in Spanish. Unlike in Spanish, in Portuguese either **quanto** or **como** may be used to express *than*. The preferred form is **tão/tanto... quanto** in Brazilian Portuguese and **tão/tanto... como** in European Portuguese.

PORTUGUESE	SPANISH
tão... quanto/como	tan... como
tanto/a... quanto/como	tanto/a... como
tantos/as... quanto/como	tantos/as... como
tanto quanto/como	tanto como

PS-20 Mais impressões. Você continua refletindo sobre suas impressões da viagem ao Brasil e comparando o Brasil aos Estados Unidos. Escreva frases de acordo com o modelo.

MODELO: Estados Unidos x Brasil (interessante)
Os Estados Unidos são tão interessantes quanto o Brasil.
Rio de Janeiro x Texas (gás natural)
Há tanto gás natural no Rio de Janeiro quanto no Texas.

1. Estados Unidos x Brasil (monumentos para visitar)

_____

2. o povo brasileiro x o povo americano (simpático)

_____

3. Nova York x Rio de Janeiro (bonita)

_____

4. metrô de São Paulo x metrô de Nova York (sujeira)

_____

5. política brasileira x política americana (problemas)

_____

6. Estados Unidos x Brasil (coisas interessantes para fazer)

_____

Lição 9

Se as impersonal subject

◆ In Spanish, there is a strong preference for impersonal constructions over the passive voice, and passive constructions with the past participle are not commonly used by Spanish speakers. In Brazilian Portuguese, both impersonal constructions and the passive voice (which you will practice in **Lição 14**) are common.

Portuguese:	**Fala-se** português em muitos países.
	O português **é falado** em muitos países.
Spanish:	**Se habla** portugués en muchos países.

Portuguese is spoken in many countries.

Portuguese:	**Vendem-se** bons livros nesta livraria.
	Bons livros **são vendidos** nesta livraria.
Spanish:	**Se venden** buenos libros en esta librería.

Good books are sold in this bookstore.

Portuguese:	**Perdeu-se** muito dinheiro aqui.
	Muito dinheiro **foi perdido** aqui.
Spanish:	**Se perdió** mucho dinero aquí.

People lost a lot of money here.

VAMOS PRATICAR

PS-21 Condições de trabalho. Você é o chefe de recursos humanos de uma empresa e está entrevistando um potencial empregado. Explique quais são as vantagens de se trabalhar na empresa.

MODELO: oferecer muitas férias

Oferecem-se muitas férias.

1. ganhar bem

_____

2. ter bom seguro saúde

_____

3. oferecer excelentes bônus

_____

4. proporcionar muitas opções de lazer aos funcionários

_____

5. pagar creches para os filhos dos funcionários

_____

6. dar presentes aos funcionários

_____

The preterit of regular and irregular verbs

◆ In Portuguese, regular verbs ending in **-er** and in **-ir** have different endings in the preterite, whereas in Spanish their endings are the same.

PORTUGUESE		SPANISH	
COMER	ABRIR	COMER	ABRIR
eu com**i**	abr**i**	yo com**í**	abr**í**
você com**eu**	abr**iu**	usted com**ió**	abr**ió**
nós com**emos**	abr**imos**	nosotros com**imos**	abr**imos**
vocês com**eram**	abr**iram**	ustedes com**ieron**	abr**ieron**

◆ A few commonly used irregular verbs have quite different preterite forms in Portuguese and in Spanish.

	INFINITIVE	EU	VOCÊ	NÓS	VOCÊS
Portuguese	dizer	disse	disse	dissemos	disseram
Spanish	decir	dije	dijo	dijimos	dijeron
Portuguese	estar	estive	esteve	estivemos	estiveram
Spanish	estar	estuve	estuvo	estuvimos	estuvieron
Portuguese	fazer	fiz	fez	fizemos	fizeram
Spanish	hacer	hice	hizo	hicimos	hicieron
Portuguese	ir/ser	fui	foi	fomos	foram
Spanish	ir/ser	fui	fue	fuimos	fueron
Portuguese	poder	pude	pôde	pudemos	puderam
Spanish	poder	pude	pudo	pudimos	pudieron
Portuguese	pôr	pus	pôs	pusemos	puseram
Spanish	poner	puse	puso	pusimos	pusieron
Portuguese	querer	quis	quis	quisemos	quiseram
Spanish	querer	quise	quiso	quisimos	quisieron
Portuguese	saber	soube	soube	soubemos	souberam
Spanish	saber	supe	supo	supimos	supieron
Portuguese	trazer	trouxe	trouxe	trouxemos	trouxeram
Spanish	traer	traje	trajo	trajimos	trajeron
Portuguese	ter	tive	teve	tivemos	tiveram
Spanish	tener	tuve	tuvo	tuvimos	tuvieron
Portuguese	vir	vim	veio	viemos	vieram
Spanish	venir	vine	vino	vinimos	vinieron

PS-22 Procurando emprego. Complete o diálogo entre Emília e Denise com formas apropriadas do pretérito dos verbos abaixo.

saber   fazer   trazer   encontrar   ter   ser   vir   dizer   ir   querer

EMÍLIA: Então, você já (1) _____ algo?

DENISE: Ainda não, mas já (2) _____ muitas entrevistas e (3) _____ a várias agências de emprego.

EMÍLIA: Você (4) _____ sorte com as entrevistas?

DENISE: Os entrevistadores (5) _____ todos simpáticos e (6) _____ saber tudo sobre minha preparação acadêmica.

EMÍLIA: Você (7) _____ seu CV para eu dar uma olhada?

DENISE: Não, não, desculpe. O problema é que eu (8) _____ diretamente de uma aula.

EMÍLIA: Não se preocupe. Você pode trazê-lo amanhã. O importante é que queria lhe dizer que (9) _____ que estão procurando pessoas com o seu perfil em uma empresa não muito longe daqui. Olhe o anúncio aqui no jornal. Tenho amigos que trabalham lá e (10) _____ que a empresa é excelente.

DENISE: Ah que ótimo! Super obrigada. Vou escrever para eles.

Lição 10

ESTRUTURAS

False cognates: nouns

◆ More than 70% of the Portuguese vocabulary is entirely comprehensible to the speakers of Spanish. There are, however, some false cognates to watch out for.

PORTUGUESE	ENGLISH	SPANISH	ENGLISH
o apelido	nickname	el apellido	last name
a borracha	rubber, eraser	borracho/a	drunk
a cadeira	chair	la cadera	hip
a cena	scene	la cena	supper
embaraçado/a	embarrassed	embarazada	pregnant
esquisito/a	strange, unusual	exquisito/a	exquisite
o escritório	office	el escritorio	desk
a firma	firm	la firma	signature
largo/a	wide	largo/a	long
o ninho	nest	el niño	child
a oficina	repair shop	la oficina	office
o polvo	octopus	el polvo	dust
a salsa	parsley	la salsa	sauce
a salada	salad	salado/a	salty
o sobrenome	family name	el sobrenombre	nickname
o talher	cutlery	el taller	workshop
o vaso	vase	el vaso	glass

PS-23 No restaurante. Paulo e Marina vão jantar em um restaurante chinês. Complete a conversa deles com palavras apropriadas da tabela acima.

MARINA: Obrigada pelo convite para o jantar. O restaurante é tão elegante que me sinto até um pouco
(1) _____.

PAULO: Que é isso! Você está super elegante. Na verdade, bem mais elegante do que todos os que estão no restaurante.

MAÎTRE: Boa noite. O senhor tem mesa reservada?

PAULO: Temos, sim. Meu (2) _____ é Oliveira.

MAÎTRE: Perfeitamente. Por favor, sigam-me.

PAULO: Finalmente vamos ter tempo para conversar. Nossos (3) _____ ficam um ao lado do outro, mas estamos sempre tão ocupados no trabalho que mal nos falamos.

MARINA: É mesmo. Trabalhamos em uma (4) _____ que exige muito dos funcionários. Mas que lindas flores e esses (5) _____ chineses são lindíssimos. Perfeitos para flores tão delicadas.

PAULO: Adoro arte chinesa. Esses desenhos de (6) _____ de passarinhos são encantadores.

MARINA: A mesa está realmente bem decorada. A louça e os (7) _____ são belíssimos.

PAULO: O único problema é que minha (8) _____ é um pouco desconfortável.

MARINA: Ah! Então peça para o garçom trocá-la. A minha também está um pouco (9) _____, desconfortável.

PAULO: Vou então pedir para o garçom trocar as duas. Mas, você já pensou no que vai querer jantar?

MARINA: Adoro frutos do mar. Gostaria de comer (10) _____ e depois uma
(11) _____ de alface.

PAULO: Boa idéia. Vou pedir o mesmo.

The present subjunctive

The use of the present subjunctive in Brazilian Portuguese and in Spanish is very similar. However, there is a difference regarding the expressions **talvez** (*tal vez*) and **embora** (*aunque*). In Spanish, these expressions can be followed by either the indicative or the subjunctive, depending on the intention of the speaker. For Portuguese speakers, these expressions always trigger the use of subjunctive.

Portuguese: Talvez ela **ache** que esta sobremesa é boa.
  Spanish: Tal vez ella **crea** que este postre es bueno.
           Tal vez ella **cree** que este postre es bueno.   *Maybe she'll think this dessert is good.*
Portuguese: Embora **seja** caro, não é um bom restaurante.
  Spanish: Aunque **es** caro, no es un buen restaurante.   *Although the restaurant is expensive,*
          Aunque **sea** caro, no es un buen restaurante. *it isn't good.*

PS-24 O jantar. Paulo e Marina continuam conversando no restaurante chinês. Complete o diálogo com formas de indicativo ou de subjuntivo dos verbos entre parênteses.

PAULO: Espero que você (1) _____ (estar) gostando da comida.

MARINA: Eu acho que a comida (2) _____ (estar) ótima, embora a sopa (3) _____ (estar) um pouco fria.

PAULO: Você quer que eu (4) _____ (reclamar) com o garçom?

MARINA: Talvez (5) _____ (ser) uma boa idéia, embora eu não (6) _____ (achar) isso realmente um grande problema.

PAULO: De qualquer modo, acho que (7) _____ (dever) reclamar. Vou chamar o garçom.

MARINA: Espere um pouco. Na verdade, não acho que você (8) _____ (dever) reclamar com o garçom. Talvez (9) _____ (ser) melhor falar com o maître.

PAULO: Você tem sempre razão.

MARINA: Não exagere. Embora eu (10) _____ (procurar) tomar atitudes bem pensadas, às vezes sou um pouco precipitada.

PAULO: Você é muito modesta e inteligente, embora não (11) _____ (admitir) que se fale isso publicamente.

MARINA: Mais um exagero seu. Só acho que todos nós (12) _____ (precisar) pensar antes de agir. Infelizmente, não acho que isso (13) _____ (acontecer) todo o tempo.

PAULO: Você tem razão. Isso acontece muito comigo. Às vezes falo coisas sem pensar, mas acho que sempre (14) _____ (poder) mudar, não é mesmo?

MARINA: Com certeza.

Lição 11

False cognates: verbs

◆ In addition to the nouns you reviewed in **Lição 10,** there are also a few verbs that are false cognates in Portuguese and Spanish.

PORTUGUESE	ENGLISH	SPANISH	ENGLISH
acordar	to awake	acordarse	to remember
borrar	to stain	borrar	to erase
botar	to place	botar	to throw out
brincar	to play	brincar	to jump
colar	to glue	colar	to filter
contestar	to refute	contestar	to answer
fechar	to close	fechar	to date
firmar	to stabilize	firmar	to sign
latir	to bark	latir	to palpitate
pegar	to get	pegar	to strike
reparar	to notice	reparar	to repair
tirar	to remove	tirar	to trash
trair	to betray	traer	to bring

PS-25 À meia-noite. Complete o diálogo com formas apropriadas dos verbos da tabela acima.

MÃE: É melhor você ir dormir logo. Amanhã você precisa (1) _____ cedo.

DANIELA: Espera um pouco, mamãe. Preciso imprimir outra cópia do meu ensaio porque pus a mão nele enquanto a tinta da impressora estava fresca e (2) _____ tudo.

MÃE: Tudo bem. Mas, é melhor que você (3) _____ a porta de seu quarto. A impressora está fazendo muito barulho. O cachorro está agitado e não pára de (4) _____.

DANIELA: É, eu (5) _____ nisso. Esse cachorro é impossível. Vou (6) _____ uma mordaça (*muzzle*) na boca dele e só vou (7) _____ amanhã.

MÃE: Que é isso, Daniela? Acalme-se. O problema é que você começou a escrever seu ensaio muito tarde. Da próxima vez é melhor você trabalhar em vez de ficar (8) _____ no computador.

Relative pronouns

The uses of relative pronouns in Portuguese and Spanish are very similar, with one important exception. Portuguese, unlike Spanish, does not have a plural form for the relative **quem**.

Tina é a médica com **quem** falei.

Tina es la médica con **quien** hablé.   *Tina is the doctor I spoke with.*

Tina e Lia são as médicas com **quem** falei.

Tina y Lía son las médicas con **quienes** hablé.   *Tina and Lia are the doctors I spoke with.*

PS-26 Em um hospital. Complete a seguinte conversa entre dois pacientes em um hospital.

PACIENTE 1: Os médicos (1) _____ trabalham neste hospital são muito simpáticos.

PACIENTE 2: Concordo. As enfermeiras também são simpáticas, mas há uma de (2) _____ não gosto.

PACIENTE 1: Ah, é. Quem é ela?

PACIENTE 2: É uma com (3) _____ estava falando hoje de manhã.

PACIENTE 1: Não sei de (4) _____ se trata.

PACIENTE 2: Sabe, sim. É uma nova, uma (5) _____ acabam de contratar.

PACIENTE 1: Ah, então deve ser por isso. Ela deve estar nervosa.

PACIENTE 2: Você tem razão.

Lição 12

Gender in Portuguese and Spanish nouns

◆ Even though most Portuguese and Spanish nouns coincide in gender, there are a few that are feminine in Portuguese and masculine in Spanish or vice versa.

Feminine to masculine

PORTUGUESE	SPANISH	
feminine	masculine	
a análise	el análisis	*analysis*
a árvore	el árbol	*tree*
a cor	el color	*color*
a cútis	el cutis	*skin*
a desordem	el desorden	*disorder*
a dor	el dolor	*pain*
a equipe	el equipo	*team*
a estréia	el estreno	*debut*
a macieira	el manzano	*apple tree*
a oliveira	el olivo	*olive tree*
a origem	el origen	*origin*
a pétala	el pétalo	*petal*
a ponte	el puente	*bridge*

Masculine to feminine

PORTUGUESE	SPANISH	
masculine	feminine	
o computador	la computadora	*computer*
o costume	la costumbre	*habit*
o creme	la crema	*cream*
o ensino	la enseñanza	*teaching*
o gravador	la grabadora	*recorder*
o joelho	la rodilla	*knee*
o leite	la leche	*milk*
o legume	la legumbre	*vegetable*
o mel	la miel	*honey*
o nariz	la nariz	*nose*
o paradoxo	la paradoja	*paradox*
o protesto	la protesta	*protest*
o riso	la risa	*smile*
o sal	la sal	*salt*
o sangue	la sangre	*blood*

PS-27 Famílias de palavras. Organize as palavras portuguesas das duas listas acima em "famílias" de acordo com o sentido e preencha a tabela abaixo.

FAMÍLIA	PALAVRAS
0. aparelhos eletrônicos	o computador, o gravador
1.	
2.	
3.	
4.	

udo vs. todo/a/os/as

◆ To express *everything* in Portuguese, use **tudo,** a word that does not exist in Spanish. **Tudo** is not preceded or followed by any noun and never changes its form.

Tudo está bem.

Todo está bien.   *Everything is all right.*

Eu já comi **tudo**.

Yo ya comí **todo**.   *I already ate everything.*

Está **tudo** aqui.

Está **todo** aquí.   *Everything is here.*

◆ By contrast, **todo/a/os/as** (*all, entire, whole*) precedes (and sometimes follows) a noun and agrees with it in gender and number.

Todos os passageiros chegaram.

Todos los pasajeros llegaron.   *All the passengers arrived.*

Todas as passageiras chegaram.

Todas las pasajeras llegaron.   *All the (female) passengers arrived.*

Passei a manhã **toda** esperando.

Pasé **toda** la mañana esperando.   *I spent the entire morning waiting.*

Eu conheci **todo** o país.

Yo conocí **todo** el país.   *I got to know the whole country.*

S-28 As viagens. Complete a conversa entre Paula e André com **tudo** ou **todo/a/os/as**.

PAULA: O que você fez em suas últimas férias?

ANDRÉ: Eu fiz um pouco de (1) _____. (2) _____ os dias eu fazia uma atividade diferente.

PAULA: E você conseguiu ler (3) _____ os livros que queria?

ANDRÉ: Consegui, sim. Consegui também fazer (4) _____ as atividades e (5) _____ as viagens que queria.

PAULA: De qual viagem você mais gostou?

ANDRÉ: Gostei de (6) _____.

PAULA: Mas, você não tem uma pequena preferência?

ANDRÉ: Na verdade, (7) _____ o que fiz foi interessante. Mas, talvez tenha gostado mais de fazer ecoturismo.

PAULA: O que é ecoturismo?

ANDRÉ: Bem, não sei (8) _____ sobre o assunto. Sei apenas que é uma forma de turismo que procura preservar o meio ambiente e a melhoria do bem-estar das populações locais.

PAULA: Isso me parece muito interessante. Em minhas próximas férias quero fazer ecoturismo.

Lição 13

Gender in Portuguese and Spanish: Changes in meaning

◆ There are a few words in Spanish that have two genders and two different respective meanings. Their Brazilian Portuguese equivalents sometimes have just one gender but still maintain the distinct meanings; in other cases, a non-cognate word assumes one of the meanings.

PORTUGUESE	SPANISH
o banco	**el banco**
O Banco Mundial tem 7.000 economistas trabalhando no mundo todo.	**El Banco** Mundial tiene 7.000 economistas trabajando en todo el mundo.

The World Bank has 7,000 economists working all over the world.

os bancos	**la banca**
Os bancos entrarão em greve na segunda.	**La banca** hará huelga el lunes.

Banks/Banking sector will go on strike on Monday.

o coma	**el coma**
O coma é um estado similar à anestesia.	**El coma** es estado similar a la anestesia.

Coma is a state similar to (being under) anesthesia.

a vírgula	**la coma**
A vírgula é um sinal de pontuação.	**La coma** es un signo de puntuación.

Comma is a punctuation mark.

o cometa	**el cometa**
O cometa Halley é grande e brilhante.	**El cometa** Halley es grande y brillante.

Halley's Comet is big and shines brightly.

o papagaio	**la cometa**
As crianças empinam **os papagaios** na praia.	Los niños vuelan **las cometas** en la playa.

Children fly kites on the beach.

a frente	**el frente**
Recebemos o relatório **da frente** de batalha.	Recibimos el informe **del frente** de batalha.

We received the report from the battlefront.

a testa	**la frente**
Sua mãe o beijou **na testa**.	Su madre lo besó en **la frente**.

His mother kissed him on the forehead.

a margem	**el margen**
A margem da página é estreita.	**El margen** de la página es estrecho.

The page margin is narrow.

a margem	**la margen**
A margem do rio é larga.	**La margen** del río es ancha.

The river margin is wide.

o guia

Onde está **o guia** da excursão?

o guia

Este livro é **um guia** excelente da cidade.

o trompete

O trompete é do músico.

o trompetista

O trompetista trabalha aqui.

el guía

¿Dónde está **el guía** de la excursión?

Where is the tour guide?

la guía

Este libro es **una guía** excelente de la ciudad.

This book is an excellent guide to the city.

la trompeta

La trompeta es del músico.

The trumpet belongs to the musician.

el trompeta

El trompeta trabaja aquí.

The trumpet player works here.

PS-29 Quero ir brincar. Complete a conversa entre Danielle e a mãe dela com palavras do quadro acima.

DANIELLE: Mamãe, hoje gostaria de empinar (1) _____.

MÃE: Onde?

DANIELLE: Na (2) _____ do rio.

MÃE: Mas, hoje você não tinha aula de (3) _____?

DANIELLE: Tinha, sim. Mas, não quero mais ser (4) _____. Quero ser pianista. Também pensei em trabalhar com turismo. Talvez ser (5) _____ de excursões.

MÃE: Nossa! Quantas idéias diferentes. Enfim, tudo bem. Você pode ir brincar com a condição de me fazer um favor.

DANIELLE: Qual seria?

MÃE: Você precisaria ir ao (6) _____ pegar dinheiro para mim.

DANIELLE: Tudo bem, mamãe. Mas, antes quero uma beijoca.

MÃE: Sim, sim. Uma beijoca na (7) _____ e não na bochecha, não é mesmo?

DANIELLE: Claro que sim.

The future subjunctive

♦ While Portuguese has a very active future subjunctive, it is virtually disappearing in Spanish. In Spanish, the future subjunctive is limited to literary or judicial texts, whereas in Portuguese it is common in both formal and informal discourse. In Portuguese, the future subjunctive expresses a future action. In Spanish, the present subjunctive expresses both future and present actions. Compare the following examples.

PORTUGUESE	SPANISH	
(future subjunctive)	(present subjunctive)	
Quando **for** ao Brasil, quero fazer ecoturismo.	Cuando **vaya** a Brasil, quiero hacer ecoturismo,	*When I go to Brazil, I want to do ecotourism.*
Enquanto não **tiver** o visto não poderá viajar.	Mientras no **tenga** la visa no va a poder viajar.	*As long as he/she doesn't have a visa, he/she won't be able to travel.*
Logo que **chegarmos** ao hotel, ligaremos para você.	Tan pronto **lleguemos** al hotel, te llamaremos.	*As soon as we get to the hotel, we'll call you.*
Quero jantar depois que eles **saírem.**	Quiero cenar después que ellos **salgan**.	*I want to have dinner after they leave.*
Vou pedir-lhe quando **voltar** de viagem.	Voy a pedírselo cuando **regrese** del viaje.	*I'm going to ask him/her when he/she returns from the trip.*

PS-30 A reciclagem. Tia Maira está ensinando os sobrinhos dela a reciclarem materiais. Complete a conversa com formas apropriadas do futuro do subjuntivo.

TIA MAIRA: Crianças, quando vocês (1) _____ (reciclar) o lixo, é importante saber as cores das latas.

PATRÍCIA: Com certeza, quando nós (2) _____ (começar) a separar o lixo, vamos prestar muita atenção.

TIA MAIRA: Se vocês (3) _____ (ter) alguma dúvida, o que farão?

DUDU: Assim que (4) _____ (surgir) algum problema, vamos consultar a Internet.

TIA MAIRA: Aconselho-os a não fazer nada se não (5) _____ (estar) convencidos de que conhecem os procedimentos.

PATRÍCIA: Não se preocupe demais, titia. Lembre-se que fizemos ecoturismo no último verão. Nosso guia nos ensinou muito sobre conservação ambiental. Mas, se (6) _____ (precisar), certamente entraremos em contato com a senhora.

TIA MAIRA: Se (7) _____ (querer), posso vir ajudá-los nas primeiras vezes.

DUDU: Não achamos que seja preciso. No entanto, sempre que (8) _____ (estar) confusos, vamos ligar para a senhora.

TIA MAIRA: Estarei esperando. Assim que o telefone (9) _____ (tocar), atenderei correndo.

PATRÍCIA: Puxa, titia. Como a senhora é estressada!

Lição 14

Correspondences in word formation: -dad/-dade

◆ Many Spanish nouns ending in **-dad** have Portuguese equivalents that end in **dade.** Complete a conversa entre Danielle e a mãe dela com palavras do quadro acima.

PORTUGUESE	SPANISH	
atividade	actividad	*activity*
adversidade	adversidad	*adversity*
capacidade	capacidad	*capacity*
comunidade	comunidad	*community*
dignidade	dignidad	*dignity*
diversidade	diversidad	*diversity*
especialidade	especialidad	*specialty*
facilidade	facilidad	*facility*
oportunidade	oportunidad	*opportunity*
realidade	realidad	*reality*
sociedade	sociedad	*society*
unidade	unidad	*unity*
verdade	verdad	*truth, verity*

PS-31 Os brasileiros. Fernanda é estudante de pós-graduação em Sociologia nos Estados Unidos e está entrevistando um importante sociólogo brasileiro. Complete a conversa deles com palavras da lista acima. Algumas palavras poderão ser usadas mais de uma vez.

FERNANDA: Você acha que a (1) _____ brasileira mudou nos últimos anos?

MARCOS: Na (2) _____ acho que mudou muito. Mas ainda temos um longo caminho a percorrer.

FERNANDA: Você poderia dar exemplos concretos?

MARCOS: Por exemplo, acredito que não haja as mesmas (3) _____ de estudo e trabalho para

negros e brancos. Os negros enfrentam mais (4) _____ que os brancos.

FERNANDA: Você acha que não existe democracia racial no país?

MARCOS: Devolvo sua pergunta com outra. Quem mora nas (5) _____ pobres? Uma maioria de brancos ou de negros?

FERNANDA: É, entendo e concordo com sua posição. Realmente temos que repensar as relações raciais e

procurar (6) _____ para todos. É fundamental respeitar a (7) _____.

Obrigada pela entrevista. É sempre bom conversar com um especialista.

MARCOS: Veja bem, minha (8) _____ não é exatamente a questão das relações raciais no Brasil.

Mas, é claro que todo sociólogo reflete bastante sobre esse assunto. Finalmente, quero insistir no

fato de que não devemos ficar totalmente pessimistas. A (9) _____ brasileira tem

dado passos minúsculos nessa área, mas tem progredido. Também, infelizmente, há retrocessos.

The past participle and the past perfect

◆ Past participles are very similar in Portuguese and in Spanish. However, there are three Portuguese verbs—**trair** (*to betray*), **pagar** (*to pay*), and **gastar** (*to spend*)—whose participles have a different meanings in Spanish.

PORTUGUESE		SPANISH	
traído	*betrayed*	**traído**	*brought*
pago	*paid*	**pago**	*payment*
gasto	*worn*	**gasto**	*expense*

◆ The past perfect is also very similar in Portuguese and in Spanish. In Portuguese, however, the auxiliary **ter** is used in addition to **haver**. In fact, **ter** is much more common in spoken Portuguese, while **haver** tends to be used primarily in writing.

Eu **tinha falado** com eles antes de chegar.

Eu **havia falado** com eles antes de chegar.

Yo **había hablado** con ellos antes de llegar.   *I had spoken with them before arriving.*

VAMOS PRATICAR

PS-32 Um confronto. Complete a conversa entre o chefe e o administrador de uma empresa com particípios passados dos verbos entre parênteses.

CHEFE: Você pagou os funcionários?

ADMINISTRADOR: Os funcionários foram (1) _____ (pagar) na semana passada. Você já tinha (2) _____ (trazer) esta questão para discutirmos ontem. Não entendo porque continua com este assunto como se fosse um disco quebrado.

CHEFE: Paulo, parece que você não entende. Eu já lhe repeti mil vezes que no passado fui (3) _____ (trair) por um funcionário.

ADMINISTRADOR: Sim, sim. A velha história. Ele disse que tinha (4) _____ (pagar) os funcionários e não pagou. Em resumo, você foi (5) _____ (roubar).

CHEFE: Exatamente. E, além disso, muito dinheiro foi (6) _____ (gastar) para pagar os advogados que trabalharam no caso.

ADMINISTRADOR: Bem, você tem razão. Mas, agora o caso é diferente. Já nos conhecemos há muitos anos. Você se lembra de quando fomos (7) _____ (apresentar) por um amigo comum?

CHEFE: É claro que sim. Além disso, você é (8) _____ (conhecer) nos meios profissionais como uma pessoa honestíssima. Você tem uma reputação inquestionável. Desculpe-me, mas fiquei (9) _____ (traumatizar) com o caso.

ADMINISTRADOR: Deixa isso pra lá. Hoje temos uma agenda cheia. Vamos discutir o que interessa.

CHEFE: Concordo.

Lição 15

orrespondences in word formation: diminutives

◆ The Portuguese diminutive endings **-inho(a)** and **-zinho(a)** correspond to the Spanish endings **-ito(a)** and **-cito(a)**.

PORTUGUESE	SPANISH
agorinha	ahorita
amorzinho	amorcito
avozinha	abuelita
beijinho	besito
bonequinha	muñequita
cafezinho	cafecito
casinha	casita
dorzinha	dolorcito
elefantinho	elefantito
irmãozinho	hermanito
lugarzinho	lugarcito
pequenininho	pequeñito
pobrezinho	pobrecito

S-33 Uma conversa. Complete o diálogo com os diminutivos da lista acima. Algumas palavras podem er usadas mais de uma vez.

MÃE: Gabriela, meu (1) _____ vem aqui, por favor.

ILHA: Precisa ser (2) _____?

MÃE: Precisa, sim, minha (3) _____. Vamos à casa de sua (4) _____.

ILHA: Posso levar minha (5) _____? E o meu (6) _____, ele também vai?

MÃE: O Cauê está com uma (7) _____ de cabeça. Então, ele vai ficar aqui em casa dormindo. O papai vai ficar com ele.

ILHA: Ah (8) _____! Não sabia que ele estava com dor.

MÃE: Não se preocupe. Já o levei ao médico e está tudo bem.

The personal infinitive

◆ The personal infinitive exists in Portuguese but not in Spanish. The personal infinitive is often used in Portuguese where a subjunctive would be commonly used in Spanish.

PORTUGUESE	SPANISH	
É preciso **fazermos** investimentos em tecnologia.	Es necesario **que hagamos** inversiones en tecnología.	*It is necessary that we make investments into technology.*
É melhor **virem** trabalhar em nosso laboratório.	Es mejor **que vengan** a trabajar en nuestro laboratorío.	*It is better that they come to work in our lab.*
Eu pedi para eles não **comprarem** nada online.	Les pedí **que no compraran** nada en línea	*I asked them not to buy anything online.*
Vão fazer pesquisas até **descobrirem** a cura.	Van a hacer investigaciones hasta **que descubran** la cura.	*They will conduct research until they discover the cure.*

PS-34 É difícil encontrarmos tempo para tudo. Complete o diálogo entre Lelê e Lucas, dois estudantes de Engenharia Aeroespacial, com formas apropriadas do infinitivo pessoal dos verbos entre parênteses.

LELÊ: Seria ótimo nós (1) _____ (conseguir) uma entrevista para (2) _____ (trabalhar) no Centro de Pesquisas Espaciais.

LUCAS: Seria mesmo. Mas, antes de eles nos (3) _____ (chamar), precisamos estar preparados.

LELÊ: Concordo. É melhor você e eu (4) _____ (fazer) uma pesquisa para saber mais sobre os trabalhos que eles desenvolvem.

LUCAS: Será difícil (5) _____ (encontrar) tempo para fazer essa pesquisa. Já temos que estudar tanto para os exames finais.

LELÊ: Vamos ter que ficar acordados até (6) _____ (terminar) de estudar para o exame de amanhã.

LUCAS: Mas, podemos ficar só até umas três porque o exame é às oito. É melhor não (7) _____ (abusar) de nossa energia.

LELÊ: Você tem razão. É pior (8) _____ (gastar) toda nossa energia na preparação e (9) _____ (ir) mal no exame.

LUCAS: Mas, depois do exame, vamos preparar nossa entrevista.

LELÊ: Combinado.

Appendix 2 ◆ European Portuguese Video Activities

Lição preliminar

P-51 Apresentações. In the opening section of this video, you will be introduced to nine Portuguese speakers who live in or around Lisbon and whom you will see time and again throughout the program. Watch and listen to the speakers as they introduce themselves; then match their names with the information you have heard.

1. ____ Filipa
2. ____ Adolónimo
3. ____ Tomás
4. ____ Márcio
5. ____ Alexandra
6. ____ Jorge
7. ____ Manuela
8. ____ Carolina
9. ____ Helena

a. 11 anos
b. Cidade Nova
c. 41 anos
d. engenheira civil
e. professora
f. Psicologia
g. nasceu em Lisboa
h. rapaz normal
i. São Tomé e Príncipe

P-52 Descrições. Now choose three of the speakers you have just watched. Listen again to their introductions and write down the following information about them. Depending on your instructor's guidelines, you should use either English or Portuguese in the first section. If writing in Portuguese, spell out the numbers. In the second section, try to give answers in Portuguese using some of the cognates you have learned in **Lição preliminar** to describe the speakers and justify your choice.

1. Names, ages, professions or occupations, and any other distinguishing information you were able to understand, such as place of birth, where they live, etc.

   a. _____
   _____

   b. _____
   _____

   c. _____
   _____

2. Why did you choose these three people? What was it about them that interested you? State two reasons for each person.

a. _____

_____

b. _____

_____

c. _____

_____

Lição 1

Vocabulário útil

o almoço	*lunch*	o horário	*schedule*
o curso	*course of study*	a matéria	*academic subject*
a formação	*training*		

1-50 Os estudos. What and where did Alexandra and Helena study as university students? Listen to their answers and match the names with the information given below.

	ALEXANDRA	HELENA
1. Universidade de Lisboa	_____	_____
2. Medicina Veterinária	_____	_____
3. Português e Francês	_____	_____
4. Formação educacional	_____	_____
5. Faculdade Técnica de Lisboa	_____	_____
6. Línguas e Literaturas Modernas	_____	_____
7. Faculdade de Letras	_____	_____

1-51 Matérias preferidas. Listen to Adolónimo and Helena talk about their favorite subjects, and then complete the descriptions given below. And what is your favorite subject or subjects?

ADOLÓNIMO

A matéria favorita do Adolónimo é _____ , mas ele gosta também das

_____ e _____ .

HELENA

As matérias preferidas da Helena têm a ver (*have to do*) com _____

_____ .

EU

_____

_____ .

1-52 Os horários. Primeiro passo. Listen to Alexandra's description of her class schedule and mark the correct answers below.

Horário das aulas:	_____	variável	_____	constante
Começo das aulas de manhã:	_____	às nove	_____	às oito
Tempo para o almoço:	_____	meia hora	_____	1-2 horas
Fim das aulas:	_____	3 ou 4 da tarde	_____	5 ou 6 da tarde

Segundo passo. Now compare your own current schedule to that of Alexandra. What similarities and differences are you able to identify?

Semelhanças:

_____

Diferenças:

_____

Lição 2

Vocabulário útil

alemão (pl. **alemães**)	*German (male/mixed)*	**francês** (pl. **franceses**)	*French (male/mixed)*
bem disposto/a	*happy, in good spirits*	**polaco/a**	*Polish*
complicado/a	*complicated*	**teimoso/a**	*obstinate*
o/a escritor/a	*writer*	**o/a vendedor/a**	*salesperson*
a estatura mediana	*medium height*		

2-37 Os nossos amigos. The following people have very diverse friends. Describe where they are from or what they do, as appropriate, and then describe your own friends.

1. O Márcio tem amigos de várias nacionalidades: _____
_____.

2. Os amigos da Manuela são de profissões muito variadas: _____
_____.

3. A maior parte dos amigos do Adolónimo são _____, por exemplo, _____
e _____.

4. Os meus amigos _____
_____.

2-38 As personalidades. Preparação. Before watching the second segment, go back to the **Lição preliminar** section of the video and view Márcio and Manuela introducing themselves. Now write down what they look like and what you can infer or imagine about their personalities.

	DESCRIÇÃO FÍSICA	PERSONALIDADE
Márcio		
Manuela		

Compreensão. Now view the video in which they describe themselves and fill out the chart again with their own words.

	DESCRIÇÃO FÍSICA	PERSONALIDADE
Márcio		
Manuela		

Expansão. Now compare the two charts. Was your previous description accurate? Comment below on how your perception of them relates to their self-presentation.

1. O Márcio parece (*seems*) _____, mas não
parece _____.

2. A Manuela parece _____, mas não
parece _____.

Lição 3

Vocabulário útil

o/a amiguinho/a	*little friend*	a missa	*mass*
ao máximo	*as much as possible*	ouvir	*to hear*
convidar	*to invite*	passear	*to walk, to stroll, to go places*
o coro	*choir*	o vólei	*volleyball*
fazer anos	*to have a birthday*	votar	*to vote*
a festinha	*little party*		

3-43 Tempos livres. Primeiro passo. Watch and listen as Helena describes what she does in her free time. Then, fill in the blanks below.

A Helena joga (1) _____, vê (2) _____ vai ao (3) _____

e gosta de (4) _____ ao máximo.

Segundo passo. E você? What do you do in your free time? Name three of your favorite activities.

_____

_____

_____

3-44 O próximo fim-de-semana. What are the following people going to do next weekend? Match each person with the appropriate activities.

1. _____ Jorge
2. _____ Adolónimo
3. _____ Helena

   a. ver um concerto da Orquestra Sinfónica Portuguesa
   b. jogar vólei
   c. votar para escolher o novo Presidente de Portugal
   d. ir è missa
   e. ouvir composições de Berlioz e Ravel
   f. ir ao cinema
   g. ter uma festinha para o filho que faz anos
   h. dormir até mais tarde
   i. convidar pessoas da família e amiguinhos do Vasco
   j. cantar no coro litúrgico africano

4. **E você?** What will you do next weekend? Name at least two activities.

_____

_____

Lição 4

Vocabulário útil

ajudar	to help	levar	to take
buscar	to pick up, to go get	o marido	husband
cada vez menos	fewer and fewer	parecer-se	to resemble
o carácter	personality	parecido/a	similar
conseguir (eu consigo)	to be able to	a personalidade	personality
o desporto	sport	perto	nearby
fazer anos	to have a birthday	próximo/a	close
habitar	to reside	reformado/a	retired
hoje em dia	nowadays	teimoso/a	stubborn

4-43 Membros da família. Manuela is describing her family. Write down the information she gives.

1. Quem são os membros da família mais próximos? _____

   _____

2. Quantos anos têm os filhos? _____

   _____

3. Quem são os outros membros da família mais extensa? _____

   _____

4-44 Com quem se parecem? Primeiro passo. Manuela and Jorge are discussing their children. Answer the following questions, based on the information given about each person. Write complete sentences.

1. Carolina

   a) Com quem se parece a Carolina? _____.

   b) Como é o carácter dela? _____.

   c) O pai concorda com a opinião da mãe? _____.

2. Vasco

   a) Com quem se parece o Vasco, na opinião da mãe? _____.

   b) Com quem se parece ele, na opinião do pai? _____.

   c) Como é o carácter dele? _____.

Segundo passo. How do you compare to other members of your family, both physically and emotionally? Complete the statements below, giving as much information as you can.

Eu pareço-me com _____

_____.

Eu não sou parecido/a com _____

_____.

4-45 Uma família típica. Listen to Manuela and Jorge describe what a typical Portuguese family looks like and then answer the following questions.

a. Como é uma família portuguesa típica hoje em dia? _____

_____.

b. Qual é o papel dos avós numa família portuguesa? _____

_____.

c. Porque é que os avós podem passar mais tempo com os netos? _____

_____.

4-46 A minha família. How does your own family compare to the family of Jorge, Manuela, Carolina, and Vasco? Use the vocabulary and structures from the activities above, and any other words you like, to describe your family.

_____

_____

_____

_____

_____

4-47 Verdadeiro ou falso? You now have an idea of Jorge and Manuela's family. Read the statements below and mark them with **V** (**verdadeiro**) or **F** (**falso**) to indicate whether they are true or false.

1. A Carolina parece-se com a mãe, em termos físicos. _____

2. O Vasco não é nada parecido com o pai. _____

3. A Carolina tem uma personalidade parecida com o pai. _____

4. Os pais e os filhos são morenos. _____

5. O Jorge concorda sempre com a esposa. _____

6. Os avós da Carolina e do Vasco moram perto. _____

7. A sogra do Jorge mora na casa dele. _____

Lição 5

Vocabulário útil

detestar	*to hate*	o prédio	*apartment building*
dividir	*to divide, to share*	a refeição	*meal*
dobrar	*to fold*	sozinho/a	*alone*
a empregada	*housekeeper, cleaning woman*	todo/a/os/as	*all, every*
a necessidade	*necessity*	tudo	*everything*
pequenino/a	*tiny*		

5-53 Onde moram? Primeiro passo. Alexandra and Tomás explain where they live. Complete their statements.

1. Alexandra: _____ pequenino.

2. Tomás: _____ Cascais, num _____ andares.

3. **E você, onde mora?** Write down where you live (country, state or province, city, and type of dwelling).

_____

_____

_____

Segundo passo. Compare os apartamentos. In the table below, write how many rooms there are in Alexandra's apartment, Tomás's, and your own house or apartment.

	COZINHA	CASAS DE BANHO	SALAS	QUARTOS
1. Alexandra				
2. Tomás				
3. você				

Terceiro passo. Como é a sua casa? Now describe your house or apartment. Say how many rooms there are and what they are.

_____

_____

_____

5-54 Tarefas domésticas. Primeiro passo. Circle **V** or **F** (**verdadeiro** or **falso**) for the following statements.

1. A Helena faz todas as tarefas na casa dela.   V   F

2. A mãe da Helena cozinha.   V   F

3. A irmã arruma os quartos e a Helena lava a roupa.   V   F

4. A mãe do Tomás limpa e arruma a casa.   V   F

5. A família do Tomás tem uma empregada.   V   F

6. O Tomás faz a cama.   V   F

Segundo passo. Quem limpa e arruma a sua casa? Explain who looks after your house and what tasks they do.

_____

_____

_____

_____

5-55 Tarefas que detestamos. Primeiro passo. Write the name of each interviewee (Helena, Tomás, Filipa) next to the task he or she particularly dislikes.

a. tudo que tem a ver com a roupa   _____

b. limpar os pratos depois das refeições   _____

c. passar a ferro   _____

Segundo passo. Answer the following questions about your own attitudes toward household chores.

1. Que tarefas domésticas é que você detesta? (Dê pelo menos dois exemplos.)

_____

_____

2. Que tarefas é que você prefere? (Dê pelo menos três exemplos.)

_____

_____

3. Com quem mais é que você se parece? Com a Helena, a Filipa ou o Tomás? Porquê?

_____

_____

Nome: _____ **Data:** _____

Lição 6

Vocabulário útil

ao máximo	*as much as possible*	imenso	*a lot*
bem disposto/a	*in a good mood*	a natação	*swimming*
a alimentação	*food*	o Natal	*Christmas*
as calças de ganga	*jeans*	odiar (eu odeio)	*to hate*
despir-se (eu dispo)	*to undress*	a prenda	*gift*
desportivo/a	*casual (describing clothing)*	preocupar-se	*to worry, to be concerned*
devido a	*due to*	o significado	*meaning*
evitar	*to avoid*	vir/ir embora	*to leave, to go away*

6-41 Fazer compras. Primeiro passo. Manuela and Tomás talk about their attitudes toward shopping. Match the information below with the right person.

1. _____ Manuela

2. _____ Tomás

a. evita ao máximo os centros comerciais
b. compra comida
c. odeia fazer compras
d. gosta de fazer compras
e. acha que fazer compras põe a pessoa bem disposta
f. gosta de comprar roupa
g. acha que é muita confusão

Segundo passo. E você? How about you? Do you like to go shopping? What do you like to buy?

_____

_____

6-42 Como se vestem? Primeiro passo. How do Manuela and Alexandra usually dress? Listen to their comments and fill in the blanks.

MANUELA:

Quando vou trabalhar, uso roupa clássica. Devido è minha profissão nunca uso (1) _____, uso sempre (2) _____. E visto-me de uma forma (3) _____. Ao fim-de-semana normalmente visto-me de uma forma (4) _____.

ALEXANDRA:

Não me preocupo muito com a roupa que (5) _____ para o trabalho. Muitas vezes vou de (6) _____ e uma camisola e uns (7) _____ para andar, ou mesmo (8) _____, pois chego lá e dispo-me. E portanto durante a semana não me preocupo com a roupa que visto.

Segundo passo. Now unscramble the list of words below and write down the articles of clothing you wear on a daily basis and also on special occasions. If the article of clothing is not on the list, feel free to write it down anyway.

1. UBSAL _____

2. AASI _____

3. DIVSOET _____

4. IEMSA _____

5. MSACIA _____

6. APTASO _____

7. MASLACIO _____

8. SITRHT _____

9. ÉSTNI _____

10. LÇSACA _____

11. LDSÁNAIAS _____

12. SLAVU _____

No meu dia-a-dia, uso _____

_____.

Em ocasiões especiais, visto-me de _____

_____.

6-43 O melhor presente. Filipa talks about the best gift she has ever received. Listen to her comments and answer the questions below with complete sentences.

1. Qual foi a prenda que a Filipa recebeu que tem muito significado para ela?

_____

2. Quem ofereceu a prenda è Filipa?

_____

3. Em que ocasião recebeu ela a prenda?

_____

Lição 7

Vocabulário útil

aposentado/a	*retired*	o/a pro	*professional (athlete)*
o clima	*climate*	a rapariga	*girl*
a Fórmula Um	*Formula One*	recomeçar	*to take up again*
o/a piloto	*race car driver*	...vezes por semana	*...times per week*

7-43 Desportos. Primeiro passo. Tomás is talking about the sports in which he participates. Answer the questions below with complete sentences in Portuguese.

1. Qual é o desporto preferido do Tomás?

   _____

2. Quantas vezes é que ele joga por semana?

   _____

3. Com quem joga nos fins-de-semana?

   _____

4. Que desporto pratica no Verão?

   _____

5. Com quem treina voleibol e quantas vezes por semana?

   _____

Segundo passo. E você? Now answer the following questions about yourself.

1. Quais são os seus desportos preferidos?

   _____

2. Com que frequência (*how often*), com quem e onde pratica este(s) desporto(s)?

   _____

   _____

   _____

   _____

7-44 Atletas e desportos. Primeiro passo. Márcio names three athletes he admires and gives some additional information about them. Complete the following table.

ATLETA	DESPORTO	DESCRIÇÃO
1. Luís Figo		
2.		
3. Ayrton Senna		

Segundo passo. E você? Which athlete or athletes do you most admire and why?

_____

_____

_____

7-45 Estações e clima. Primeiro passo. Both Filipa and Márcio can define their favorite climate in only one word. Answer the questions below.

1. Qual é a palavra que define o clima ideal para a Filipa? _____

2. Qual é a palavra que define o clima ideal para o Márcio? _____

Segundo passo. E você? Answer the following questions.

1. Qual é a sua estação preferida e o seu clima ideal?

_____

2. Escolha um país ou cidade onde gostava de morar por causa do tempo e explique porquê.

_____

_____

Lição 8

Vocabulário útil

a bisavó	*great-grandmother*	**uma série de**	*a bunch, a few*
a Consoada	*Christmas dinner*	**típico/a**	*traditional*
juntar-se	*to gather*	**tomar uma decisão**	*to make a decision*
nascer	*to be born*	**a vila**	*small town*

8-44 Feriados preferidos. Responda ès perguntas sobre os feriados preferidos da Alexandra e do Jorge. Depois explique de que feriado você mais gosta e porquê.

1. Alexandra

   a. Qual é o feriado de que a Alexandra mais gosta? _____

   b. Porque é que ela gosta deste feriado? _____

   _____

2. Jorge

   a. Qual é o feriado favorito do Jorge? _____

   b. O que é que o pai do Jorge tem a ver com este feriado? _____

   _____

3. você

   a. Qual é o seu feriado preferido? _____

   b. Porque é esse o feriado que prefere? _____

   _____

8-45 O Natal do Tomás. O Tomás fala sobre como celebrou o Natal. Escolha as respostas correctas.

1. O Tomás passou o Natal...

   a. com os pais e o irmão.

   b. sozinho.

   c. com a família extensa.

   d. com a família mais próxima.

2. Com quem é que o Tomás *não* passou a noite da Consoada?

   a. os primos

   b. os avós

   c. os tios

   d. os sobrinhos

   e. a bisavó

3. A família juntou-se...

    a. na casa do Tomás.

    b. na casa dos avós.

    c. não sabemos onde.

    d. na casa da bisavó.

4. Que actividade em particular menciona o Tomás?

    a. o jantar típico

    b. a troca de presentes

    c. as conversas com a família

    d. a contribuição dos avós

8-46 Uma tradição são-tomense. O Adolónimo fala sobre uma tradição especial da família dele. Responda ès peguntas abaixo.

1. Como se chamava a tradição? _____

2. Qual era o dia da festa? _____

3. O que se fazia neste dia? _____

_____

4. Porque é que o Adolónimo já não celebra mais esta tradição? _____

_____

Lição 9

Vocabulário útil

acabar	*to finish*	dificultar	*to make difficult*
o/a aderente	*customer*	as habilitações	*preparation, background*
a animação	*animation, mobilization*	o mercado de trabalho	*job market*
a crise	*crisis*	as obras públicas	*public works*
o curso	*studies, degree, course*	a recusa	*rejection, refusal*
desempenhar	*to perform*	saturado/a	*saturated*
desenhar	*to design*		

9-47 Associações. A Manuela, a Helena, o Márcio e o Jorge falam do seu trabalho. Identifique as palavras ou frases da coluna da direita que se referem às pessoas da coluna da esquerda.

1. _____ Manuela
2. _____ Helena
3. _____ Márcio
4. _____ Jorge

   a. trabalho chato
   b. design editorial
   c. novos aderentes
   d. suplemento que se chama *Actual*
   e. Escola dos Mestres
   f. engenharia civil
   g. TV Cabo
   h. construção de obras públicas
   i. professora

9-48 Descrições. Veja outra vez o segmento em que a Manuela, a Helena, o Márcio e o Jorge falam do seu trabalho e complete as afirmações abaixo.

1. A Manuela desempenha as funções de _____
   numa empresa de construção de obras públicas.

2. Neste momento, a Helena é professora de _____.

3. O trabalho que o Márcio teve na TV Cabo consistia em _____.

4. Em preparação para o seu trabalho, o Jorge _____
   de design gráfico.

9-49 O mercado de trabalho em Portugal. Responda ès perguntas abaixo com frases completas, de acordo com as afirmações da Manuela e do Márcio.

1. Qual é a opinião da Manuela sobre o mercado de trabalho em Portugal? Quais são os grupos mais afectados?

   _____

   _____

   _____

2. Como está o mercado de trabalho em Portugal de acordo com o Márcio? Ele acha que ser angolano o afectou de alguma forma no mercado de trabalho?

_____

_____

_____

3. E o que é que você acha do mercado de trabalho no seu país? Em pelo menos três frases completas, comente as suas experiências e percepções nessa área.

_____

_____

_____

_____

_____

_____

_____

Lição 10

Vocabulário útil

acompanhar	*to accompany, to serve with*	a mandioca	*manioc, cassava*
a batata do reino	*white potato*	o óleo	*oil*
o cozido è portuguesa	*cooked meat and vegetable dish*	petiscar	*to snack*
o lanche	*snack*		

10-40 Pratos preferidos. As seguintes pessoas falam sobre os seus pratos preferidos. Relacione os nomes na coluna da direita com a informação na coluna da esquerda.

1. _____ Alexandra

2. _____ Manuela

3. _____ Adolónimo

a. legumes
b. Benguela
c. vários tipos de carne
d. massas
e. comidas que engordam
f. feijão de óleo de palma
g. molhos
h. cozido à portuguesa
i. comida italiana

10-41 As refeições. A Alexandra, o Adolónimo e a Manuela falam sobre as refeições que fazem por dia. Responda ès perguntas abaixo com frases completas em português.

1. Quantas refeições come a Alexandra? Quais são?

_____

_____

2. Quantas refeições por dia faz o Adolónimo? Ele come entre as refeições?

_____

_____

3. Quais são as refeições que a Manuela faz? O que é que ela come a meio da manhã?

_____

_____

4. E você? Com quem se parece mais em relação às refeições, com a Alexandra, o Adolónimo ou a Manuela? Explique porquê.

_____

_____

_____

10-42 Uma refeição típica. Primeiro passo. O Adolónimo fala sobre uma refeição típica dele. Complete o parágrafo abaixo.

Compro ou (1) _____ ou (2) _____ e geralmente acompanho com

(3) _____ e (4) _____ cozida ou (5) _____. Uso pouco

(6) _____ que aqui usam.

Segundo passo. Descreva uma refeição típica sua (pequeno almoço, almoço ou jantar).

_____

_____

_____

_____

Lição 11

Vocabulário útil

a análise	*medical test*	grave	*serious*
caseiro/a	*home, homemade*	a lista de espera	*waiting list*
a constipação	*cold*	preocupar-se	*to be concerned, to worry*
esquisito/a	*strange*	toda a gente	*everybody*
a flor de sabugueiro	*elderflower*		

11-40 A saúde. O Adolónimo e a Manuela falam sobre a sua atitude perante a saúde. Complete as afirmações abaixo à base dos comentários deles. Depois escreva duas frases sobre a sua própria atitude em relação à saúde.

1. O Adolónimo preocupa-se com a saúde, principalmente _____.

2. Ele vai ao médico quando _____.

3. Ele tem medo de _____.

4. A Manuela não se preocupa com a saúde por _____.

5. Ela vai fazer _____.

6. Eu _____

_____

_____.

11-41 A dieta. Primeiro passo. O que é que o Márcio diz sobre a dieta? Complete o parágrafo abaixo.

Bom, eu dieta não (1) _____. Nunca (2) _____, porque, como eu

(3) _____, gosto de (4) _____ e hei-de (5) _____ a comer.

É verdade que tenho mais uns (6) _____ a mais, não sei.

Segundo passo. E você? Alguma vez fez dieta? Porque sim ou porque não? Responda com frases completas.

_____

_____

_____

11-42 Remédios caseiros. O que é que a Manuela costuma fazer quando não se sente bem? E você?

1. Indique:

a. Duas doenças ou sintomas que a Manuela combate com remédios caseiros:

_____

b. Dois remédios caseiros que ela costuma usar:

_____

2. Você parece-se com a Manuela em relação ao uso de remédios caseiros? Porque sim ou porque não?

_____

_____

_____

11-43 A saúde pública. Primeiro passo. O Adolónimo fala sobre o sistema de saúde em Portugal. Identifique um aspecto positivo e um aspecto negativo do sistema de acordo com a opinião dele.

1. Aspecto positivo: _____

2. Aspecto negativo: _____

_____

Segundo passo. O que é que você acha do sistema de saúde do seu país? Identifique pelo menos um aspecto positivo e um aspecto negativo.

_____

_____

_____

_____

Lição 12

Vocabulário útil

aliás	*in fact, actually*	**ir ter com**	*to go see/visit*
arranjar	*to find, to manage*	**o parque temático**	*theme park*
deixar	*to leave, to allow*	**pequenino/a**	*very young, tiny*
o espaço de manobra	*room for maneuver*	**planeado/a**	*planned*
Está na altura de...	*It's time to...*	**rígido/a**	*rigid*
hospedado/a	*lodged, staying*	**o sítio**	*place*

12-52 As viagens. Primeiro passo. O Tomás e a Helena falam sobre as viagens. Responda às perguntas com frases completas.

1. Quem tem menos oportunidades de viajar?

   _____

2. Quem tem alguém da família que vive no estrangeiro?

   _____

3. Para que país costuma viajar o Tomás e com que frequência?

   _____

4. O que é que ele gosta de fazer quando viaja?

   _____

Segundo passo. Responda às perguntas sobre a suas próprias experiências de viagem

1. Você viaja muito ou pouco? Porquê?

   _____

   _____

2. Que lugar ou lugares é que você gostou mais de visitar e por quê?

   _____

   _____

12-53 A próxima viagem. Escute o que o Jorge e o Márcio dizem sobre a próxima viagem que vão fazer e depois marque V ou F para indicar se as afirmações abaixo são verdadeiras ou falsas. Corrija as afirmações falsas.

1. _____ A família do Jorge vai fazer férias num parque temático em Barcelona.

   _____

2. _____ Eles não vão à Disneylândia porque já lá foram no ano passado.

   _____

3. _____ O filho mais novo do Jorge tem 14 anos.

   _____

4. _____ O Márcio vai ter férias em Fevereiro.

   _____

5. _____ A próxima viagem do Márcio vai ser para Angola.

   _____

12-54 Fazer planos. Escute o que a Helena e o Tomás dizem sobre planos de viagem e preencha o quadro. Depois escute as respostas deles outra vez e complete as afirmações abaixo.

	FAZ PLANOS	NÃO FAZ PLANOS	RÍGIDOS	FLEXÍVEIS
HELENA				
TOMÁS				

1. A Helena gosta de fazer planos quando viaja, aliás, _____.

2. O Tomás não gosta que o plano _____, porque assim _____.

12-55 Quando é que ele fica aqui? Diga quando é que o Tomás fica hospedado nos locais indicados abaixo.

1. em hotéis: _____

2. num sítio barato: _____

3. em casa: _____

4. E você? Quando e onde fica hospedado/a quando viaja?

   _____

   _____

   _____

   _____

   _____

   _____

Lição 13

Vocabulário útil

os arredores	*surrounding areas*	o palácio	*palace*
o caixote do lixo	*trash can*	o papelão	*paper and cardboard*
o cartão	*cardboard*	a poeira	*dust*
o conhecimento	*knowledge, awareness*	propriamente dito/a	*properly speaking*
o contentor	*bin*	relvado/a	*covered with grass*
a embalagem	*container*	o sítio	*place*
o Ocidente	*West*	a vila	*small town*

3-37 Os espaços verdes. Primeiro passo. A Alexandra fala sobre os espaços verdes e, specificamente, sobre Sintra. Responda às perguntas abaixo, com frases completas, de acordo com as irmações da Alexandra.

. Onde fica Sintra?

_____

. Quem vive perto de Sintra?

_____

. Quais são as atracções de Sintra?

_____

egundo passo. O Márcio dá uma resposta muito diferente à mesma pergunta. Complete o parágrafo aixo de acordo com o comentário dele.

n Luanda? Era bom que (1) _____ algum (2) _____. Era bom, porque até o óprio (3) _____ não é (4) _____; portanto, espaços verdes ali é complicado, é (5) _____.

3-38 A reciclagem. Primeiro passo. Quais são os cinco tipos de lixo que a Alexandra separa e recicla?

. _____

. _____

. _____

. _____

. _____

gundo passo. O que é que você recicla? Indique categorias de lixo e dê exemplos específicos.

_____

_____

_____

_____

13-39 O meio ambiente em África. Primeiro passo. Complete o parágrafo de acordo com o que diz o Adolónimo sobre a situação do meio ambiente em África.

Acho que o problema de África é que no Ocidente pensam que aquilo é um (1) _____,

ou pensam ou fazem daquilo um (2) _____ e mandam para lá tudo o que não usam.

E o que aqui, em princípio, seria (3) _____ ou co-incinerado, mandam para lá como

ajudas. E as pessoas lá, que não têm (4) _____, ainda agradecem e existe muita

(5) _____ por via deste facto.

Segundo passo. O que é que você acha da relação dos países mais ricos com os mais pobres na área da protecção do meio-ambiente? Complete as afirmações abaixo.

1. Acho que os países mais ricos _____

   _____.

2. Acho que os países mais pobres _____

   _____.

Lição 14

Vocabulário útil

cada vez mais	*increasingly, more and more*	o pensamento	*thought*
o comportamento	*behavior*	a prisão	*prison*
o conteúdo	*content*	raciocinar	*to reason*
o defeito	*defect, flaw*	o respeito	*respect*
eleger	*to elect*	sagrado/a	*sacred*
o/a eleitor/a	*voter*	o tabuleiro	*tray*
a facilidade	*ease*	tendencioso/a	*biased*
há um tempo atrás	*some time ago*	o valor	*value*

4-38 As mudanças na sociedade. A Filipa e a Helena falam sobre as mudanças de costumes e valores da sociedade portuguesa. Responda às perguntas abaixo de acordo com os comentários delas. Depois dê a sua própria opinião.

As opiniões da Filipa sobre a instituição do casamento:

1. Quais são as associações que o casamento cada vez mais evoca, hoje em dia?

   _____

   _____

   _____

2. Como difere a situação actual do passado, no que diz respeito ao casamento?

   _____

   _____

   _____

As opiniões da Helena sobre a relação entre pais e filhos:

3. As mudanças são para melhor ou para pior? Em que sentido?

   _____

   _____

   _____

4. Como diferem as refeições de hoje das refeições no passado?

   _____

   _____

   _____

As suas opiniões sobre as mudanças na sociedade em que vive:

5. A percepção actual do casamento no seu país é como em Portugal? Porque sim ou porque não?

_____

_____

_____

_____

6. A relação entre pais e filhos é semelhante àquilo que a Helena descreve? Explique.

_____

_____

_____

_____

14-39 O sistema político. Primeiro passo. O que é que o Jorge e o Adolónimo dizem sobre o sistema político em Portugal? Complete os parágrafos abaixo.

JORGE:

O sistema político em Portugal, eu penso que tem (1) _____ que é inevitável, que é

(2) _____ de existir (3) _____. Estas coisas não são feitas de um

momento para outro, mas lá (4) _____.

ADOLÓNIMO:

Aqui em Portugal, o que eu acho que se passa é que as pessoas são... têm (5) _____. As

pessoas (6) _____, e (7) _____ o que diz a televisão. E às vezes a televisão

e os media aqui em Portugal (8) _____. E as pessoas não... acho que o eleitor

português não (9) _____, vota porque (10) _____, vota

pela fotografia, não vota (11) _____, pelo programa da pessoa que se quer

(12) _____.

Segundo passo. Que diria você em resposta à mesma pergunta sobre o sistema político do seu próprio país?

_____

_____

_____

_____

_____

_____

_____

_____

Lição 15

Vocabulário útil

a ameaça	*threat*	fazer mal	*to be harmful*
a consequência	*consequence*	ligado/a	*connected*
o/a desconhecido/a	*stranger*	o motor de pesquisa	*search engine*
esquecer	*to forget*	violento/a	*violent*

15-31 O uso da Internet. A Manuela e a Helena descrevem as maneiras de usarem a Internet. Primeiro, preencha o quadro de acordo com a informação obtida. Depois responda às perguntas abaixo com frases completas.

	E-MAIL	PESQUISA	SALAS DE CHAT
MANUELA			
HELENA			

1. Com que frequência é que a Manuela utiliza a Internet?

   _____

2. Quando é que ela vê o correio electrónico?

   _____

3. Com quem comunica a Helena nas salas de chat? Com quem não costuma comunicar?

   _____

4. E você? Com que frequência usa a Internet?

   _____

5. Para que usa principalmente a Internet? Indique as três actividades mais importantes para si.

   _____

   _____

   _____

15-32 Os jogos de computador. A Carolina fala sobre os jogos de computador. Complete as afirmações abaixo de acordo com o que ouvir. Depois dê a sua própria opinião.

1. A Carolina acha que os jogos de computador podem _____.

2. No entanto, há crianças que _____.

3. Ela diz também que muitos jogos _____.

4. Ela gosta _____.

5. Eu acho que os jogos de computador

_____

_____

_____.

15-33 A clonagem. Primeiro passo. O Tomás tem uma opinião bem definida sobre a clonagem. Complete o parágrafo abaixo com as palavras dele.

Eu acho que a clonagem vai ser (1) _____ no futuro, mas nunca podemos

(2) _____ que pode constituir (3) _____ para todos nós. Por isso, quanto mais

cuidado se (4) _____ e quanto mais (5) _____ sobre (6) _____ possíveis

nesta área, melhores resultados (7) _____.

Segundo passo. O que é que você acha sobre a clonagem e/ou outras biotecnologias de ponta (*cutting-edge*)?

_____

_____

_____

_____

_____

_____

_____

_____

Nome: _____ Data: _____

Notas

Notas

tas

_____

_____

_____

_____

_____

_____

_____

_____

_____

_____

_____

_____

_____

_____

_____

_____

_____

_____

_____

_____

_____

_____

_____

_____

Notas

Nome: _____ Data: _____

Notas

_____

_____

_____

_____

_____

_____

_____

_____

_____

_____

_____

_____

_____

_____

_____

_____

_____

_____

_____

_____

_____

_____

Notas

Nome: _____ Data: _____

Notas

_____

_____

_____

_____

_____

_____

_____

_____

_____

_____

_____

_____

_____

_____

_____

_____

_____

_____

_____

_____

_____

Notas